Tim Krabbé

Die vierzehnte Etappe

Radsportgeschichten

Aus dem Niederländischen
von Ulrike Nagel

covadonga

Die Originalausgabe dieses Buches erschien unter dem Titel »De veertiende etappe. 71 wielerverhalen, waarin opgenomen 43 wielerverhalen« bei Uitgeverij Prometheus, Amsterdam.

Covadonga Verlag, Spindelstr. 58, D-33604 Bielefeld
ISBN (Print): 978-3-95726-009-3
ISBN (E-Book): 978-3-95726-015-4

Der Verlag dankt der Niederländischen Literaturstiftung
für die Förderung der Übersetzung.

Nederlands letterenfonds
dutch foundation for literature

Umschlaggestaltung: CMRB
Foto des Autors: Maarten de Groot
Druck: Hans Kock Buch- und Offsetdruck GmbH, Bielefeld

Bibliografische Information der Deutschen Nationalbibliothek:
Die Deutsche Nationalbibliothek verzeichnet diese Publikation in der Deutschen Nationalbibliografie; detaillierte bibliografische Daten sind im Internet über http://dnb.dnb.de abrufbar.

Covadonga ist der Verlag für Radsportliteratur.
Besuchen Sie uns im Internet: *www.covadonga.de*

INHALT

VORWORT

Dieses Buch ist eine Auswahl der kurzen Texte, die ich in den vergangenen fünfunddreißig Jahren über den Radsport geschrieben habe. Eine frühere Auswahl, 43 *Wielerverhalen*, die ich 1984 auf Niederländisch veröffentlicht habe und die bis 2004 noch gedruckt wurde, habe ich jetzt mit späteren Stücken ergänzt (und ein paar älteren, die ich übersehen hatte); zusammen einundsiebzig Geschichten. Die Zahlen sind nicht ganz zufällig so: 1943 ist mein Geburtsjahr (in meinem Radsportroman *Das Rennen* fuhr ich deshalb oft mit einer Übersetzung von 43x19 den Berg hoch), und einundsiebzig ist mein Alter, wenn dieses Buch erscheint.

Da die »43« vor allem Kolumnen waren und bei den achtundzwanzig neuen Geschichten auch längere Texte dabei sind, haben der alte und der neue Teil ungefähr den gleichen Umfang.

Die 43 *Wielerverhalen* wurden in nahezu unveränderter Form aufgenommen (aber jetzt zum ersten Mal ins Deutsche übersetzt), ab und an mit zusätzlichen Erklärungen und Randbemerkungen – in einunddreißig Jahren hat sich viel verändert. Genau wie die älteren Geschichten habe ich auch die neuen chronologisch geordnet, bis auf einige Ausnahmen. Wer sich wundert über Zeitbestimmungen wie »diese Tour« und »letzte Woche Mittwoch« oder »der Niederländer Poppe, der die einzige jemals in England gefahrene Touretappe gewann«, sollte am besten einen kurzen Blick auf die Jahreszahl neben der Kapitelüberschrift werfen. Wenn neues Wissen es notwendig machte, einen Teil einschneidend zu überarbeiten, habe ich die Jahreszahl 2015 hinzugefügt. Das passierte das ein oder andere Mal bei den neuen Geschichten, die öfter als die alten Zusammenfügungen und umgeschriebene Neufassungen sind. Einige dieser Geschichten, »Die vierzehnte Etappe«, »Radsportbrettspieltheorie«, »Der Mitleser« und der zweite Teil von »Sitten beibringen«, sind noch nie vorher erschienen.

Wenn man fünfunddreißig Jahre über den Radsport schreibt, erzählt man manchmal das Gleiche, ohne dass der Leser oder man selbst es merkt. Dann fällt es erst auf, wenn man die Stücke nebeneinander platziert. Hinderliche Wiederholungen habe ich vermieden, aber in einem Fall, »Der Mann mit dem Rucksack«, dem Nachruf auf Gerrie Knetemann, war das nicht zu schaffen. Das wird mir vergeben, hoffe ich.

Amsterdam, 1. März 2015

AM HAUSE MERCKX (1980)

Um mein 500. Rennen zu feiern, hatte ich mir ein passendes Radsportwochenende in Belgien ausgesucht. Nach einem Rennen am Samstagnachmittag um drei Uhr in Arendonk sollte am Sonntag das Jubiläum in Meensel-Kiezegem stattfinden. Und das sind beides nicht einfach nur belgische Orte. Arendonk ist der Geburtsort von Rik Van Steenbergen und Meensel-Kiezegem der von Merckx. Dort sollte der Start außerdem um ein Uhr erfolgen, was bei einer Renndistanz von 80 Kilometern bedeutete, dass ich danach in einem Café die Fernsehberichterstattung der Flandern-Rundfahrt würde verfolgen können.

Als ich aber am Samstag um halb zwei in Arendonk eintraf, fuhren dort Rennfahrer durch die Straßen. Verzweifelt schätzte ich ihr Alter ein paar Runden lang auf siebzehn, aber ich erkannte immer mehr und mehr von ihnen – das war mein Rennen der Seniorenklasse. Es gab Regen, Sturm, Schlamm, richtiges flämisches Radsportwetter, was meine Wut nur vergrößerte.

Gut, 499 ist auch eine schöne Zahl, aber als ich am nächsten Tag um zwölf Uhr in Meensel-Kiezegem eintraf, war es dort verdächtig still. Jetzt drang der Irrtum erst wirklich zu mir durch: Ich hatte die Startzeiten verwechselt. Auch die Fernsehübertragung der Flandern-Rundfahrt würde ich verpassen.

Auf jeden Fall hatte ich jetzt Zeit, Merckx' Geburtshaus zu suchen und es mir anzusehen. Es stand an einer Ecke, mit einem offenen Feld dahinter. Ein ziemlich großes, normales Haus. Ich hatte mir mehr erhofft: Dass es nicht als Museum eingerichtet war, mit Pokalen und Merckx' erstem platten Reifen, das ging ja noch – aber dass es an der Fassade nicht mal eine einfache Gedenkplakette gab, das ging zu weit.

Andererseits: Es ist nicht ungewöhnlich, dass man mit Radsporthelden so umspringt. In Dax musste ich das Telefonbuch zur Hilfe nehmen, um im Café Darrigade eine Tasse Kaffee trinken zu können, und in Toledo fehlte der Name Bahamontes in allen Broschüren. Sein Haus, in einer versteckten Gasse, musste ich mir von den Leuten aus der Nachbarschaft zeigen lassen; aber wenigstens hing dort noch ein großes Schild, auf dem CASA BAHAMONTES stand.

Für eine Radsportpilgerfahrt eignet sich Meensel-Kiezegem auch aus anderen Gründen nicht; Merckx ist in jungen Jahren nach Brüssel gezogen. Höchstens könnte man die Reifenspuren seines Kinderfahrrads nachfahren. Das Einzige, was bei diesem Haus ans Rennradfahren erinnerte, waren die Pfeile, die auf dem Straßenbelag vor der Tür in alle Richtungen aufgemalt waren. Hier war also schon mal ein Rennen vorbeigekommen, und es war nicht undenkbar, dass auch mein Rennen dies tun würde.

Ich ersann den Vollkommenen Radrennfahrerunfall: dort einen Reifenplatzer haben, das Gleichgewicht verlieren, rettungslos durch die zufällig offen stehende Vordertür reinfliegen, mir beim Aufprall gegen die Salonwand den Hals brechen und an der Stelle, an der Merckx das Licht der Welt erblickte, den letzten Atemzug tun.

Es klappte nicht; als das Rennen begann, stellte sich heraus, dass die für mich vorgesehene Strecke nicht am Hause Merckx entlangführte. Aber endlich hatte ich dann doch ein wenig Glück. Denn als ich auf halbem Weg des Rennens stürzte, bei einem Zaun, an dem hochgewirbeltes Papier klebte und wo ein Schild SPERRMÜLL stand, stellte sich heraus, dass ich das genau rechtzeitig getan hatte, um im Auto des freundlichen Belgiers, der mich aufsammelte, den Radiobericht der letzten zwei Kilometer der Flandern-Rundfahrt hören zu können. Pollentier gewann den Schlusssprint gegen Moser und Raas, was meine Vermutung bekräftigte, dass ich auf meinen Kopf gefallen war.

Aber es war wahr, und kurz darauf hörte ich die außergewöhnlich nette Art und Weise, auf die es passiert war. Beim letzten Hindernis, dem Bosberg, hatte Pollentier bemerkt, dass er zusammen mit Moser einen leichten Vorsprung hatte. Ein Stückchen dahinter fuhr Raas, der verzweifelt versuchte, wieder zu ihnen aufzuschließen. Was machte Pollentier also? Er verschleppte das Tempo, damit er sich sicher sein konnte, dass Raas sie wieder einholte. Gegen einen Sprinter war er chancenlos, wusste er, er fuhr lieber gegen zwei Sprinter. Sprinter neigen nun mal dazu, ihre Kräfte gegeneinander aufzuheben. Das taten Moser und Raas, und Pollentier gewann.

EIN BELIEBIGES RENNWOCHENENDE (1980)

Samstag, 19. April 1980, Rennen 504. Ronde van Diemen für Senioren* und Sportklasse. Anzahl der Teilnehmer: neunzig. Renndistanz: fünfundvierzig Kilometer.

Den Rundkurs kenne ich aus den vergangenen Jahren. Eine kurvige Pflastersteinstrecke mit vielen Schlaglöchern, etwas mehr als einen Kilometer lang, zwischen hohen Mietskasernen. Es ist sehr kalt und es weht ein zerrender, starker Wind, der durch die Wohngebäude in eigenartige Wirbel gepresst wird.

Der Start ist um eine halbe Stunde verschoben, es ist nicht gelungen, alle Autos pünktlich von der Fahrbahn zu kriegen. Während das Jugendrennen noch im vollen Gange ist, fahre ich über die Bürgersteige an der Strecke entlang. Auf dem langen geraden Stück auf der hinteren Seite ist der Wind erst eine undurchdringliche Mauer, und ein paar hundert Meter weiter hat man ihn auf einmal im Rücken. Hartes Rennwetter. Das Jugendrennen ist auch völlig auseinandergeflogen, es fahren nur noch einzelne Gruppen. Keine davon macht den Eindruck, die Spitzengruppe zu sein.

Als sie noch drei Runden zu fahren haben, gehe ich zur Ziellinie. Der Sprecher nennt den Namen des Jungen, der an der Spitze liegt: Nijdam. Er hat eine Runde Vorsprung vor den meisten anderen. Da kommt er, mit vier Nachzüglern am Hinterrad. Eine Frage drängt sich mir auf, und als er ins Ziel fährt, wird sie beantwortet: Er ist der Sohn des früheren Weltmeisters Henk Nijdam.

* Senioren hieß zu der Zeit: 35 Jahre und älter.

Sobald der letzte Jugendfahrer über die Ziellinie ist, springen wir auf die Fahrbahn. Die Krafteinsparung, wenn man vorne startet, lohnt sich bei Rundkursen wie diesem. »Hundert Meter vor der Startlinie aufstellen«, sagt der Sprecher. Ungefähr zwanzig Fahrer halten sich daran, die haben wir schon mal hinter uns. Ich stehe ganz vorne in der Gruppe. Dann dürfen wir zur Startlinie, es gelingt mir, noch ein paar Plätze gutzumachen. Ich zittere, ich will mich bewegen.

Ich gehöre nicht zu den fünf Favoriten, aber wohl zu den fünfzehn, die gute Chancen haben. Von der Kraft her kann ich mit den besten Sprintern mithalten, und alle Fahrer, die mehr Substanz haben, schaffe ich schon im Sprint. Coppi, der immer über meine Schulter mitliest, läuft jetzt weg und schüttelt seinen Kopf.

Beim Start komme ich gut weg. Ich kriege sofort meinen freien Fuß in den Pedalhaken; wenn das schiefgeht, kann einen das dreißig Plätze kosten. Schon in der ersten Runde, in der Windmauer, schaffe ich es an die Spitze. Das behalte ich in diesem Jahr bei: Bisher war ich mit meinem Vorderrad in allen Rennen mindestens eine Sekunde lang Erster.

Auf einmal hagelt es, die Eiskörner knattern auf meinen Plastikhelm. Die Pflastersteine sind grobkörnig und können wahrscheinlich nicht sehr glatt werden, aber wir fahren vorsichtig. Zwei Runden später ist der Hagelschauer vorbei, die Straße trocknet sogar. Trotzdem habe ich Schwierigkeiten in den Kurven, es erscheint mir so, als würde mein Hinterrad ständig ein wenig wegrutschen. Jedes Mal muss ich eine Lücke von fünf Metern schließen, es ist schlimm, dass ich nach acht Jahren die Kurventechnik nicht viel besser beherrsche.

Ich bin bei ein paar frühen Attacken mit dabei. Immer wieder die Illusion, dass es in diesem einzigartigen Moment gelingen könnte. Es ist nichts. Jeder jagt jeden, kein einziger Versuch führt auch nur zu fünf Sekunden Vorsprung. Nach ungefähr acht Runden reicht es mir, ich lasse mich auf den zwanzigsten Platz zurückfallen.

Es sieht so aus, als ziehe die Anzeigetafel drei Runden auf einmal ab. Unser Rennen wird also verkürzt. Schade. Vielleicht bleiben von den versprochenen fünfundvierzig Kilometern fünfunddreißig übrig. So wird die

Erschöpfung keine Rolle spielen für den Ausgang des Rennens, und die gehört doch dazu.

Verschiedene Male höre ich, wie der Sprecher die Fahrer mit der Startnummer so-und-so-viel aufruft, das Rennen zu beenden, weil sie zu weit zurückgefallen sind. »Schade, meine Herren, aber da kann man nichts machen, und beim nächsten Mal besser. Vielleicht noch ein paar Kilometer zusätzliches Training einlegen.« Ich gucke kurz nach hinten – das Peloton ist schon ausgedünnt auf höchstens vierzig Fahrer.

Es folgen Prämiensprints, ich mache nicht mit. Ich habe beschlossen, dass ich in dieser Saison keine Kraft mehr gegen die lächerlichen Beträge eintausche. Es ist aber schon schade um das Prestige. Und schade um die Werbung: Fast alle Sprecher in den Niederlanden finden ein paar lobende Worte für *Das Rennen*, sobald ich an der Spitze auftauche. Vor mir fährt Buis, dreiundvierzig Jahre alt, in die letzte Kurve für eine erste Prämie. Er ist wieder unglaublich aktiv heute. Auch Van der Horst sehe ich ständig vorne. Die zwei sind die besten Tempofahrer bei den Senioren. Neben ihren früheren Erfolgen an der echten Spitze waren sie auch beide Niederländische Meister der Senioren.

Selbst mache ich eigentlich gar nichts mehr. Ich fahre nicht besonders gut. Ich habe keine Ahnung, wie ich dieses Rennen gewinnen könnte. Ich fühle mich nicht stark genug, um wegzukommen, und Leunis und Duivenvoorden sprinten um eine Klasse besser. Die Wahrscheinlichkeit eines Massensprints wird immer größer: noch zehn Runden zu fahren und noch dreißig Fahrer beieinander. Ich nehme mir vor, zufrieden zu sein, wenn ich unter die ersten sechs komme.

Ich beteilige mich doch mal an einem Prämiensprint, unter dem Vorwand, dass ich testen will, ob ich in einer Runde vom zwanzigsten Platz an die Spitze des Pelotons fahren kann. Ich habe aber nicht genug darauf gedrängt, ich komme als Fünfter durch die letzte Kurve und als Fünfter über die Ziellinie, und es gab vier Prämien. Die gewohnte Lücke hinter uns ist entstanden, und es herrscht kurz Aufregung, ob wir weiterfahren sollen. Aber es ist ebenso eine Gewohnheit, dass die Prämienjäger kurz durchatmen müssen, und ich muss das eigentlich auch.

Nur noch acht Runden. Das Finale beginnt gleich, und noch ist niemand müde. Mein Hinterrad scheint immer mehr wegzurutschen, und die Löcher, die dadurch entstehen, kann ich immer schwerer zufahren. Ich höre manchmal ein kleines Stöhnen in mir drin. Ist dieses Rennen dafür nicht zu leicht? Ich fahre einfach nicht gut.

Kurz danach berühre ich mit meiner Felge den Boden. Aha, ein Platten! Deshalb fuhr ich nicht gut. Ich strecke meine Hand in die Luft, um die anderen zu warnen, Lenker zur Seite, das Peloton zieht an mir vorbei. Ich fühle die Euphorie des Spannungsabfalls. Aber etwas Schönes muss man sich auch echt verdienen. Ich setze mich ein paar Mal hart auf den Sattel und berühre nicht jedes Mal mit der Felge die Straße. Es ist ein schleichender Plattfuß, der Reifen ist nur halb leer. Besser geht es nicht: Jetzt bin ich von der Pflicht befreit, gewinnen zu müssen, aber ich kann noch meine Klasse unter Beweis stellen, indem ich selbst unter diesen Umständen noch einen kleinen Preis gewinne. Ich komme wieder in Gang, und es gelingt mir, den Schwanz des Pelotons zu erreichen. Vier Runden bleibe ich Letzter, damit ich die anderen nicht mit meinem Schlingern behindere. Noch drei Runden, und ich beginne, mich wieder nach vorne zu pirschen.

»Schleicher«, rufe ich ständig, wenn man mich wegen meiner lächerlichen Kurven beschimpfen will. Ganz nach vorne zu kommen, gelingt nicht, dafür fährt es sich zu schwer mit so einem halbplatten Reifen. Und weil Buis den weggesprungenen Van der Horst jagt, muss ich in der letzten Runde eine extra große Lücke schließen. Ich hatte keine Zeit zu schalten und muss jetzt mit dem 14er durch die Windmauer. Ich komme ran, aber bin jetzt wirklich kaputt. Sechshundert Meter vor der Ziellinie, auf dem vorletzten geraden Stück, sehe ich, wie im Augenwinkel die erwartete Lücke erscheint: Hier findet der Schlusssprint statt. Wer kann, sprintet durch die Lücke an allen vorbei, fährt als Erster in die letzte Kurve und gewinnt das Rennen. Ich kann das jetzt nicht, obwohl die wirbelnde Masse von Lenkern viel weniger aufgeregt ist als sonst. Der Grund: Ein Mann ist doch noch weggekommen, Wielhouwer aus Roosendaal. Den hatte ich nicht gesehen. Der Sprint ist nur noch für den zweiten Platz.

Ich ziehe noch an ein paar Fahrern vorbei, aber nicht schnell genug, ich muss vor der Kurve bremsen, und in die Gruppe hineinzudrängen kostet mich wieder ein paar Plätze, mehr als zehn Mann sind vor mir. Ich komme schlecht aus der Kurve, kurz vor der Ziellinie werde ich noch vom Vereinskollegen Winnubst überholt. Ich zähle zwei Mal die Rücken vor mir: sechzehn. Ich bin also Siebzehnter geworden: im Preisgeld.

Ich fahre zurück zu den Umkleiden, ich fühle die Aufregung schon gar nicht mehr. Es ist unbefriedigend, diese kurzen Rennen. Ich fühle mich, als wären mir die Flügel gestutzt worden, nach all den schönen Rennen in Frankreich, die mehr als drei Stunden dauern. Radsport wird erst Radsport nach hundert Kilometern. Unterwegs zu den Umkleiden wird mir drei Mal gesagt, dass ich den Eindruck machte, nicht besonders gut zu fahren. Ich erkläre, dass ich einen schleichenden Plattfuß hatte, aber trotzdem noch ins Preisgeld gefahren sei. Wer will, darf in den Reifen kneifen. Ich stelle ein paar Mal die Standardfrage: »Bist du noch was geworden?« und erhalte ein Mal die Standardantwort: »Nichts, aber wir sind wieder heil zurückgekommen, und das ist das Wichtigste.«

Ich bekomme den sechzehnten Preis, nicht den siebzehnten. Ein Rechenfehler von mir oder von der Jury, in letzterem Falle endlich mal in die richtige Richtung.

Sonntag, 20. April 1980, Rennen 505. Ronde van Sloten für Senioren. Anzahl der Teilnehmer: einhundertzwanzig. Renndistanz: fünfzig Kilometer.

Das ist die Radrennstrecke im Sportpark, in dem ich schon so oft gefahren bin: ein breiter asphaltierter Weg, zweieinhalb Kilometer lang. Heute ist es weniger windig. Schade, diese flache Strecke ist schon so wenig selektiv.

Beim Start stehe ich neben Buis. Ich merke an, dass er gestern ein starkes Rennen gefahren ist, aber ich habe das scheinbar verkehrt gesehen. Er ist in Wirklichkeit schlecht gefahren, seine eigene Frau hat ihm das danach noch gesagt. Er fragt, warum er mich so wenig vorn gesehen habe, und ich erzähle ihm von meinem Schleicher und dass ich trotzdem noch ins Preisgeld gefahren bin.

Wir fahren los, ich bin vorläufig in der Mitte des Pelotons, das ist hier egal. Ich bin ein wenig lustlos, ich vermisse das Verlangen. Ich sehe mir die Kleidung der Fahrer an. Einige fahren mit, andere ohne Handschuhe. Auch gibt es Fahrer mit langen und Fahrer mit kurzen Ärmeln. Ich versuche, um mich herum alle vier Kombinationen zu entdecken, was mir schnell gelingt. Ich glaube, mir ist langweilig. Ich habe keine Ahnung, was ich zu diesem Radrennen beitragen könnte. Der Unterschied zwischen einfach mitfahren und etwas unternehmen ist bei Strecken wie Sloten absurd groß. Es muss ein Massensprint werden, dabei gehöre ich zu den Besten.

Ganze Teile des Rennens entgehen mir. Dagegen bin ich heute ängstlich veranlagt. Auf dem geraden Stück mit Gegenwind wird das Peloton immer dichter, Fahrer suchen die Lücken, die es nicht gibt, und müssen bremsen, man wird zu eigenartigen Kursänderungen gezwungen. Kurz vor mir gehen zehn Mann zu Boden, ich lenke mit der ausweichenden Welle mit und kann drum herumfahren.

Zweifellos finden vorne unaufhörlich Attacken statt, die sofort wieder neutralisiert werden, aber bis in die Tiefen des Pelotons, wo ich mich befinde, pflanzen die Tempowechsel sich nicht fort.

Die ersten zwei Prämiensprints habe ich verstreichen lassen, aber beim dritten entschließe ich mich, mitzumachen. Aus Langeweile und um die Form zu testen. Prämiensprints sind etwas anderes als Zielsprints. Es gibt vielleicht zehn von hundert Fahrern, die sich bewusst dafür entscheiden mitzusprinten, und noch einmal zwanzig, die sich bereithalten, um zufällige Chancen zu nutzen. Es geht nicht unbedingt um die erste Prämie; Mutige haben viel mehr Möglichkeiten, alleine wegzukommen. Ich brauche fünfhundert Meter, um mich nach vorne zu arbeiten; einen Kilometer vor der Linie führe ich. Ich fahre nicht schnell, bin bereit, mit allen, die an mir vorüberziehen, mitzuspringen. Schnell hintereinander folgen drei Attacken. Ich springe ans Rad des dritten Fahrers, es ist anstrengend. Er schließt nur die Lücke zu den anderen zwei, dann nimmt er die Beine hoch. In vierter Position komme ich über die Brücke, fünfhundert Meter vorm Ziel. Jetzt hören auch die ersten beiden auf, und ich muss wieder an die Spitze. Dreihundert Meter vorm Ziel schießen auf einmal vier Fahrer gleichzeitig an mir vorbei. Ich schalte aufs 12er und beginne zu sprinten. Was schiefgelaufen ist, weiß ich nicht, aber ich bin auf der falschen Straßenseite, im Wind. Ich komme an den Vieren vorbei, aber dann muss ich noch hundert Meter, und mehr als zweihundert Meter für eine Prämie zu sprinten, ist nicht schlau. Fünfzig Meter vor dem Ziel falle ich zurück. Van der Horst, der scheinbar an meinem Hinterrad gefahren ist, zieht an mir vorbei. Dass dies ein Prämiensprint ist, entlässt mich aus der Pflicht, Widerstand zu leisten, und ich werde Zweiter. Zehn Gulden verdient.

Van der Horst versucht, durchzuziehen. Sobald er das macht, beginnt sofort eine Jagd. Ich muss mich anstrengen, um mich dreißig Plätze weiter hinten in die Schlange einzureihen. Vor mir entsteht eine Lücke: Jetzt muss ich verdammt noch mal auch noch mithelfen, Van der Horst und einige andere wieder einzufangen. Es scheint so, als säße ich schon wieder in der Windmauer von gestern, aber ich wusste es eigentlich schon: keine Form. Das wird übrigens nur meine Fahrweise beeinflussen, nicht meine Chancen.

Ich brauche zwei Runden, um mich von dem Prämiensprint und den Nachwirkungen zu erholen. Danach warte ich ruhig mitten im Peloton auf das Finale. Drei Runden vor dem Ziel nutze ich eine Situation, in der es sich staut, um vom fünfzigsten auf den zehnten Platz vorzurutschen. Als ich da bin, sehe ich, dass Buis die gleiche Situation genutzt hat, indem er mal wieder eine neue Spitzengruppe gebildet hat. Mit zwei anderen ist er weg, sie haben zweihundert Meter. Es ist nicht meine Aufgabe, daran etwas zu ändern.

Zwei Runden vor Schluss hat die Buis-Gruppe ihren Vorsprung etwas vergrößert, es scheinen jetzt ungefähr zwanzig Sekunden zu sein. Spannend für sie, aber drei Mann sind zu wenig. Und mit der Geschwindigkeit, die ein Peloton auf den letzten Kilometern entwickelt, können enorme Rückstände wieder wettgemacht werden.

Van der Horst fährt an die Spitze und hat wieder eine ganze Schlange hinter sich, aber jetzt scheint ihm das nichts auszumachen. Er rast schnell weiter, er eröffnet die Jagd auf Buis. Damit ich meinen Platz vorne nicht verliere, muss ich mithelfen, ich fühle mich langsam auch etwas besser. Aber die Pedaltritte an der Spitze tun jedes Mal weh: Das ist ein starker Gegenwind, wenn man ihm mit fünfundvierzig Kilometern pro Stunde entgegenstrampelt.

Bei der Glocke für die letzte Runde haben Buis und seine Mitstreiter nur noch hundert Meter, und es steht jetzt fest, dass sie eingeholt werden. Aber das geht auf so viele Arten und Weisen; ich fühle, dass etwas passieren wird. Da: Van der Horst attackiert. Ein anderer springt hinterher, ich bleibe machtlos hinten an der Spitze des Pelotons zurück. Dann kommt ein konzentrierter Wutanfall, und ich versuche es auch. Glücklicherweise gibt es den Brückenkopf zwischen mir und Van der Horst. Ich schaffe es an sein Hinterrad und warte da kurz. Nein, er ist nicht bereit, mich an die Spitze zu bringen. Ich springe an ihm vorbei; alleine fahre ich durch die zwei Kurven und strample dann gegen den Wind. Ich muss weiter, ich darf nicht mal zurückschauen, wie viele mit mir mitkommen. Ich denke: Du Riesenidiot, das hat wieder gar keinen Sinn, du vermasselst nur deinen Sprint.

Ich schaffe es. Ich finde den Anschluss zur Buis-Gruppe, sofort nach Van der Horst. Buis sagt etwas zu ihm, was ich nicht verstehe. Ich schaue zurück: Zu meiner Überraschung sehe ich, dass ich alleine nach vorne gekommen bin, hinter mir ist eine Lücke von dreißig oder vierzig Metern. So wie nach jedem Zusammenschluss fällt das Tempo ab: Eine Sekunde lang dauert der Moment, in dem ein Mann mit Form und Mut ganz entscheidend wegspringen könnte. Ich bin das nicht. Das gesamte Peloton schließt auf. Noch fünfzehnhundert Meter, es wird also ein Massensprint. Coppi steht wieder hinter mir.

Die Spannung des Massensprints macht süchtig, genau wie Zeitnot beim Schach. Solche Belange innerhalb so kurzer Zeit; so viel, das schiefgehen kann. Und das ist ein Massensprint um den ersten Platz! Nervös war ich vor einer Runde, jetzt nicht mehr. Ich habe jetzt Wichtigeres zu tun, als an die Unsicherheit des Ergebnisses zu denken.

Ich fahre an vierter oder fünfter Position, aber weiß, dass alle anderen endschnellen Fahrer ganz nah hinter mir sind: Kloosterman, Hagman,

Solaro, Cornelisse, Van der Horst, Kouwenhoven, Buis, die meisten von ihnen Ex-Profis. Vorne zu fahren, wäre in diesem Moment noch möglich und vorteilhaft für viele weniger gute Fahrer, aber das Eigenartige ist, dass sie das selten tun. Oft schieben sie als Entschuldigung die Kamikaze-Zustände des Sprints vor, aber vorne sind die Gefahren eben relativ gering. Oft sieht es bei einem Massensprint so aus, als ob sich die Fahrer in der Reihenfolge des zu erwartenden Ergebnisses aufstellen.

Du musst ständig vorne bleiben, raus aus den ersten fünf kann auch sofort raus aus den ersten zwanzig bedeuten. Du darfst keine Angst haben, an der Spitze zu fahren, und wenn es so weit ist, darfst du nicht zu schnell fahren, denn das kostet zu viel Kraft, und nicht zu langsam, denn dann können sie so schnell an dir vorbei, dass du vielleicht eingebaut wirst.

Ich springe mit jedem Rad mit, das an mir vorbeifährt, bleibe am Hinterrad und überhole, wenn das Tempo gefährlich abfällt. Ich hoffe auf diese merkwürdige, aber häufig vorkommende Erscheinung des chancenlosen Sprinters, der aus Verzweiflung dann halt den Sprint für das ganze Peloton anzieht.

Diesmal kommt er nicht, und ich lasse mich überraschen. Sechshundert Meter vor dem Ziel, kurz vor der Brücke, wird um mich herum beschleunigt, und bevor ich mich anschließen kann, sind sechs oder sieben Mann an mir vorbeigerauscht. So fahre ich auf die Brücke, doch noch in ganz guter Position. Und wieder runter, noch fünfhundert Meter. Ich schalte hoch aufs 13er, schaue kurz, ob die Schaltung gut spurt. Auf dem letzten Stück von zweihundert Metern werden wir den Wind genau im Rücken haben, aber erst kommt noch eine leichte Kurve, und jetzt weht der Wind von rechts hinten. Kloosterman, der an der Spitze fährt, lenkt deshalb nach links.

Ein Sprint ist bewusstseinsverengend: Hier ist eine Leere in meiner Erinnerung. Dreihundert Meter vor dem Ziel bin ich wieder dabei. Etwas muss schiefgelaufen sein, denn ich bin jetzt hinter einer Fahrerreihe, die fächerartig von der Straßenmitte bis zum linken Straßenrand reicht. Ich kann mich nicht dazwischendrängen. Aber wenn ich warte, füllt sich auch die rechte Straßenseite. Keine Sekunde zu verlieren. Ich halte mich zurück, damit mein Vorderrad freies Spiel hat, lenke nach rechts und sprinte dann kurz mit aller Macht. Sobald mein Hinterrad das Vorderrad von Kloosterman passiert hat, tauche ich wieder ganz nach links und erhole mich kurz. Wer jetzt an mir vorbeifährt, muss mich aus dem Wind nehmen. Ich fahre an der Spitze, schaue aus dem Augenwinkel nach hinten. Ich sehe, wie das Spalier hinter mir nach rechts immer mehr zunimmt, aber sie wissen, dass es noch zu früh ist. Meine Taktik hat einen Nachteil: Das ist ein Sprint fürs 12er, aber das kann ich jetzt noch nicht auflegen, dann komme ich nicht schnell genug weg. Noch hundertfünfzig Meter. Noch höchstens zwei Sekunden, dann muss ich loslegen. Ich ziehe mein Tempo an. Wie ein Blitz kommt ein Fahrer in einem roten Trikot zu mir vor, neben mich. Ich setze an, um mitzuziehen und gleich vorbeizusprinten, aber er lenkt frech sofort nach links. Also verdammt noch mal, was für ein Arsch, so grob habe ich das noch nie miterlebt. Ich muss voll in die Bremsen, es ist ein Wunder, dass ich nicht stürze.

Er fährt weiter, ich bin geschlagen. Rechts bricht jetzt alles los. Räder schieben sich an mir vorbei, hundert Meter vor dem Ziel bin ich Fünfter. Aber durch die raue Kraftexplosion des Sprints ist links doch wieder eine Lücke entstanden. Es ist, als würde ich dort wie von selbst hineingezogen, ich bin wieder Dritter.

Neid, Überzeugung, ein Schlag auf den Schalthebel zum 12er, vier Mal mit aller Macht treten, und ich hätte sogar gewonnen. Aber ich bin noch verwirrt von dem Ausbremsen. Ich komme nicht mal aus dem Sattel. Ein paar Tritte auf dem 13er, da ist das Ziel. Dem Mann im roten Trikot entweicht ein Schrei der Enttäuschung: Hagman ist rechts an ihm vorbeigezogen und gewinnt, ihm fehlt eine halbe Radlänge. Ich liege wiederum eine halbe Radlänge hinter ihm und bin Dritter. Ich bin dicht unterhalb der Jury durchgefahren, an der Stelle sehen sie einen oft nicht. Ins Preisgeld fahren und nicht gesehen werden, ist mir oft genug passiert, aber diesmal geht es gut; ich werde schon ausgerufen.

Blumen, Podium. Der Mann im roten Trikot, natürlich ist das Van Berkel, der Cowboy, der überhaupt nicht lenken kann, und es ist ihm auch egal.

Ich sage was über das Ausbremsen.

»Du darfst nicht mit deinem Mundwerk sprinten, Krabbé, du musst mit deinem Fahrrad sprinten«, antwortet er.

Wenn er gewonnen hätte, hätte ich Protest gegen ihn eingelegt. Ich bin enttäuscht, aber ach, es kommen noch so viele Rennen.

FORM (1980)

Man nehme irgendeine Radsportzeitschrift und die Geschichte, die ich jetzt erzähle, steht drin. Sie ist ein Klassiker. Unzählige Male ist sie wirklich passiert, unter anderem in der Ronde van Nieuwpoort-Langerak für Senioren, letzten Samstag. Und weil ich da selbst mitfuhr, bin ich jetzt an der Reihe, sie zu erzählen.

Ich fuhr die ersten Monate dieser Saison nicht gut. Ständig sah ich, wie vor mir Spitzengruppen entstanden, ohne dass mich die gewohnte Wut darüber, dass sie noch nicht vollständig waren, überkam. Mitte Mai beschloss ich, das Fahrrad mal zwei Wochen in die Ecke zu schmeißen. Das macht Moser auch manchmal mitten in der Saison. Ich unternahm zwei Alte-Männer-Ausfahrten um die dreißig Kilometer, und dermaßen klassisch war die Geschichte, dass ich bei einer dieser Touren auf der IJ-Brücke von einem Radfahrer in normalen Klamotten auf einem normalen Fahrrad überholt wurde.

Laut Regenerationsschema musste ich an diesem Wochenende wieder anfangen, aber je näher der Zeitpunkt rückte, desto weniger Lust verspürte ich. Nieuwpoort-Langerak musste also schon mal abgeschrieben werden. Ich würde noch eine Woche später beginnen und dann extra frisch sein.

Eine Rechtfertigung für diesen apathischen Plan konnte ich aber gebrauchen, und deshalb fuhr ich Freitagabend bis zum Kopje van Bloemendaal. Ich würde meine Zeit messen, die ich für den Anstieg brauchte, und im Vergleich mit früheren Leistungen würde ich dann sehen können, wie schlecht es um mich bestellt war.

Der Anstieg zum Kopje ist eine gute Gelegenheit für ein Training, aber merkwürdigerweise sehr unbeliebt bei den Fahrern aus Amsterdam. Knetemann war der Einzige, der dort tagelang Kreise und Achten fuhr, aber ich habe auch teuer bezahlte Amateure erlebt, die mich anschauten, als machte ich ihnen ein unmoralisches Angebot, wenn ich mit ihnen zum Kopje hochfahren wollte, und die dabei den bekannten Unsinn auspackten: »Das geht auf die Beine, Mann.«

Zwei Hobbyradler, die auch zum Kopje fuhren, waren vor mir, und ich nahm mich etwas zurück, damit ich erst im Hochfahren an ihnen vorbeischießen und so wenigstens ein bisschen anonyme Hochachtung einheimsen würde. Unten beim Pfosten auf der rechten Seite der scharfen Kurve schaute ich auf meine Uhr und begann, hochzusprinten.

Mist, fährt der Kerl schnell, dachten die beiden Hobbyradler, aber ich war schon hinter der ersten Kurve verschwunden. Oben beim Briefkasten schaute ich wieder auf meine Uhr: Um drei Sekunden hatte ich meinen Rekord gebrochen, den ich im letzten Jahr in Bestform bis aufs Äußerste ausgereizt hatte. »Kann nicht sein«, sagte ich laut, obschon ich wohl weiß, dass es ausreicht, so was nur zu denken, wenn man alleine ist. Um es zu kontrollieren, fuhr ich sofort wieder runter und machte den Anstieg noch mal, wobei ich den frischgebackenen Rekord um zwei Sekunden pulverisierte. Er steht jetzt bei 2 Minuten und 19 Sekunden.

Es ist wohl klar, dass ich am nächsten Tag in Nieuwpoort-Langerak gewann. Natürlich kann man auch gewinnen, wenn man schlecht fährt, aber alles blieb so, wie es zu dieser Geschichte gehört. Ich fuhr mühelos und mächtig. Ich erlaubte mir ein kräftezehrendes und sinnloses Solo, platzierte mich bei allen Prämiensprints und hatte den Sieg dem Glück zu verdanken.

In der letzten Runde stürzte der größte Favorit. Kurz vor Schluss wagte ein anderer Fahrer einen Verzweiflungsangriff, der zu gelingen schien. Ich achtete nicht mehr auf ihn und bereitete ruhig den Sprint um den zweiten Platz vor. Der verlief perfekt. Nur musste ich, in der heillosen Geschwindigkeit der letzten hundert Meter, vor etwas ausweichen, und bevor ich merkte, dass das der Spitzenmann war, war ich schon ins Ziel gefahren.

Glück, das ist ein Bestandteil von Form. Ansonsten ist nicht viel darüber bekannt. Seit es Sport gibt, ist Form resistent geblieben gegen jegliche Erklärungsversuche und so wird es auch immer sein.

Sonntag, unterwegs nach Hause von einem nicht allzu ruhmreichen vierten Platz in Amersfoort, hörte ich im Radio einen Läufer, der erzählte, wie man ihn zur Weißglut brachte, indem man sein Blut unter verschiedenen Bedingungen auf den Milchsäuregehalt kontrollierte, um so seine Erschöpfungsprozesse zu bestimmen und mit diesem Wissen schlussendlich seine Erholung verbessern zu können. Demnach würde man Form in ihm kreieren können.

Eine Illusion. Das hat alles gar nichts damit zu tun, es ist geheim.

INTERVALL-ARIE (1980)

Als ich gebeten wurde, für eine Zeitung eine Liste mit den besten zehn niederländischen Radsportlern aller Zeiten zu erstellen, bin ich die Sache ganz ernsthaft angegangen. Einen Tag lang blätterte ich im Œuvre von René Jacobs, in den unersetzlichen Handbüchern *Vélo*, aber wen ich auf Platz zehn setzen würde, wusste ich sofort: Moeskops. Moeskops, der große Sprintchampion der zwanziger Jahre, die Hauptfigur von Joris van den Berghs Klassiker *Te midden der kampioenen*, war natürlich ein Muss, aber er ist auch ein außergewöhnlicher Fahrer; ich hätte ihn genauso gut auf eins setzen können. Indem ich ihm aber den zehnten Platz gab, konnte ich meine Abneigung gegen den Bahnradsport zum Ausdruck bringen.

Die Nummern auf der Bahn sind steril. Selbst wenn sie die gesamte Hohe Schule taktischer Finessen zeigen, zwei frisch auf die Bahn gestellten Sprintern fehlt es an Drama. Ein Kampf ohne Vergangenheit ist kein richtiger Kampf. Und in der Verfolgung wird ohne Umschweife gemessen, wer am schnellsten fährt – auf diese Art und Weise wird der Radsport reduziert auf einen obszönen Vergleich der Körperfunktionen.

Aber gerade die Geradlinigkeit, und die Tatsache, dass Fahrer auf gut Glück zu trainieren pflegen, lockt Vertreter der Wissenschaft an: Wäre es nicht möglich, aus einem willkürlichen Athleten einen künstlichen Champion in der Einerverfolgung zu machen? Vor ein paar Jahren konnte ich einen solchen Versuch aus der Nähe miterleben, unternommen von einem multidisziplinären Team, bestehend aus einem Physiologen und einem Psychologen.

Dieses Duo, das zuvor Anklang gefunden hatte, indem es zeigte, dass Tischtennisspieler nichts davon haben (im Gegenteil), wenn sie während des Spiels gegen eine Ballkanone Gedichte von Racine zitieren müssen, hatte ein perfektes Versuchskaninchen gefunden, das muss mal erwähnt werden. Es war ein Mann, zweiunddreißig Jahre alt, groß, mit dem athletischen Körperbau und von weitem besehen auch dem Gesicht von Peter Post. Arie, wie er hieß, war in seiner Jugend Rennfahrer gewesen, hatte früh aufgehört und sich inzwischen eine goldene Nase in der Teppichbranche verdient. Jetzt hatte er genug Freizeit und das nötige Geld, um sich voll auf das Experiment einzulassen; in neun Monaten Niederländischer Amateurmeister und Teilnahme an der Weltmeisterschaft, im Jahr darauf Weltmeister.

Arie tat alles dafür. Er kaufte das tollste Material für die Straße und die Bahn, montierte eine Stoppuhr an seinem Lenker und begann mit dem vorgegebenen Plan für sein Intervalltraining. Das war mörderisch. Kurze Kraftanstrengungen mit vollem Einsatz, die immer länger wurden, lange Anstrengungen, die immer kürzer wurden, und während die Anzahl der Intervalle immer mehr zunahm, sollte Arie sich fast unbemerkt von zwei Seiten den magischen fünf Minuten annähern, innerhalb derer er im Hinblick auf seine Titel explodieren würde.

Die Schwierigkeit mit Arie war, dass er die Ideen der Gelehrten auch mit Kadavergehorsam ausführte, was zur Folge hatte, dass er schnell keinen mehr finden konnte, der mit ihm trainieren wollte. Nach einigen Malen hatte ich auch keine Lust mehr. Ich musste die Steine aus der Straße fahren, um Intervall-Arie, wie er schon schnell genannt wurde, in den Ruhephasen zwischen seinen fünfundzwanzig Sprints wieder einzuholen. Wie der Mann rasen konnte. *Ihn* hätte ich auf meine Liste setzen sollen. Und wenn er dann nach Hause kam, plumpste er unter ein selbst gebautes Folterwerkzeug in seiner Garage, wo er noch einmal eine halbe Stunde in Rückenlage mit Gewichten in der Luft radelte.

Der Physiologe kontrollierte Aries Fortschritte auf dem Fahrradergometer, und auf dem schlug Arie alle Sportler anderer Disziplinen und außerdem verschiedene Berufsrennfahrer. Und auch der Psychologe hielt die Moral hoch, denn als ich einmal erwähnte, dass Schuiten und Ponsteen, die Favoriten des Jahres (1974), beide vielleicht Profis werden würden, platzte Arie raus: »Dann macht es gar keinen Spaß mehr!«

Aber in Rennfahrerkreisen, in denen der Fall Arie viel diskutiert wurde, war man skeptisch, was seine Chancen anging. Beim Radsport ging es doch um Souplesse, Macht, Tritt, Form? Unwissenschaftliche Begriffe natürlich, aber diese Qualitäten konnte man nur in Rennen erlangen, und bei denen fuhr Arie nie mit. Sogar für eine Probeverfolgung war in seinem Plan kein Platz. Schließlich wurde doch entschieden, einen Test auf der 200-Meter-Bahn von Sloten zu fahren, und nie werde ich die Gesichter des Psychologen und des Physiologen vergessen, die mit teuren Stoppuhren und luxuriösen Stiften bereitstanden, um Aries Zwischenzeiten zu notieren. Nach fünf Runden wurden diese nicht mehr in Zehnteln von Sekunden, sondern in ganzen Sekunden aufgeschrieben, ein paar Runden später ließ man es ganz sein mit den Zwischenzeiten. Arie brauchte schließlich etwa 5:40 Minuten für die vier Kilometer, nur eine winzige Minute über dem Weltmeisterniveau; formidabel für einen Anfänger von 32 Jahren. Er munterte den Psychologen auf, aber als ich mir einen Monat später im Olympiastadion die Qualifikationsrennen für die Verfolgung anschaute, schallte Aries Name vergebens durch den Lautsprecher. Sein Gegner musste alleine über die Bahn.

Nachschrift 2015: Viele Jahre später begegnete ich Arie noch einmal, auf der Liste der fünfhundert reichsten Niederländer. Mit etwa sechzig Millionen Euro stand er irgendwo zwischen dem dreihundertsten und dem vierhundertsten Platz.

DIE JAGD AUF KNETEMANN (1980)

Meinen Vereinskameraden (vom GGMC) Gerrie Knetemann sah ich zum ersten Mal 1973 bei einem Rennen für Amateure in Ouderkerk aan de Amstel. Nach einem spannenden Kampf ging er mit einem entscheidenden Vorsprung in die letzte Runde, zusammen mit einem zweiten Fahrer, dessen Rückennummer ich im Programmheft suchen musste. Es war H. Jacobs aus Ouderkerk aan de Amstel. Ich, der sich für einen erfahrenen Kenner hielt, fühlte, wie das ausgehen würde. Aber im Spalier aus Menschen an der Ziellinie wurden die Chancen frei besprochen. »Jacobs hat eine gute Chance, der Knetemann ist nicht so furchtbar schnell«, hörte ich jemanden sagen. »Das stimmt schon«, sagte ein anderer, »aber in einem Zweiersprint ist er nicht zu schlagen.« Ich habe keine Ahnung, wer das sagte, aber er hat sich später als Kenner erwiesen.

Und mein Wissen über Siege vor der eigenen Haustür hat seitdem an Finesse zugelegt. So ein Heimsieg ist, vor allem bei den Profis, so viel wert, dass andere Teilnehmer entweder eine Vergütung für ihre Mitarbeit bekommen oder zusammen Absprachen treffen, um dem Lokalmatador den Mehrwert des Sieges vorzuenthalten.

Aus dem Wissen heraus, dass Huub Zilverberg (ein herausragender Fahrer aus den 1960er Jahren) nie die Ronde van Goirle gewinnen konnte, kann man gleichzeitig zwei Schlussfolgerungen ziehen: Zilverberg wohnte in Goirle und er mochte es gar nicht, Siege zu kaufen. »Es gab Fahrer, die nicht mal gut waren, aber trotzdem gewannen. Nur, wenn sie ein Rennen gewannen, hatten sie noch nichts verdient. Wenn du verstehst, was ich meine. Ich ging nie zu einem Rennen, um als Erster in der Zeitung zu stehen und trotzdem keinen Cent verdient zu haben.«

So ein Zitat von Zilverberg in dem Buch *Alleen op kop* von Gijs Zandbergen. Es muss erwähnt werden, dass er in einem Atemzug auch an der Richtigkeit seiner Haltung zweifelt. »Denn es sind die Ergebnisse, die die Höhe deines Vertrags bestimmen.«

Seit einigen Jahren ist die Vereinszeitschrift des GGMC mit einem Umschlag versehen, auf dem Knetemanns berühmtester Zweiersprint abgebildet ist: dem gegen Moser auf dem Nürburgring, bei der WM 1978.

Mit deutlich beschränkten Mitteln ist Knetemann eine wahre Vedette geworden. Unaufhörlich betont er, dass er trotz allem ein ganz normaler Junge geblieben ist, aber abgesehen von diesem fast berufsmäßigen Nichtbesitz von Allüren ist er in der Tat immer noch die gleiche offene, witzige und dominante Persönlichkeit wie früher. Aber ich sollte lieber darüber erzählen, wie er fährt, das habe ich nicht umsonst einige Zeit aus der Nähe miterlebt.

Während des gesamten Frühlings 1975, in einem Versuch, alle verlorenen Jahre gleichzeitig wieder aufzuholen, machte ich beim täglichen Training der Profis aus Amsterdam mit. Zumindest beim mittäglichen Teil, hundert Kilometern – sie hatten morgens schon eine Runde von achtzig Kilometern hinter sich. Damit ich mein Training ins rechte Licht rücke, führe ich mal gleich eine neue Person ein, einen schweigsamen Herren von sechsundfünfzig Jahren (laut des einzigen Rennfahrers, der behauptete, jemals mit ihm gesprochen zu haben), der, auf einem Sportrad mit normalem, geradem Lenker, auch bei diesen Trainingsfahrten von Knetemann dabei war. Es gibt nun mal eine feste Durchschnittsgeschwindigkeit für längere Trainingsausfahrten, ungefähr zweiunddreißig Kilometer pro Stunde. Und das können Fahrer von sehr unterschiedlichem Niveau schaffen.

Manchmal, des eintönigen Mahlens überdrüssig, attackierte jemand, was lediglich zur Folge hatte, dass er das ganze restliche Stück alleine nach Hause fahren musste. Aber manchmal passierte es auch, dass so eine Attacke beantwortet wurde, dass neue Attacken folgten, und bevor man sich versah, war es ein richtiges Rennen. Der sechsundfünfzigjährige Herr wurde dann abgehängt, und nicht nur er.

Ganz besonders gut erinnere ich mich an die Ausfahrt vom 6. März 1975, durch das Hinterland bis nach Katwijk und wieder zurück durch die Dünen. Wir hatten einen starken Wind im Rücken, was das Ereignis danach noch eigenartiger macht. Auf dem Dünenpfad, sofort hinter Langevelderslag, attackierte Knetemann. Es bildete sich eine Gruppe von acht Mann, in der mit völliger Hingabe Jagd auf ihn gemacht wurde. Aber obwohl in der Gruppe ordentliche Profis waren wie Smit, Janbroers, Balk und dazu namhafte Amateure, kamen wir keinen Meter näher ran. Dass ich nicht abgehängt wurde und, nur aus Pflichtgefühl als Chronist, irgendwie das letzte Hinterrad halten konnte, kommt mir jetzt unbegreiflich vor. Ansonsten erinnere ich mich nur daran, wie ich ab und an verzweifelt über die Rücken der Jäger hinweg zu Knetemann schaute, aber jedes Mal war er noch hundert Meter weiter vorn.

Das ging so bis Zandvoort. Dort erst ließ er sich einholen. Über diese Jagd wurde danach viel gesprochen, öfter als über den Zusammenstoß von Klaas Balk mit einem Auto, ein paar Kilometer weiter in Haarlem, der das Ende seiner Karriere bedeutete.

DAS MITERLEBEN VON ETWAS HEITEREM (1980)

Ein befreundeter Fahrer kam vor kurzem bei einem Rennen in Belgien zu Fall. Er hatte eine Kniewunde, und die Umstehenden und auch er selbst kamen zu dem Schluss, dass ein Krankenwagen kommen musste, um ihn ins Krankenhaus zu bringen. Der Krankenwagen kam schnell, aber die Fahrt dauerte lange: Der Fahrer konnte das Krankenhaus nicht finden. Da er außerdem ausschließlich Französisch sprach und man sich in einem rein flämischen Gebiet befand, war es mein Freund, der einige Male aussteigen musste, um den Weg zum nächstgelegenen Krankenhaus zu erfragen.

Sollte er also irgendwann mal gefragt werden, ob er jemals etwas Heiteres beim Radrennen erlebt hat, kann er Ja sagen. Selbst würde ich am liebsten antworten: Ich musste mal an einem geschlossenen Bahnübergang warten. Meine bescheidene Sehnsucht, so etwas auch einmal mitzuerleben, ist aber nie in Erfüllung gegangen, auch nicht in der Luxemburg-Rundfahrt der Senioren, die ich letzte Woche bestritt und die sich dafür, als Etappenrennen, besonders gut geeignet hätte. Wir hatten in Luxemburg unser eigenes Begleitfahrzeug, das aber Probleme mit der Batterie hatte; wir haben es Etappe für Etappe kurz vor dem Start anschieben müssen, zum Entsetzen unseres Soigneurs, der den Effekt seiner lang andauernden Massagen in Sekunden in Rauch aufgehen sah.

Das fand ich erheiternd. Bei der letzten Etappe fiel mir beim Start eine Gummitülle auf, die aus der Trikottasche des Fahrers mit der Nummer 50 herauslugte. Manchmal fuhr ich eine Zeitlang an seinem Hinterrad, dann dachte ich: Was kann das denn sein, dass er das Ding so treu die furchtbaren Anstiege mit hochschleppt? Erst nach einer guten Stunde, wir fuhren mit einer kleinen Gruppe Übriggebliebener an der Mosel entlang, wurde es klar, als Nummer 50 rhythmisch auf seine Rückentasche drückte, kurz unter der Tülle. Man hörte einen schönen Ton. Es war eine Hupe! Allen Entbehrungen zum Trotz hatte er das Teil mit sich mitgeschleppt und jetzt hupte er, um uns zu amüsieren.

Ein Gefühl des Mitleids überkam mich, aber andererseits fand ich es extra schade, dass jetzt kein geschlossener Bahnübergang kam: Dann hätte ich die Hupe aus der Trikottasche von Startnummer 50 herausgeholt und vor seinen Augen mit meinen Hacken darauf herumgetrampelt.

Später an diesem Tag büßte ich meine letzte Chance ein, die Etappe zu gewinnen, weil ein Fahrer entscheidend aus der Spitzengruppe wegsprang. Aber bei der Einfahrt in den Zielort traute ich meinen Augen kaum: Er fuhr mir entgegen und bog links ab, wo ich nach rechts musste. Er hatte den Abzweig verpasst, hatte inmitten des ungerührt fließenden Verkehrs seinen Irrtum bemerkt und war umgedreht. So behielt er von seinen zweihundert Metern Vorsprung bis zum Ziel noch zehn Meter bis zu mir übrig.

Streckenirrtümer sind eine unerschöpfliche Quelle heiterer Geschichten; in Luxemburg wurde vor allem unser Zeitfahren verunstaltet, weil ein Gendarm, der bei einer unübersichtlichen Kurve aufpassen sollte, stattdessen auf einer Mauer saß und sich unterhielt. Viele Fahrer verloren dort Zeit, weil sie umdrehen mussten, aber unser Favorit Jan van der Horst verausgabte sich so, dass er seinen Irrtum erst im nächsten Dorf bemerkte. Zum Glück durfte er sein Rennen wiederholen. Er gewann dann.

Unter der Dusche erzählte er, dass er anfing zu zweifeln, weil die Menschen auf den Gehwegen den Eindruck machten, dass er der erste Radrennfahrer war, den sie an diesem Abend sahen. »Stell dir vor, dass du auf solche Art und Weise auf der Strecke eines anderen Zeitfahrens gelandet wärst«, sagte ich, »und dass dir dort wieder zugejubelt wird und so immer weiter durchs ganze Land«, aber dazu hatte er eine wahre Geschichte in petto.

In einem Wettkampf für Berufsrennfahrer in Belgien, Ende der sechziger Jahre, bekam der damals sehr bekannte Niederländer Eddy Beugels einen Platten. Nach einiger Zeit wurde die Panne von seinem Vater behoben, der dem Rennen im Auto folgte, aber es war zu spät, um das Peloton noch einzuholen. Deshalb stieg Beugels mit Fahrrad und allem Drum und Dran ein, sein Vater schnitt ein Stück der Strecke ab, und als Beugels die große Gruppe in greifbarer Entfernung vor sich sah, stieg er wieder aus und begann eine wundervolle Verfolgungsjagd, die von Erfolg gekrönt wurde. Er war wieder zurück im Peloton. Aber als er um sich herum schaute, erkannte er keinen einzigen Fahrer: Er war in einem Rennen für Junioren gelandet.

IM DUNKELN TAPPEN (1980)

In Radsportgeschäften kann man Honig und Kölnisch Wasser kaufen, aber keine Etiketten. Trotzdem sind sie unentbehrlich. Das merke ich immer öfter, jetzt wo ich einige Etappenrennen fahre. Nach der Luxemburg-Rundfahrt bestritt ich die Tour du Var, ein Seniorenrennen mit Start und Ziel in Hyères, in Südfrankreich.

In Luxemburg stieß ich bereits auf ein Problem, das Radprofis meist nicht haben: Wir kennen uns nicht. Ich startete in einem Peloton aus achtzig Fahrern, von denen ich siebzig noch nie gesehen hatte. Auf wen musste ich achten? Nach dem ersten Tag waren es noch ungefähr zehn, und ihre Startnummern schrieb ich auf ein Etikett, das ich auf meinen Lenker klebte. Der Erste im Radsport, der das machte.

Auf ein zweites Etikett schrieb ich die wichtigsten Punkte der Strecke, und das klebte ich auch auf meinen Lenker. Aber das sollte nur als eine Variation eines alten Brauches unter Radprofis aufgefasst werden. Sie haben oft eine Karte in ihrer Trikottasche, auf der diese Informationen stehen. Aber so eine Karte wiegt um einige Gramm mehr und ist nicht so schnell lesbar wie mein Etikett. Eine Verbesserung also.

Fehlende Informationen sind ein Merkmal des Radsports, aber so bitter wie in der ersten Etappe der Tour du Var habe ich es selbst nie erlebt. Da stand ich am Start zwischen fast hundert Fahrern aus Frankreich, Belgien, Deutschland und der Schweiz, und niemand da, den ich kannte – ein Kind auf einer neuen Schule. Ich hoffte, das Rennen zu gewinnen, aber wie kam ich da eigentlich drauf? Wie hoch war das Niveau? Auf wen musste ich achten?

Die ersten Kilometer machten es nicht übersichtlicher. Es war ein nervöses Getue, ein Sperrfeuer von Attacken und Tempowechseln, junge Hunde, die im Wind von der Leine gelassen werden. Ich wusste, wie wichtig es ist, sich nicht mitreißen zu lassen, und so verpasste ich einen Ausreißversuch von neun Fahrern, der aus dem Wirrwarr übrig blieb und der Struktur ins Rennen brachte: sie vorne, gut zusammenarbeitend, wir hinten, langsam. Das war nach fünfzehn der einhundertzehn Kilometer.

Was ich nicht wusste, war, dass in der Spitzengruppe, die schnell außer Sichtweite war, alle prominenten Fahrer waren. Auf den ersten Blick könnte man also sagen, dass es gut war, dass ich meine Selbstbeherrschung verlor und attackierte – es gab wenig Anlass zu vermuten, dass das in einem Desaster enden würde. Drei Fahrer hängten sich an mich dran, wir arbeiteten gut zusammen und nach einer halbstündigen Verfolgungsjagd erreichten wir die Spitzenfahrer, genau am Fuße des einzigen ernsthaften Berges dieses Tages, eines Anstiegs von ungefähr acht Kilometern.

Ich hatte Angst, nach meiner Anstrengung abgeschüttelt zu werden, sobald die Straße anstieg, das passierte aber nicht. Im Gegenteil, im Rausch des Fahrens in Führung (ab und an war mein Rad das erste in der Tour du Var und ich also virtuell der Träger des Gelben Trikots) kletterte ich flott. Ich konnte nicht glauben, was ich sah: Einer nach dem anderen fiel zurück, aber ich blieb dran. Das Überleben, während andere sterben, ist sowieso schon das schönste Gefühl, das der Radsport zu bieten hat, und ich glaubte in diesem Moment, dass ich die Tour du Var gewinnen würde. Noch sechs Fahrer, fünf, vier, da wackelte schon wieder einer, schaltete, sprintete noch mal die Lücke zu und war dann definitiv verschwunden.

Aber dann war ich dran. Fünfhundert Meter vor dem Pass (wenn ich das nur gewusst hätte), musste ich eine Lücke lassen. Erst war sie nur einen Dezimeter groß, aber es war die Art Lücke wie von einer Fähre, die man verpasst hat. »Fahr dein eigenes Tempo!«, hämmerte es in mir, und die vorderen zwei verschwanden aus meiner Sichtweite. Kurz danach war ich oben, wo ich zwei Punkte für die Bergwertung einstecken konnte, wie ich später hörte, mit einem Rückstand von zwanzig Sekunden.

In der kurvenreichen Abfahrt sah ich die beiden Führenden nicht mehr, meine Abfahrtstechnik ist abscheulich. Als ich endlich das Tal erreicht hatte, sah ich sie auf einer langen, geraden Straße noch einmal vor mir, unüberbrückbar weit weg für mich. Was sollte ich tun? Mich zurückfallen lassen? Alleine weiterfahren? Damit nicht alle Anstrengungen umsonst waren, entschied ich mich, mehr zu tun.

(Hätte ich nur gewusst, was ich eine Woche später erfuhr. Die Straße war die einzige, die zwei Mal in der Tour du Var vorkam, und als wir während der Schlussetappe wieder dort waren, fuhr ein Schweizer neben mir, den ich inzwischen als arroganten und gewaltig starken Fahrer kennengelernt hatte; er war Dritter in der Gesamtwertung. Jetzt erzählte er, dass er derjenige war, der auf der ersten Etappe unmittelbar vor mir abgehängt worden war, und dass er mich nach der Abfahrt vor sich hatte fahren sehen. »Du hättest mich rufen können!«, sagte ich. »Das hab ich gemacht, aber du hast mich nicht gehört. Da hab ich mich zurückfallen lassen.«)

Völlig im Dunkeln tappend setzte ich meine Solofahrt fort. Nichts wusste ich, nicht über meinen Rückstand, nicht über meinen Vorsprung, nur, dass es noch sechzig Kilometer waren. Entlang der Strecke riefen die Menschen: »Sie sind nicht weit« oder »Allez Poupou«. Ein Materialwagen meines Teams (Internationale A) fuhr hinter mir her, zur Ehre des Tages wurde er von zwei unbekümmerten Jungs mit Schnurrbart gelenkt, und jeder der beiden trug das gleiche Trikot wie ich, mit Werbung für die Baufirma Fontana. Wahrscheinlich waren es die dümmsten Kräfte des Herrn Fontana, von ihm gerade gut genug befunden für diesen Job. Ich ließ mich zu ihnen zurückfallen und fragte: »Wie viel Vorsprung habe ich auf den nächsten Fahrer hinter mir?« »Das wissen wir nicht«, sagte einer von ihnen.

So fuhr ich weiter. Hätten sie mir wenigstens erzählt, wie heiß es war. Die Sonne brannte, mein Tempo brach ein, ich fühlte mich einem Sonnenstich sehr nah und zum ersten Mal sah ich den schwarzen Schnee, der in keiner Radsportkarriere fehlen darf. Immer langsamer bewegte ich mich mit meinem Niemandsland in die Richtung von Le Lanvandou, wo dann auf jeden Fall ein ehrenwerter dritter Platz auf mich wartete. Der änderte sich noch in einen vierten, als ich zehn Kilometer vor dem Ziel von einem Fahrer überholt wurde, dem ich absolut nicht folgen konnte. Ich sah noch gerade so seine Startnummer, 32, ausgerechnet einer der wenigen, dessen Namen ich kannte; es war der Belgier Van den Neucker.

Er verschwand wieder, ich sah ihn nicht mehr, und eine gute viertel Stunde später, nachdem auf dem letzten Anstieg der Krampf mit Dolchen in meine Oberschenkel stach, war ich dann im Ziel, wo ich einen warmen Applaus erhielt. Als ich ausgetrudelt war und mich umdrehte, sah ich etwas, das immer noch mein Entsetzen weckt, wenn ich daran zurückdenke: das sprintende Peloton. Für einen Gewinn von zwanzig Sekunden hatte ich Kraft im Wert von einer viertel Stunde verschleudert. Mein Rückstand auf die Führenden betrug fünf Minuten. Die Tour du Var war für mich unwiderruflich verloren.

(Im *Nice Matin* las ich am nächsten Morgen, dass der Österreicher Krable nach der Abfahrt einen Rückstand von 2:05 Minuten auf die beiden Fahrer an der Spitze hatte und einen Vorsprung von 3:55 Minuten auf eine »kleine Gruppe von Verfolgern«.)

LIEBER EDELMÜTIG ALS MÜDE (1980)

In den Niederlanden war ich dazu verurteilt, Kriterien zu fahren, kurze Rundstreckenrennen, in denen Radrennsport zum Geschwindigkeitssport degradiert ist und die Ermüdung eine Nebenrolle spielt. Aber ohne Ermüdung schreibt der Radrennsport selten ergreifende Geschichten.

Dann die Tour du Var! Von den zehn einzelnen Etappen, aus denen sie bestand, gehören auf jeden Fall fünf zu den zehn packendsten Rennen, die ich je gefahren bin. In der Tour du Var hatte der Radsport seine ursprüngliche Form, die einer Prüfung des Durchhaltevermögens. Wir fuhren jeden Tag einhundertzwanzig Kilometer durch schweres Terrain; so fand ich im letzten Monat meiner Radsportkarriere doch noch heraus, wie sich eine Tour de France anfühlt. Das ganze Leben hat sich in ein großes Fahrrad verwandelt. Auf die Frage, die sich jeder Mensch manchmal stellt, nämlich: Was mache ich in diesem Moment, schien in meinem Fall die Antwort stets zu lauten: Ich sitze auf einem Rennrad. Natürlich waren die Etappen auch irgendwann zu Ende, aber dann wurde ich sofort zum Hotel gefahren, wo ich mit Radrennfahrern zu Abend aß und über Radsport quatschte.

Dann versuchte ich, etwas zu schlafen, aber bevor ich einigermaßen wach war und mich fragte, was ich eigentlich machte, saß ich wieder auf einem Rennrad, denn der Start war morgens.

Kein Wunder, dass ich schließlich in einer tiefen Müdigkeit versank, und nicht nur ich. Am dritten Tag war nach einem endlosen Anstieg unmittelbar nach dem Start eine Spitzengruppe mit acht Mann übrig geblieben, für alle verbleibenden Anstiege. Eine Stunde später, auf einem kilometerlangen Streckenabschnitt mit einer dicken Schicht frisch gelegtem Splitt, hatte einer von uns einen Reifendefekt. Es tat mir sehr leid für ihn, doch ich freute mich vor allem über den Vorteil, den mir das bringen würde, denn er war eine Minute vor mir.

Aber aus meiner Gruppe wurde mir die Entscheidung mitgeteilt, dass wir warten sollten. Wir hatten genug Vorsprung, vier Minuten laut der letzten Nachrichten. Die Initiative schien mir vom Träger des Gelben Trikots auszugehen, und seine Autorität akzeptierte ich. Wir rollten locker dahin, bis der Pechvogel wieder da war. Später habe ich gefragt, ob so ein Warten normal ist, aber das schien nicht der Fall zu sein: Es war eine spontane Geste. Wir waren schon so lange zusammen, dass in der Tat ein starkes Gefühl der Kameradschaft entstanden war, dem wir uns umso schneller hingaben, weil Ermüdung nun mal sentimental macht.

Aber hat die Ermüdung nicht auch selbst eine Rolle gespielt? Locker dahinrollen kostet weniger Kraft. Später am Tag wurde noch mal gewartet, jetzt auf einen Fahrer aus unserer Gruppe, der seinen Sattel verloren hatte. Zehn Kilometer lang fuhr er im Stehen in unserem speziell angepassten Tempo, aber weil sein Mechaniker das Problem nicht beheben konnte, kam er schließlich mit Tränen in den Augen zu uns, um uns zu sagen, dass wir ohne ihn weiterfahren müssten. Mir kam die Mitteilung nicht gelegen, weil ich müde war, und ich wäre bereit gewesen, noch stundenlang edelmütig zu sein. Aber die Windstaffel war zügig wiederhergestellt, und wir erreichten den Zielort mit sieben Minuten Vorsprung auf das Peloton und noch mehr auf den unglücklichen Sattelverlierer.

Ein paar Tage später lernte ich eine Müdigkeit von einer Dimension kennen, die mir neu war. Ich befand mich in einer Spitzengruppe mit zwölf Mann, die eigentlich wenig Bedeutung hatte, denn alle prominenten Fahrer waren dabei und die Würfel in der Gesamtwertung waren schon längst gefallen. Aber es war eine Etappe mit hundertdreißig Kilometern, und ich hatte einen schlechten Tag. Ich war schon zwei Mal bei Anstiegen abgehängt worden, und auch nach einem Platten hatte es mich große Mühe gekostet, zurückzukommen. Da wurde nicht auf mich gewartet. Waren zwölf Mann zu viel, damit eine Kameradschaft entstehen konnte?

Vielleicht hatten sie ja schon gewartet, aber ich war zu erschöpft gewesen, um es zu merken. Auf jeden Fall betete ich, dass ich nicht noch mal abgehängt werden würde, für meine Platzierung in der Gesamtwertung und für die Chance, die ich im Sprint haben würde.

Noch fünfzehn Kilometer bis zum Ziel, der letzte Anstieg lag hinter uns, und ich war immer noch mit dabei. Ich übernahm schon längst keine Führungsarbeit mehr und ich fürchtete mich vor nichts so sehr wie vor den Huckeln auf der Straße, die den Rausch stören würden, in dem ich mich befand. Zu essen hatte ich nichts mehr, und ich fragte einen anderen Fahrer. Er reichte mir eine Portion Fruchtmus rüber, und das war der Gnadenstoß.

Ich hatte nämlich gedacht, dass er Feigen dabeihatte. Zu einer Armbewegung, die Feige zu nehmen, hätte ich mich noch in der Lage gefühlt, aber meiner vorgenommenen Armbewegung eine neue Bedeutung zu geben, das überstieg meine Kräfte. Kurz darauf, auf einem flachen Abschnitt, wurde ich abgehängt. Die Überraschung hatte meinen Rausch gestört. Auf den letzten Kilometern verlor ich noch mal zwei Minuten und damit rutschte ich vom fünften auf den sechsten Platz ab, der zu meiner Platzierung im Schlussklassement der Tour du Var 1980 wurde.

DER NACHZÜGLER (1980)

Ich habe mal mit einer Liste angefangen, auf der berühmte Personen standen, die ich gekannt habe. Berühmtheit definierte ich großzügig, und für das Kennen galt, dass ich mindestens zwanzig Wörter mit jemandem gewechselt haben musste. Es war die niedrigste Form von Geltungsbedürfnis, zusammen mit der höchsten Form von Langeweile, und nach einer Stunde warf ich die Liste angewidert weg. Aber wenn ich sie fortgesetzt hätte, hätte seit dem Juni 1977 auch der englische Rennfahrer Barry Hoban draufgestanden.

Hoban, geboren 1940, war eine kleine Vedette, aber nicht nur, weil er ein guter Radrennfahrer war. Er kam 1962 aufs europäische Festland, dazu ermutigt von seinem Freund Tom Simpson, der als Rennfahrer schon erfolgreich war. Ende 1963 wurde Hoban Profi und er fuhr sofort gut. 1964 gewann er Etappen bei der Spanien-Rundfahrt und beim GP Midi Libre, was nicht verhinderte, dass sein Name anfänglich ein wenig unterging in dem Sammelbegriff »die Helfer von Simpson, die, obschon sie Engländer sind, selbst doch auch ganz ordentlich fahren können«.

Hobans Karriere als Vedette begann mit dem Tod von Simpson auf dem Ventoux. Das war ein mythisches Ereignis, das seine Kraft in viele Richtungen ausgestrahlt hat. Der Ventoux wurde dadurch selbst auch zur Vedette. Im Sommer wimmelt es dort vor Hobbyradlern und Fahrern, die am Simpson-Denkmal vorbeifahren wollen, und seit einigen Jahren gibt es sogar eine Langstreckenfahrt Brügge–Ventoux für Hobbyfahrer, an der mehr als hundert Menschen teilnehmen. Ich bin davon überzeugt, dass die Simpson-Geschichte einen Anteil an der heutigen Popularität des Radsports hat.

Simpson starb am 13. Juli 1967. Am nächsten Tag stand die Etappe Carpentras–Sète über 201 Kilometer an. Die vier übrig gebliebenen Engländer hatten beschlossen, die Tour fortzusetzen, und Hoban gewann die Etappe mit vier Minuten Vorsprung aufs Peloton, mit einer Durchschnittsgeschwindigkeit von zweiunddreißig Kilometern pro Stunde. Das war die Gedenkzeremonie der Rennfahrer. Eigentlich hatte man Denson dafür ausgewählt, Simpsons besten Freund, aber der wollte nicht. »Es war das einzige Mal in der Geschichte der Tour«, schrieb *L'Équipe*, »dass die Wettkampfleitung bewusst zuließ, dass das Ergebnis einer Etappe gefälscht wurde.«

Hoban kam heulend ins Ziel und stand heulend mit den Blumen auf dem Podium. Er schickte sie ins Leichenschauhaus in Avignon, wo Simpson lag. Mit einem Mal war er berühmt. Ein Jahr später war er mit Simpsons Witwe bei der Enthüllung des Denkmals auf dem Ventoux anwesend und noch ein bisschen später heiratete er sie. Es wurde gar nicht viel darüber bekanntgegeben, und doch trugen die Ereignisse zu der speziellen Art und Weise bei, auf die Hoban eine Vedette wurde.

Aber vor allem war er ein guter Rennfahrer und das wurde nach 1967 immer klarer. Er war zäh und hatte vor allem einen guten Sprint. 1968 gewann er eine Etappe der Tour de France und 1969 gewann er sogar zwei hintereinander. Die Niederlande waren besonders beeindruckt, denn beide Male ließ er Niederländer hinter sich, denen man mehr zugetraut hätte, erst Ottenbros, dann Dolman.

Insgesamt gewann Hoban im Laufe der Jahre acht Tour-Etappen. Er schaffte auch Ehrenplätze bei den klassischen Eintagesrennen; 1972 wurde er Dritter bei Paris–Roubaix und 1974 gewann er Gent–Wevelgem. Im Sprint ließen die richtig Großen damals eine Lücke, durch die sich der schlaue Hoban hindurchschlängelte. Die Liste der Geschlagenen war wirklich ein Ehrenzeugnis: Merckx, De Vlaeminck, Maertens, Godefroot, Verbeek. Hobans gar nicht unschöner Pferdekopf war bei der Gelegenheit durch Freude verzerrt, so wie das auch passieren konnte, wenn er unglücklicherweise verlor: Seine Trauer war echt und kolossal.

Hoban muss ein fröhlicher, charmanter Kerl sein. Er erzählt den Journalisten auch Radsportwitze, wie diesen: »Hast du gehört, dass Zoetemelk disqualifiziert wurde? Hat sich den ganzen Tourmalet von einem Laster hochziehen lassen. Ja, und Merckx, der hat ein hohes Bußgeld bekommen. Er zog den Laster!«

Es dauert ein wenig, bis man den versteckten Fehler in diesem Witz erkennt. Warum sollte es für Rennfahrer verboten sein, ein Auto einen Berg hochzuziehen? Andersherum ist Strafe logischer, auch wenn der Vorteil des Gezogenwerdens überschätzt wird. Ein Rennfahrer, den ich kenne, Ben Janbroers, wurde 1973 aus der Tour geschmissen, zusammen mit elf anderen, weil sie sich von Autos den Galibier hatten hochziehen lassen. Janbroers hatte sich an einem Fenster festgekrallt, vier, fünf Fahrer hatten sich wiederum an ihn rangehängt. So fuhren sie hoch. Noch nie hatte er so schwer gelitten.

Dass sich Hoban in den Straßen von Gent, seinem Wohnort, verschiedene Male mit Melone und Regenschirm auf dem Rennrad hat fotografieren lassen, kreide ich ihm nicht an. Das kommt nur von der streng Pawlowschen Art und Weise, mit der Sportjournalisten ihre Attribute verteilen. Engländer? Bamm, Melone! Sogar der Niederländer Poppe, der 1974 die einzige jemals in England gefahrene Tour-de-France-Etappe gewann, bekam wie von Zauberhand so einen Hut aufgesetzt. Holländer? Klatsch, Holzschuhe! Dass Zoetemelk noch nie die Holzschuhe, mit denen er fotografiert wurde, genommen hat, um den Schädel so eines französischen Sportfotografen einzuschlagen, kann nur mit der gleichen Charakterschwäche erklärt werden, die ihn auch immer davon abhalten wird, die Tour de France zu gewinnen.*

Mein Treffen mit Hoban fand am Samstag, dem 17. Juni 1977, statt, während der vorletzten Etappe des Midi Libre, einer Fahrt von Millau nach Montpellier über 194 Kilometer. Hoban und ich waren im Cirque de Navacelles, einem Trichter, der sich unvermittelt im Felsplateau auftut, einen halben Kilometer tief. Ein paar Serpentinen steil runter und dann sofort wieder hoch. Niemals vorher wurden dort Rennfahrer reingeschickt,

* Das war eine ausgezeichnete Vorhersage. Der Wert einer Vorhersage ist unabhängig vom Ergebnis.

ein Fakt, von dem die Veranstalterzeitung ziemliches Aufheben gemacht hatte; ein spektakulärer Wettkampf würde losbrechen.

Ich suchte eine Stelle im Anstieg, von wo aus ich die Übersicht über einen möglichst langen Streckenabschnitt haben würde. Ich würde die Zeit der Fahrer über dieses Stück messen und mit meiner eigenen Zeit vergleichen. Denn natürlich hatte ich mein Rad mit und das Erste, was ich nach meiner Ankunft tat, war, den Cirque de Navacelles selbst hochzufahren und meine Zeit zu notieren. Die betrug genau sechs Minuten. Es gab mehr Rennradfahrer, die den Anstieg in Erwartung des Midi Libre hochfuhren, und auch ihre Zeiten schrieb ich auf. Alle brauchten wesentlich länger als ich.

Es war klar und warm. Überall am Wegesrand saßen Familien und picknickten. Es waren etliche Menschen dabei aus dem doch fünfzig Kilometer entfernten Ort, wo ich für diese Zeit wohnte, und von denen ich nie gedacht hätte, dass sie sich für Radsport interessierten. Das taten sie vielleicht auch nicht, aber Radsport gehört in Frankreich zum Leben dazu. Wenn es einen Ball gibt, geht man tanzen, und wenn die Tour vorbeikommt, fährt man hin und guckt sich das an, auch wenn es nur eine kleine Tour ist.

Erst kamen die Vorboten: Polizisten auf Motorrädern und Werbeautos der *Midi Libre*, die kostenlose Zeitungen, Papierhüte und Schirmmützen austeilten. Auf einmal gab es aufgeregtes Gerede, Menschen wiesen mit den Armen zur anderen Seite: Dort, am Rande des Abgrunds, waren die ersten Rennfahrer zu sehen. Sie fuhren mir genau gegenüber, fast zu erkennen, aber sie würden noch Kilometer zurücklegen müssen, um nah an mich heranzukommen. Immer mehr Fahrer tauchten auf – das Peloton musste noch vollständig sein. Ziemlich vorsichtig begannen sie mit der Abfahrt und kein einziger Fahrer fiel in den Abgrund, obwohl die *Midi Libre* das zwischen den Zeilen durchaus versprochen hatte. Sie verschwanden aus dem Blickfeld, und einige Minuten später erschien die Spitze des Pelotons am Anfang des von mir mit der Stoppuhr zu messenden Teils.

Auch im Anstieg passierte wenig. Konstant und mächtig schob sich die Gruppe hoch. Ein paar Lücken entstanden, und in dem Moment, als die

Ersten an mir vorbeifuhren, war mehr als die Hälfte schon abgehängt. Das war alles. Zoetemelk, der den ganzen Anstieg über vorne fuhr, erreichte eine Zeit von fünf Minuten. Aber als er hinter den Felsen verschwand, folgten ihm nur noch etwa zehn Rennfahrer.

Bestimmt dreißig Fahrer brauchten länger als sechs Minuten für meine Strecke. Der Sogeffekt des Windschattens ist gering bei Anstiegen, aber es gibt ihn – hätte ich an Zoetemelk dranbleiben können? Und wenn ja, hätte ich das auch gekonnt, wenn ich genau wie er schon hundert Kilometer hinter mir gehabt hätte, unter anderem den Anstieg zum Mont Aigoual?

Ich sehe Zoetemelk noch ganz scharf vor mir, wie er den Cirque de Navacelles hochfährt, aber egal wie scharf, das Bild ist abstrakt. Ich sehe seine Macht und seine Anstrengung, aber ich weiß nicht mal mehr, ob er im Stehen oder im Sitzen fuhr. Sogar in einem Anstieg geht alles so schnell vorbei, dass man sich nicht ruhig aussuchen kann, was man sehen will. Wahrscheinlich war ich mal wieder damit beschäftigt, mir selbst meine Sachkenntnisse zu beweisen, und versuchte an Zoetemelks Hinterrad zu sehen, mit welchem Gang er fuhr. Also muss ich jetzt in der Gesamtwertung des Midi Libre '77 die Namen der Berühmtheiten suchen, die ich vergessen hatte zu sehen: Thévenet, Poulidor, Saronni, Hinault und zum Beispiel auch den amerikanischen Neoprofi Boyer, mit dem ich zwei Jahre davor bei einem Rennen in Belgien in der entscheidenden Spitzengruppe gefahren war. Nur zwei Abgehängte sah ich noch bewusst, es waren zwei Sprinter: der Belgier De Bal und der Franzose Mintkiewicz. Die Art und Weise, auf die sie am Lenker zogen und in die Pedale stampften, machte den menschlichen Körper zu einer stümperhaften Schöpfung, erst recht verglichen mit ihren Rädern, und ihre Anstrengungen resultierten in so wenig Tempo, dass ich Zeit hatte, die passenden Namen zu ihren Startnummern zu suchen. Ein paar Minuten später waren sogar sie hinter der Kurve in den Felsen verschwunden; jetzt war der gesamte Midi Libre vorbei.

Die Zuschauer stiegen schon wieder in ihre Autos, als ich bemerkte, wie unten am Anstieg eine gewisse Aufregung einsetzte. Menschen klatschten und feuerten jemanden an. Kurz darauf sah ich es: Umgeben von Motorrädern und gefolgt von einem kleinen Autobus kam noch ein Rennfahrer hoch. Langsam, wirklich sehr langsam, kletterte er den Cirque de Navacelles hoch. Überall, wo er hinkam, entstand eine Mischung aus falscher Bewunderung und Ausgelassenheit. Alles, was ihm zugerufen wurde, kannte ich, aber er noch viel besser. »Ils sont pas loin!«, »Plus vite!« und natürlich: »Allez, Poupou!« Als er an die Stelle kam, wo ich stand, erkannte ich ihn auf einmal: Hoban. Es überraschte mich, ich dachte, dass er schon aufgehört hatte mit dem Radsport. Sein Haar war grauer geworden, das verlieh ihm etwas Vornehmes. Langsam kam er näher zu mir heran. In dem Moment, in dem sein Ohr am nächsten an mir dran war, sagte ich, ohne meine Stimme zu heben: »Come on, Barry.« Überrascht drehte er seinen Kopf und eine viertel Sekunde lang sah er mir in die Augen. Dann sah ich schon wieder nur seinen Rücken. Langsam verfolgte er seinen Weg den Berg hoch, überall Rufe und Applaus erzeugend. Ich schaute ihm nach, bis ich ihn nicht mehr sehen konnte. Er hatte für das Streckenstück, in dem er zu sehen war, anderthalb Minuten länger gebraucht als ich. Das war mein Treffen mit Hoban.

Man könnte sagen, dass ich mir selbst widerspreche, dass Hoban niemals auf meine Liste hätte kommen können, weil unser gesamtes Gespräch nur drei Wörter umfasste, die außerdem alle von mir kamen. Ich setze dem entgegen, dass Hoban, mit dem Blick, den er die viertel Sekunde auf mich richtete, das Folgende sagte: »Sie denken alle, dass ich abgehängt wurde. Deshalb schreien und klatschen sie, die Dummköpfe. Was wissen sie denn vom Radsport, nichts. Du ja, zum Glück. Du siehst sofort, dass ich im Anstieg nie abgeschüttelt werden konnte, dafür ist die Lücke zu groß. Schon viel früher hatte ich eine Panne, das ist doch sonnenklar. Dass ich jetzt alleine weiterfahren muss, liegt am Typ Rennfahrer, der ich bin. Ich fahre nicht für die Gesamtwertung. Ich fahre für die Etappen. Deshalb braucht niemand auf mich zu warten, wenn ich eine Panne habe. Meine Aufgabe ist es jetzt nur, diese Etappe innerhalb des Zeitlimits zu Ende zu bringen, morgen kann ich dann wieder versuchen zu gewinnen. Aber dieses dumme Gekreische! Noch fünfzig Kilometer muss ich mir das anhören. Jemanden zu treffen wie dich, der weiß, was hier genau los ist, das stärkt mich. Danke. Auch wenn es mich enttäuscht, dass du so einen lächerlichen *Midi Libre*-Hut aufgesetzt hast.«

Hoban kam an dem Tag 33 Minuten und 45 Sekunden nach dem Gewinner, dem Italiener Paolini, ins Ziel. Damit hatte er das Zeitlimit um eine Minute überschritten. Aber er wurde begnadigt und durfte am nächsten Tag trotzdem starten. Bei der Etappe wurde er Dritter.

Vor kurzem begegnete ich an einem Tag zwei Details über Hoban, die neu für mich waren. In seinem ersten Profijahr, 1964, hatte er nicht nur eine Etappe beim Midi Libre gewonnen, sondern auch die Bergwertung. Und in belgischen Zeitungen sah ich seinen Namen in den Ergebnissen von einigen kleinen Kirmesrennen: Vierter, Achter, Achtzehnter. Jetzt hatte ich doch wirklich gedacht, dass er aufgehört hätte, aber das Absteigen fällt ihm scheinbar schwer.

JERRY COTTON UND DAS DOPINGRÄTSEL (1980)

Vor dem Start eines Rennens in Cendras setzte ich mich auf eine Bank, um meine Radschuhe anzuziehen. Auch füllte ich mein Bidon mit dem Inhalt einer Flasche Evian. Neben mir saß ein Mann. Er zeigte auf meine Trinkflasche und sagte, fragend: »Doping?«

Einen Moment lang verstand ich das falsch. Weil man in Cendras Französisch spricht, dachte ich, dass er von »d'eau Ping« sprach. Vielleicht war das ein mir unbekannter französischer Ausdruck für »Wasser, das man zum Rennen mitnimmt«. Ach nein, ich verstand schon, er meinte *Doping*, verbotene aufputschende Mittel! Was für ein eigenartiger Gedankengang von ihm, dass ich erst eine Flasche Evian leeren würde, die ich dann mit meinem in Wasser aufgelöstem Doping füllen wurde, um sie dann in der vollen Öffentlichkeit wieder in mein Bidon umzukippen.

Dann traf mich sein schelmischer Blick und ich kapierte, dass er nicht wirklich dachte, ich würde Doping umfüllen. Es war ein Scherz, den ich, das dringt nun, wo ich dies aufschreibe, langsam zu mir durch, schon siebenhundert Mal gehört habe.

Sobald ich seinen Scherz verstand, knallte ich dem Mann eine, mitten hinein in sein Lächeln, endlich meiner Überzeugung Kraft beimessend, dass, wenn Lachen eine Belohnung für gelungene Scherze ist, es auch eine Strafe für misslungene Scherze geben muss.

Aber ich hob mir den Schlag dann doch fürs Papier auf, denn aus seiner Brusttasche lugte eine Pistole hervor. Ich nickte und sagte: »Haha«, und das war auch gut so, denn er war der Bürgermeister von Cendras und die Pistole war die Startpistole.

Was ist das denn nun mit dem Doping? Schon seit Jahren höre ich davon, abfällig, beschuldigend, spaßhaft, populär und quasi-eingeweiht, und niemals sauber. Dann werde ich jetzt mal so darüber sprechen. Beim Radsport wird auf Doping kontrolliert. Im Laufe der Jahre werden ungefähr drei Prozent der Fahrer positiv auf Doping getestet; wer den Anstand hat und sich traut, naiv zu sein, muss den Eindruck bekommen, dass es unter Radrennfahrern nur ein geringes Interesse für Doping gibt.

Aber ganz gleich, wie gering es auch ist, es wird also gedopt. Von mir aus würde ich gar nicht auf die Idee kommen, dass dies etwas Falsches ist, aber doch ist das die vorherrschende Meinung: Der Einsatz von Doping ist unfair und gefährlich.

Tja, unfair. Der gedopte Rennfahrer soll gegenüber seinem sauberen Kollegen im Vorteil sein. Glücklicherweise wurde ich in das Wesen dieser Unfairness eingeweiht, als ich zehn Jahre alt war. Ich schwamm mit einem Freund um die Wette. Ich gewann. »Das ist nicht fair, du schwimmst schneller«, sagte er.

Mir erscheint es eher als Merkmal des Sports, dass es unfair zugeht. Wem macht denn ein Radrennen Spaß, bei dem alle Fahrer ex aequo ins Ziel kommen? Wer will ein Fußballspiel sehen, in dem nach der Halbzeit zur Förderung der Fairness nicht nur die Spielhälfte, sondern auch die Spieler getauscht werden?

Der eine hat mehr Talent, der andere ist bereit, härter zu trainieren, wieder jemand setzt sich stundenlang hin und bohrt seine Bremsen aus oder berechnet die Übersetzung (50x13; dass da vorher noch nie jemand drauf gekommen ist!), wieder ein anderer folgt einer strengen Diät, um besser zu sein als die meisten. Wenn nun ein Rennfahrer dazu bereit ist, sich ernsthaft mit Pharmazie zu beschäftigen, und sich infolge seiner Recherchen eines ausbalancierten Spektrums an Drogen für alle Umstände bedient, warum sollte er dann nicht unser Lob verdienen, dass er »sich voll und ganz für seinen Sport einsetzt«?

Dann wäre da die Gefahr, die Doping mit sich bringen soll. Das verdient die gleiche Antwort: Na und? Die Sterberate im Alpinismus über sechstausend Meter beträgt sieben Prozent, und alle Berge in Nepal sind bis 1990 ausgebucht. Das Geschreibe von Proust in seinem zugeklebten Krankenzimmer, länger als zehn Jahre hintereinander, war das denn gesund? Orwell wusste, dass er Tuberkulose hat, zog aber auf eine nasskalte Insel, damit er »1984« in Ruhe zu Ende schreiben konnte. Sie blieben verschont von einem Veröffentlichungsverbot; nie habe ich etwas über ihre Handlungsweisen gelesen in dem verhöhnenden Ton, der bei Radrennfahrern, die mit Doping erwischt wurden, üblich ist.

Bei Gefahr im Radsport denke ich vor allem an die Abfahrten. Eigenartig: In den Regeln steht, dass ein Fahrrad Bremsen haben muss, aber nichts über die Pflicht, sie auch zu benutzen. Trotzdem benutzt man sie. Erklärt den Fahrern also, wie es um die berühmten Gefahren des Dopings steht, und lasst sie dann selbst herausfinden, welche Risiken sie eingehen wollen. Das ist nur eine Frage, ob man den Sport ernst nimmt.

Auffallend wenig hört man über allerlei andere Gefahren, die der Wunsch, im Radsport zu glänzen, mit sich mitbringt. Jahrelang gehen Radrennfahrer um zehn Uhr abends ins Bett, einige schlafen nur im Winter mit ihrer Frau, sie sitzen sieben Stunden pro Tag auf dem Rennrad(!), essen nie Eis oder Pommes und lassen die Wochenendbeilage der Zeitung und so manches Kulturfestival an sich vorbeigehen. Warum wird all dieser Schaden toleriert? Warum wurde noch nie ein Fahrer disqualifiziert, weil sich bei der Kontrolle herausstellte, dass sein Koffer bis zum Rand mit Jerry-Cotton-Romanen* gefüllt war?

In seiner Rubrik in L'*Équipe* hat Anquetil schon viele Male gesagt, dass er zwar nicht für Doping, aber gegen Dopingkontrollen ist. Schäden durch Dopingkontrollen sind sehr viel leichter zu beweisen als Schäden durch Doping. 1978 wurde der Belgier Pollentier aus der Tour (die er im Begriff war zu gewinnen, er hatte gerade das Gelbe Trikot erobert) ausgeschlossen, weil er bei einer Dopingkontrolle geschummelt hatte. Das fand ich schon immer frevelhaft. Die monumentale Dummheit und die Unehrlichkeit, die damals in dem Mann entblößt wurden, waren elend anzusehen. Womit hatte er das verdient, er hatte doch nie seine Qualitäten als Mensch zur

* Jerry Cotton war damals eine bekannte Groschenroman-Reihe.

Beurteilung freigegeben? Und womit hatte ich das als Radsportliebhaber verdient, dass ich zum Voyeur von Pollentier gemacht wurde? Ich schaute nur zu, damit ich ihn fahren sah, dafür hatte er trainiert, es sollte genügen, *das* zu messen.

Und dann der bemitleidenswerte Zoetemelk, der in der Tour 1983 zehn Strafminuten aufgebrummt bekam, die ihn dreißig Jahre älter aussehen ließen. Dem Mann fehlt jegliches Vermögen zu heucheln; dass ihm etwas Unrechtmäßiges widerfuhr, konnte man ganz einfach auf seinen Fotos erkennen. Er war das Opfer des Zufalls. Jemand wie Zoetemelk ist in seiner Karriere zwischen hundert und zweihundert Mal auf Doping kontrolliert worden. Er wurde drei Mal für positiv befunden. Worum es dann nur geht, ist dies: Für ihn selbst ist es scheinbar nicht vorherzusagen, ob er positiv sein wird. Anders gesagt: Er kann fahren, wie er will, aber danach muss er abwarten, was der Zufall für ihn in petto hat. So was gehört nicht zum Sport.

Dort wurden nur Karrieren zerstört; das schlimmste Opfer von Dopingkontrollen hat Anquetil auch verschiedene Male genannt: Simpson. Simpson starb 1967 auf dem Ventoux durch ein Zusammenspiel von Hitze (fünfundfünfzig Grad und nirgendwo Schatten), Alkohol, Doping, einer für ihn sehr unglücklich verlaufenden Etappe und seiner Fähigkeit, sich richtig zu quälen. Alle Injektionen, sagt Anquetil, waren 1967 verboten, wodurch Simpson an dem fatalen Tag das für ihn beste Mittel nicht nehmen konnte und Zuflucht bei etwas suchen musste, dessen Wirkung er viel weniger gut kannte.

Oft fühle ich mich als Radsportfan, als würde mich die Zukunft auslachen. Die verrückten siebziger und achtziger Jahre, in denen Rennfahrer, Offizielle und Zuschauer einer Art Sechs-Tage-Lepra ausgesetzt waren, die ab und an ganze Stücke aus einem Ergebnis fraß. Das war nicht immer so. In *Beim Giro d'Italia* von Dino Buzzati, einem Bündel täglicher Kolumnen, die er 1949 für eine Sportzeitung schrieb, finden sich diesbezüglich zwei auffällige Passagen. In der ersten nennt er ein paar Art und Weisen von Rennfahrern, die Moral etwas aufzupeppen. Der eine trägt ein Medaillon mit den Fotos seiner Kinder, ein anderer wäre verloren ohne eine alte stinkende Rennmütze und wieder ein anderer hat »ein Röhrchen mit Aufputschmitteln in der Trikottasche versteckt«. Und ohne mit der Wimper zu zucken schreibt Buzzati weiter über Hühnerbeine und getrocknetes Obst.

Doping kommt danach nur noch ein Mal in seinem Buch vor, in einer beiläufigen Bemerkung über den Kampf eines abgehängten Rennfahrers gegen das Zeitlimit. »Die vor dem letzten Anstieg eingeworfene ›Bombe‹ hat ihm nichts genützt. Für zehn Minuten sind seine Kräfte wiedergekehrt, danach war es noch schlimmer.« Achtzehn Jahre vor Simpson nahm Buzzati, ein Außenstehender, also wie von allein die einzige Haltung ein, die zum Doping passt: Schulterzucken. Aber Simpson hat alles verdorben. Sein Tod öffnete die eiternde Geschwulst des kollektiven Minderwertigkeitskomplexes im Sport. Die Außenwelt fand Doping eklig – also musste Doping ausgerottet werden.*

Irgendwann wird es im Sport die Einsicht geben, dass es nur um die höchstmöglichen Leistungen auf dem eigenen eingeschränkten Gebiet geht. Wir fordern die Rennfahrer heraus, große Leistungen zu vollbringen – und wenn sie diese vollbringen, sollten wir bescheiden bleiben und sie uns mit offenem Mund ansehen und ansonsten unseren Mund halten.

Nachschrift 2015: »Oft fühle ich mich als Radsportfan, als würde mich die Zukunft auslachen.« Und ausgelacht werde ich – nicht wegen der Narretei der angefressenen Ergebnislisten in den »verrückten siebziger und achtziger Jahren«, aber weil ich nicht ahnen konnte, wie verrückt das Anfressen noch werden würde. Auch in anderen Punkten ist diese Kolumne etwas veraltet, aber im Großen und Ganzen stehe ich noch dahinter.

* Doping wurde 1965 verboten – also schon vor Simpson.

DIE VERTEILUNG DER PRÄMIEN (1980)

Vor kurzem bestritt ich ein Rennen in Hoeselt (Belgien). Nach circa einer viertel Stunde fand ich, dass ich nicht weit genug vorne im Peloton fuhr, und mit einem gewagt wirkenden, aber vertretbaren Manöver an der Innenseite einer Kurve konnte ich auf einen Schlag mehr als zehn Plätze gutmachen. Sofort nach der Kurve fuhr der Niederländer Jan van der Horst an mir vorbei. Er schaute mich kurz an und schlug gleichzeitig mit seiner rechten Hand auf seine rechte Pobacke.

Van der Horst, ein ehemaliger Radprofi, Ex-Amateurmeister der Niederlande und Gewinner der Olympia's Tour, ist so ungefähr der beste niederländische Fahrer bei den Senioren. Vor allem seine Tempofahrten sind phänomenal. Bei der letzten Zieldurchfahrt in Hoeselt (wir fuhren Runden von fünf Kilometern) war eine Prämie von zweihundertfünfzig Franc angekündigt, und das Peloton war noch beisammen. In den Niederlanden besteht ein Prämiensprint immer aus vier oder mehr Prämien, in Belgien ist meist nur eine Prämie ausgesetzt. Van der Horst kann auch ausgezeichnet sprinten, aber Letzteres kann ich ein kleines bisschen besser, und das wissen wir beide.

So. Jetzt haben Sie die Informationen, die man braucht, um genauso im Dunkeln zu tappen, wie ich das in dem Moment tat. Was hatte Van der Horst gemeint mit seinem Klapps auf den Po? Wollte er den Sprint für mich anziehen? Hatte ihn meine Aktion in der Kurve gestört? Zur Sicherheit blieb ich an seinem Hinterrad, und na klar, etwa einen Kilometer vor dem Ziel zog er an die Spitze und fuhr dort mit hohem Tempo weiter. Zweihundert Meter vor der Ziellinie zog er das Tempo an, damit ich mit einem einfachen Sprint von hundert Metern die zweihundertfünfzig Franc in die Tasche stecken konnte. (Ich werde manchmal ausgelacht wegen der Höhe der Beträge. Dies beruht auf einem Missverständnis, wie es auch über Tennisspieler existiert, von denen man oft denkt, dass es die Tonnen an Preisgeld wären, die sie motivieren.)

Eine Runde später wurde wieder eine Prämie angekündigt, jetzt hundert Franc, und ich beschloss, mich zurückzunehmen. Diese Entscheidung sollte mir den Sieg bringen. Ich sah, wie sich fünfzehn Plätze vor mir Van der Horst wieder auf den gleichen Platz an der Spitze schob. Er schaute zwei Mal nach hinten, vermisste mich an seinem Hinterrad, nehme ich an, und kurz darauf sah ich, wie er es dann eben allein machte: Mit einem starken Sprint gewann er die Prämie. Nur wenige Sekunden danach, wie so oft nach Prämiensprints, war die entscheidende Schlacht geschlagen. Ich war dabei und Van der Horst, der einen Moment brauchte, um sich zu erholen, nicht.

Wir waren zu viert, wir arbeiteten wundervoll zusammen und rasch waren wir dem Griff des Pelotons entwischt. Es regnete weiterhin Prämien, bei jeder Runde hundert Franc. Beim ersten der Sprints begannen zu meinem Entsetzen, zwei von uns wie wild zu sprinten (zwei sehr erfahrene Fahrer sogar), wonach der Verlierer sich weigerte, sich weiterhin an der Führungsarbeit zu beteiligen, und der Gewinner aus Protest dagegen ebenfalls.

Es gibt feste Regeln zur Verteilung der Prämien in einer Spitzengruppe. Wenn man ganz ernsthaft dafür sprinten würde, dann würden sie jedes Mal (erst recht, wenn es nur eine Prämie gibt) vom stärksten Fahrer gewonnen werden. Nicht vom besten Sprinter, sondern von dem Mann, der sich die immer wiederkehrende Kraftanstrengung am ehesten leisten kann. Es ist aber unvernünftig, in einer Spitzengruppe wirklich zu sprinten, es bricht das Tempo und sorgt für Unzufriedenheit. Meistens kommt es stillschweigend zu einer Art Rotationssystem, bei dem jeder ungefähr gleich viele Prämien bekommt. In den Niederlanden werden dabei manchmal sehr schön ausgeführte Scheinsprints durchgeführt, mit den gleichen Manövern, den gleichen gebogenen Rücken, den gleichen verbissenen

Gesichtern, mit besonders kleinen Abständen auf der Ziellinie, nur mit vierzig Kilometern pro Stunde statt mit fünfzig, was mit dem bloßen Auge nicht einfach zu erkennen ist.

Das ist notwendig, da Jurys manchmal Prämien annullieren, »weil nicht wirklich dafür gesprintet wurde«. In Belgien aber, wo niemand dem Publikum zu erklären braucht, was Radsport bedeutet, rollen die Fahrer einfach so, ohne Rennaktion und Tempowechsel, in der Windstaffel über die Ziellinie.

Zumindest, wenn es gut geht. Aber bei uns drohte Streit, und weil ich nur allzu gut wusste, wie Radrennfahrer, die sich auf die Zehen getreten fühlen, mit völliger Vernachlässigung der eigenen Interessen die Ambitionen eines anderen torpedieren, schlug ich rasch ein Schema zur Prämienverteilung vor. Mich selbst schloss ich dabei wohlweislich aus, sonst hätten die anderen gesagt: Hallo, du hast die zweihundertfünfzig Franc schon, du hast schon. Natürlich hatten sie keinen Beitrag zu meinem Prämiengewinn geleistet, aber diese Art von Ungerechtigkeit hat tiefe Wurzeln; bei Schulausflügen bekam auch immer das Kind, dem seine Mutter eine Flasche mit Sirup eingepackt hat, im Restaurant keine Limonade, »weil er schon was hat«.

Die Ruhe kehrte zurück, wir fuhren weiter in einem Tempo, das jede Attacke im Vorhinein schon aussichtslos machte, die Prämien wurden verteilt, ich bekam nichts und gewann den Schlusssprint. Danach, als ich Van der Horst die hundertfünfundzwanzig Franc unserer Prämie brachte, sagte ich ihm, dass ich ihn erst nicht verstanden hatte, und ich fragte, ob der Klapps auf die Pobacke vielleicht ein gängiger Brauch ist, der auch in dieser Bedeutung von den Profis benutzt wird. »Ja«, sagte er, »ganz grob gesagt bedeutet das ganz einfach: Häng dich an meinen Hintern!«

EIN RÄTSELHAFTER SIEG (1981)

Beim Etappensieg von Roger De Vlaeminck bei Paris–Nizza am letzten Sonntag musste ich an eine Tour-de-France-Etappe nach Versailles denken, die am 17. Juli 1976 von Freddy Maertens gewonnen wurde. Eine etwas gequälte Assoziation und vielleicht eine weit hergeholte Einleitung zu einer Geschichte, die ich erzählen möchte, aber die ist so grausam, dass sie alle anderen Erzählweisen falsch erscheinen lässt. Dann offenbare ich meine Machtlosigkeit lieber sofort.

Am Sieg von Maertens haftet ein Rätsel, das meines Wissens nie aufgeklärt wurde. Er gewann in einem Massensprint, ich kann mich an die Bilder erinnern. Es regnete, und Maertens hatte, wie in diesen Tagen üblich, sechs Längen Vorsprung. Vorher war er schon mal ausgerissen, lese ich jetzt wieder. Zusammen mit Bracke hatte er mehr als eine Minute Vorsprung gehabt, aber sie waren ineinander gefahren, gestürzt und wurden wieder eingeholt. Rund um diese Etappe blätternd lese ich auch vom Tod des Motorradfahrers einer der fahrenden Fernsehkameras, der einige Tage vorher während einer Etappe unglücklich gestürzt war.

Ja, Radsport ist ein gefährlicher Sport, auch in seinen Randerscheinungen. Momentan liegt Gerben Karstens im Krankenhaus mit einer Schädelfraktur, davongetragen bei einer Trainingsausfahrt. Er hat seine Radsportkarriere am Ende der letzten Saison beendet und fuhr noch ab und an, damit das Ende nicht zu abrupt kam.*

* Karstens erholte sich wieder davon und fuhr später sogar wieder Rennen bei den Senioren.

Sonntag war De Vlaeminck extra motiviert, und wie nervig das Geschwätz der Rennfahrer vom Geburtstag ihrer Mutter auch sein mag: Es wirkt. De Vlaeminck widmete seinen Sieg seinem Busenfreund Jean-Pierre (Jempi) Monseré, der genau zehn Jahre vorher, am 15. März 1971, während eines Rennens ums Leben gekommen war.

In vielerlei Hinsicht hat der Zufall den Tod von Monseré besonders tragisch gemacht. Zuerst einmal war er Weltmeister, als es passierte, er fuhr im Regenbogentrikot. Er war noch sehr jung, erst zweiundzwanzig, und außergewöhnlich begabt, er war bereit dazu, es mit Merckx aufzunehmen. Radrennfahrer, die noch zu Amateurzeiten zusammen mit ihm gefahren waren, habe ich sagen hören, wie Monseré, wenn er Lust auf eine Spitzengruppe bekam, genau so lange an der Spitze fuhr, bis die Anzahl Fahrer, die er sich vorgestellt hatte, übrig geblieben war.

Sein Unfall passierte bei einem unwichtigen Kirmesrennen in Retie, in einer Situation, die jeder Gefahr entbehrte. Eine Spitzengruppe von siebzehn Mann fuhr auf einem langen geraden Stück. Monseré schaute sich im falschen Augenblick kurz um, prallte gegen ein Auto und war sofort tot.

Die belgische Sportpresse nennt Monseré diese Woche »mächtig, witzig, sorglos, freundlich«. Er war wirklich ein Liebling des Volkes und er hatte dafür, so wie das Volk das will, nichts tun müssen. Er verstärkte diesen Eindruck auch gerne, trainierte wenn möglich klammheimlich, und seine Witwe erzählt, wie er mal auf einem Ball aufschneiderisch mit einem Glas Rodenbach in der Hand umherlief, aber ausschließlich Wasser trank.

Roger De Vlaeminck erzählt eine klassische Rennfahreranekdote: »Einmal haben wir uns bei der Lombardei-Rundfahrt hinter einer Böschung an einem Bahndamm versteckt. Wir hatten Merckx mitteilen lassen, dass wir ausgerissen waren. Und Merckx fuhr wie ein Verrückter, auf der Suche nach uns, obwohl wir hinter dem Peloton fuhren. Er war so schnell, dass wir fast nicht wieder aufschließen konnten. Als dies dann doch gelungen war, fuhren wir neben ihn. ›He, Junge, warum fährst du wie ein Wahnsinniger? Brennt es irgendwo?‹ Merckx war ein sehr Ernster, der konnte darüber nicht lachen.«

Als Monseré bei der taktischen Besprechung für die Weltmeisterschaften 1970 in Leicester auch gefragt wurde, was er bereit wäre, den anderen Fahrern zu zahlen, wenn er Weltmeister werden würde, sagte er: »Dann gebe ich eine Runde Rodenbach aus.« Und er wurde sogar Weltmeister. Während der Feier in Roeselare starb sein Vater an einem Herzinfarkt, ein Detail, das wenig bekannt ist.

Die Beerdigung von Jempi muss eine fast hysterische Zurschaustellung von Volkstrauer gewesen sein, Zehntausende kamen dorthin, es wurden Monseré-Fotos und Monseré-Rennmützen verkauft. In den darauffolgenden Jahren schien es, als ob die Liebe auf seinen Sohn Giovanni übertragen worden war, der zwei Jahre alt war, als Jempi starb. Von Zeit zu Zeit wurde in den Zeitungen darüber berichtet, wie es ihm ging (er wollte später Radrennfahrer werden), er durfte einmal eine Ehrenrunde auf einer Radrennbahn fahren, und zu seinem Onkel Freddy Maertens sagte er: »Mein Vater war viel stärker als du.« Er fuhr mit einem Rennhelm durch die Gegend, im Regenbogentrikot, auf einem Rad, das er von Maertens geschenkt bekommen hatte, und so ausstaffiert wurde er am 16. Juli 1976 von einem Auto überfahren und war tot.

Am nächsten Tag gewann Maertens also die Etappe bei der Tour de France. Wenn ich auch nur irgendetwas von Sport verstehe, kann er es nicht gewusst haben.

Nachschrift 2015: Maertens wusste es wirklich nicht; es gelang seiner Teamleitung, Giovannis Unfall vor ihm zu verbergen. Am Tag nach Versailles gewann er auf den Champs-Élysées das Einzelzeitfahren, aber in der normalen Etappe danach wurde er von Karstens geschlagen. Erst an jenem Abend bekam er es zu hören. In seiner Autobiografie *Niet van horen zeggen* schreibt er: »Niemals in meinem Leben habe ich die Relativität von Ruhm und Erfolg mehr gefühlt als an diesem Tag 1976 in diesem Pariser Hotel.« Und am Abend danach »erwartete das Publikum beim Kriterium von Aalst, dass ich wieder den starken Helden spielte«.

Das Auto, das Monseré das Leben kostete, durfte dort, wo es war, fahren; für Rennen wie das von Retie wurden die Straßen nicht abgesperrt, und es gab auch keine Polizeieskorte. Die Fahrerin, die am Steuer saß, war ein junges Mädchen, das nicht wusste, dass ein Rennen stattfand, und nirgendwo eine Warnung gesehen hatte. Als sie die Rennfahrer kommen sah, fuhr sie an die Seite und wartete, so weit wie möglich am Straßenrand. In einem Fernsehprogramm über Monseré sagte seine Mutter achtunddreißig Jahre später: »Die junge Frau traf keine Schuld.«

SCHÖNHEIT UND KRAFT (1981)

Fons de Wolf, der alleine auf einen Riesensieg zustürmt, das gab mir eine Genugtuung rein ästhetischer Art.* Er war schön. War er jetzt schön, weil er gewinnen würde, oder würde er gewinnen, weil er schön war? Beidem kann man etwas abgewinnen. Fahrer, die alleine an der Spitze sind, mit dem Sieg zum Greifen nahe, strahlen etwas aus, genau wie Verliebte. Sie erwecken den Eindruck, perfekt zu sein – endlich an etwas heranzureichen, was eine höhere Macht mit ihnen vorhatte.

Und andersrum stimmt es auch. Die Harmonie, die der Siegesrausch im Fahrer auslöst, äußert sich in mehr Macht, mehr Ausstrahlung, einem Tritt, der genau passt.

Nun ist die Vorstellung, dass Schönheit und Kraft beim Radsport zusammenkommen, besonders anziehend. Denn ein Rennrad ist nicht nur für sich allein ein schmuckes, harmonisches Gerät (viele Jungs werden Rennfahrer, weil sie die Räder so schön finden), aber der Größte in der Geschichte dieses Sports, Eddy Merckx, hatte auch eine perfekte Sitzposition. All seine Fotos strahlen dies noch immer aus. Auch wer keine Ahnung vom Radsport oder vom Sport im Allgemeinen hat, sieht: Da stimmt etwas voll und ganz.

Die fabelhafte Position von Merckx wurde natürlich viel nachgeahmt, aber nie so hartnäckig wie von einem jungen Fahrer, den ich miterlebt habe. Er hatte entdeckt, dass er nicht nur gleich groß und gleich schwer war wie Merckx, sondern nach genauer Analyse vieler Fotos

* Am Samstag zuvor hatte De Wolf Mailand–Sanremo gewonnen.

auch, dass er exakt so proportioniert war, einschließlich der langen Unterarme.

Durch endlose Vergleiche der Fotos ermittelte er auch die Maße von Merckx' Rahmen, die Position des Sattels und die Höhe des Lenkers. Er ließ so einen Rahmen bauen, kopierte mit Sattel und Lenker Merckx' Position und übte danach mit diesem Rennrad vor dem Spiegel. Mit den Fotos von Merckx neben sich korrigierte er auch den letzten Millimeter seiner Haltung, und als er die berühmte Sitzposition definitiv beherrschte, zeigte er sich seinen Trainingskumpanen.

Die Übereinstimmung war in der Tat überzeugend, und er wurde sofort Merckx genannt. Nicht mal spottend, es war ganz einfach eine Feststellung von Fakten und eine Anerkennung für seine Arbeit. Er war fantastisch anzuschauen, und er hat sich später zu einem verdienstvollen Amateur der dritten Reihe entwickelt.

Und das ist der Kern der Sache: Der Fahrer, der wie aus einem Guss auf seinem Rad sitzt, der einen makellos flüssigen Tritt hat und der ansonsten nichts gebacken kriegt, ist eine häufige Erscheinung. Und beim Profipeloton ist mir immer aufgefallen, dass so viele verschiedene Typen auf der Grundlage der Gleichheit miteinander ringen: große Rennfahrer, dünne Fahrer, kleine, hässliche und schöne. Saronni und De Meyer nehmen es im Sprint miteinander auf, Van Impe und Thévenet taten dasselbe in den Bergen, Maertens und Thurau waren Zeitfahrer von gleichem Niveau.

Der Radsport hat denn auch, in der Diskussion über das Zusammengehen von Schönheit und Kraft, noch ein viel typischeres Beispiel als Merckx zu bieten, das Beispiel eines Mannes, der die ganze Diskussion überflüssig macht, für immer, und für alle Sportarten. Ich spreche natürlich von Pollentier, der jahrelang einer der besten Radrennfahrer der Welt war. Pollentier ist in Zivil schon eine Erscheinung ohne jegliche Eleganz, aber sobald er auf einem Rad sitzt, werden die Grenzen der Tugend überschritten.

Er strahlt Beschwerlichkeit und Verschwendung aus: Die Raumsonde Voyager, die mit Botschaften ans andere Ende des Weltalls geschickt wurde, hätte auch ein Foto von Pollentier auf dem Rad mitnehmen sollen, als Bekenntnis an andere Zivilisationen, dass wir hier auf Erden wissen, was hässlich ist.

DIE GEFAHREN DES MASSENSPRINTS (1981)

Es gibt Rennfahrer, die die Kraft aufbringen, nicht bei Massensprints mitzumachen, wenn ihre Reputation nicht auf dem Spiel steht, aber es gibt auch Süchtige, die von jedem Zielbanner zur Tobsucht getrieben werden, auch wenn sie wissen, dass schon vierzig Fahrer darunter durchgefahren sind. Ein Beispiel dafür ist Roger De Vlaeminck; einer der Gründe, warum ich diesen Fahrer in mein Herz geschlossen habe. Er macht jetzt, gegen Ende seiner Karriere, nichts anderes, als sich über die nervenaufreibenden Gefahren des Radsports zu beklagen. Das erscheint inkonsequent, aber es ist genau das Gegenteil: Es sind natürlich die Gefahren selbst, die abhängig machen.

Die Gefahren werde ich anhand eines Massensprints illustrieren, den ich im Juni 1979 in Lunteren bestritt. Ich war auch so ein Süchtiger. Massensprints schienen übrigens Teile meines Gehirns zu reizen, die ungenutzt geblieben waren, seit ich keine Zeitnotduelle mehr auf dem Schachbrett miterlebt hatte. Die gleiche, quälend näher kommende Zeitgrenze, die gleichen Bruchteile von Sekunden, um Entscheidungen zu treffen, die alles verändern können, wenn auch beim Schachspiel wenigstens ausgeschlossen ist, dass man unerwartet mit dem Kopf gegen einen Laternenpfahl fliegt.

Die Strecke in Lunteren war kurvenreich und gefährlich. Der Massensprint, um den es geht, war einer um Prämien, als erster Preis war ein Rennreifen ausgelobt. Es war eine großzügigere Prämie, als wir es gewohnt waren, und die Erregung unter den Abhängigen war fühlbar größer. Persönlich ließ ich mich nicht mehr aufstacheln, als taktisch gut war, und so befand ich mich zwei Kurven vor der Ziellinie in einer aussichtsreichen achten Position. Vorläufig würde niemand mehr vorbeikönnen, dafür war die Straße zu schmal, und zwischen den beiden Kurven könnte ich entscheidend nach vorne kommen.

Aber aus dem Augenwinkel sah ich, wie neben mir, über den Gehweg, ein Fahrer nach vorne schoss, den ich im gleichen Augenblick auch noch erkannte: ein in der Regel friedfertiger Maurerlehrer von der Handwerksschule. Ich sah auch, wie ein Fußgänger, den er scheinbar übersehen hatte, ihn dazu zwang, den Gehweg wieder zu verlassen, bevor er an uns allen vorbeigesaust war. Er musste sich entscheiden: den Zuschauer anfahren oder sich blindlings wieder zwischen uns stürzen.

Er wählte uns. Er sprang wieder von der Bordsteinkante runter, es gab keinen Platz für ihn, und dann gab es wieder das furchtbare knackende Geräusch von brechenden Speichen und dem Kratzen von Metall auf der Straße: Massensturz. Plötzlich ist ein Peloton in eine Sammlung Puppen transformiert, die durch die Luft fliegen, ohne Einfluss auf die Bahnen, die sie beschreiben, nehmen zu können. Unabhängig von den Knochenbrüchen und Wunden, die dabei entstehen können, finde ich es furchtbar anzusehen: Fahrer sehen auf einmal so lächerlich aus in ihren bunten Trikots mit Aufdruck – das sind doch Kleidungsstücke, in denen man als Verkehrsopfer nicht gefunden werden will.

Von den heranrasenden Fahrern war ich der erste, der nicht stürzte. Gleichzeitig zu meiner Erleichterung und meinem Entsetzen war ich auch stolz: dass ich jetzt als Fahrer so fortgeschritten war, dass ich die Natur eines beginnenden Sturzes sofort durchschaute, damit ich eine maximale Chance hatte, ihn zu überleben.

Ich fuhr als Erster durch die vorletzte Kurve, es stellte sich heraus, dass ich durch die Verwirrung Längen Vorsprung hatte, und ich sicherte mir unangefochten den Rennreifen. Der war weniger luxuriös, als ich gehofft hatte, und ich montierte ihn an einem Trainingsrad. Ein paar Tage später platzte er schon, in einer Kurve. Ich stürzte unglücklich und konnte anderthalb Wochen lang nicht fahren.

EIN ALTER SCHWEIZER (1981)

»Lange Zeit war Oberhänsli so gut wie unbekannt, sogar in seinem eigenen Land.« Keine Angst, Radsportliebhaber, Oberhänsli ist kein Fahrer, von dem Sie gehört haben müssten. Er war ein Schweizer Komponist von Schachproblemen, der von 1842 bis 1913 lebte, und das Zitat (aus einem 1921 erschienenen amerikanischen Schachbuch) fällt mir immer wieder ein als unübertroffenes Beispiel mikroskopischen Ruhms.

Ich meine, »wer ist dieser alte Knacker«; wenn Johan van der Velde das dachte, als er bei Lüttich–Bastogne–Lüttich in einer Spitzengruppe landete, in der auch der zweiunddreißigjährige Schweizer Fuchs fuhr, dann würde ich ihm das nicht übelnehmen.

Und ein wenig später, als Fuchs durch das Zusammentreffen von Anstiegen, Einbrüchen und Stürzen auf einmal allein an der Spitze lag, müssen alle die Stirn gerunzelt haben. Fuchs der Sieger von Lüttich–Bastogne–Lüttich? So, wie große Fahrer gerne große Rennen gewinnen, wollen große Rennen gerne von großen Fahrern gewonnen werden. Das Amstel Gold Race freute sich über Hinault, Lüttich–Bastogne–Lüttich fürchtete sich vor Fuchs.

Ich frage mich manchmal, wie gut sich die fünfhundert Fahrer, die zusammen das europäische Profipeloton bilden, eigentlich kennen. Von den paar Etappenrennen, die ich bestritten habe, weiß ich, dass es Tage dauert, bevor sich das Peloton auch nur einigermaßen ausdifferenziert hat – und sogar dann bestehen die paar Fahrer, die man von den achtzig erkennt, aus nicht viel mehr als einem Verband um den Arm oder den getrockneten Salzrändern auf ihrer Radhose.

Und aus der Startnummer natürlich – aber bei den Profis, bei den Eintagesrennen im Frühjahr, ändern diese sich ja jeden Tag; wie halten sie sich auseinander?

Natürlich war es Pollentier, der vor ein paar Jahren für die Standardanekdote auf diesem Gebiet gesorgt hat. Er war Belgischer Meister geworden, und weil in allen großen Radsportnationen die Landesmeisterschaften am selben Tag ausgetragen werden, fragte er in der Umkleide, wer die anderen Titelträger waren. Für Frankreich nannte man Tinazzi, und Pollentier fragte, wer das denn sein möge, in welchem Team er fuhr. »Bei Flandria«, war die Antwort. Dass er selbst auch bei Flandria fuhr, das wusste Pollentier dann noch wenigstens.

Ganz im Allgemeinen habe ich den Eindruck, dass Fahrer in einem Quiz, in dem sie selbst das Thema wären, keine Chance hätten gegen einen auch nur mittelmäßigen Kenner. Hinault benennt in Interviews die Jahreszahlen seiner wichtigsten Siege so oft falsch, dass ich vermute, dass bei den paar Ausnahmen, bei denen er richtig lag, die Autoren korrigierend eingegriffen haben. Und in persönlichen Gesprächen ist mir immer wieder ein weitgehender Mangel an Wissen der eigenen Trivia bei Radrennfahrern aufgefallen: Sie kennen keine Jahreszahlen, keine Rekorde, keine Ehrenlisten.

Ich erinnere mich an ein Gespräch mit Knetemann zu den Zeitfahrqualitäten von Poulidor, der zu der Zeit sein Teamkollege war. Ich behauptete, dass Poulidor zwar ein sehr guter, aber doch kein hervorragender Zeitfahrer war, woraufhin Knetemann meinte, dass er doch wohl drei Mal den Grand Prix des Nations (das wichtigste, schwerste Zeitfahren) gewonnen hatte. Das konnte ich erst später nachschlagen; Poulidor hat ein Mal dort gewonnen, 1963, ganz am Anfang seiner Karriere.

Aber ich finde, dass man diesen Mangel an Wissen billigen kann; Radsport ist ein so anspruchsvolles Fach, dass die Ausübenden dafür viele andere Bildungsgebiete aufgeben müssen. Das Verfolgen der Radsportliteratur scheint dazuzugehören.

Angesichts der Hunderte von Fahrern, denen er begegnet, wie kann man dann von einem jungen Fahrer wie Van der Velde verlangen, dass er jemanden wie Fuchs kennt? Er hat die unentbehrlichen Jahrbücher *Vélo* nicht in der Tasche, in denen ich gerade nachlese, dass Fuchs vor allem gut klettert, ein ordentlicher Rundfahrer ist und jedes Jahr ein bis drei Rennen gewinnt, vor allem in seinem eigenen Land und in Italien.

Van der Velde wird ihm in der Tour de Romandie wohl mal begegnet sein, aber als er nach dem Ende von Lüttich–Bastogne–Lüttich sagte, er habe gewusst, dass Fuchs kein außergewöhnlicher Sprinter sei, bekam ich den Eindruck, dass er sich das nur ausgedacht hatte. Vermutlich hatte er nach der Zieldurchfahrt schnell jemanden gefragt, wie Fuchs hieß, damit er nicht über »meinen Fluchtgenossen« oder »diesen alten Schweizer« reden musste.

Na gut, Van der Velde gewann den Sprint ohne Probleme. Lüttich–Bastogne–Lüttich atmete erleichtert auf.*

* Van der Velde wurde später wegen Dopings disqualifiziert, und Fuchs wurde zum Sieger erklärt.

DIE ETHIK DES LETZTEN RADES (1981)

Die flämischen Zeitungen debattieren immer noch über die Art und Weise, mit der ein gewisser Francis Balhan vor einigen Wochen den wichtigsten belgischen Klassiker für Amateure gewann. Balhan war Teil einer frühen, spielerisch gemeinten Attacke, die zur Überraschung aller aber die entscheidende war.

Hundertfünfzig Kilometer lang, vier Stunden, fuhr Balhan in der Gruppe am letzten Rad. Er fuhr keinen einzigen Meter an der Spitze und er gewann den Sprint. Es war sein erster Sieg überhaupt. Zwischen den Zeilen der flämischen Zeitungen flammt noch die Weißglut, und bestimmt hundert Mal wird erwähnt, dass Balhan ein Wallone ist. Die letzte Generalisierung finde ich ungerecht; viel realistischer ist die Beobachtung, dass man sich in Belgien verglichen mit den Niederlanden um Rennethik herzlich wenig schert. In Belgien wird überaus launisch Rennen gefahren, mit vielen unverständlichen Attacken und sinnlos entstehenden Lücken. In Sinaai-Waas, am 4. August 1975, war ich nach der Hälfte des Rennens mit zwei Belgiern übrig geblieben, weit hinter einer unerreichbaren, neun Mann starken Spitzengruppe und weit vor den Verfolgern. Wir hatten mindestens noch anderthalb Stunden vor uns. Was wäre dann selbstverständlicher, als die armselige Schaluppe zusammen nach Hause zu rudern? Aber nein, eine normale Ablösung an der Spitze schien nicht möglich, wie Pistolenkugeln rissen die Herren aus, von mir weg, und wenn sie aus Ohnmacht wieder eingeholt wurden, weigerten sie sich, an der Spitze mal so richtig in die Pedale zu treten.

Der Hinterradlutscher, der Mann, der immer nur von anderen profitieren will, ist eine dermaßene Klischeefigur, dass man denken könnte, er existiere außerhalb der Vorstellung der Außenstehenden gar nicht. Aber es gibt ihn doch. Man unterschätze allerdings nicht eine gewisse Starrköpfigkeit von so einem Balhan, über die ich mich einmal sehr gewundert habe, als ich einem Artgenossen von ihm begegnete.

Das war am 16. August 1975 in einem Rennen in Wallonien, in Moustier-sur-Sambre, und der Bösewicht hieß Honoré van Poucke, so habe ich das später in den Ergebnissen gelesen. Schon nach zwanzig der hundertzehn Kilometer befand ich mich in einer Spitzengruppe von sieben Mann, die vorne bleiben sollte. Ich kannte niemanden, so weit weg von zu Hause. Zuerst fiel mir ein Fahrer auf, der einen »Steinchenschnipper« an seinem Rad hatte, eine kleine Kette, die zwischen den Sitzstreben befestigt war und über dem Reifen tanzte. So würden kleine Steine, bevor sie die Chance hätten, bis zum Schlauch vorzudringen, aus dem Gummi entfernt werden. Es war das einzige Mal, dass ich in einem Rennen jemanden mit diesem Accessoire gesehen habe. Er verabschiedete sich nach einiger Zeit wegen eines platten Reifens aus unserer Spitzengruppe.

Es gab auch einen exotischen, damals schon bekannten Fahrer in unseren Reihen: den neunzehnjährigen Amerikaner Jonathan Boyer, der für ein französisches Team fuhr und viele Rennen gewann – später würde er der erste amerikanische Radprofi werden, Teamkollege von Hinault und Fünfter der Weltmeisterschaft 1980. Eine wirkliche Erinnerung an ihn habe ich nicht; erst als ich in der Zeitung sah, wer gewonnen hatte, entdeckte ich, dass einer meiner Mitstreiter dieser Boyer gewesen war.

Und dann gab es Honoré, dessen äußere Erscheinung in meinem Gedächtnis nur zwei rote Wangen hinterlassen hat. Über neunzig Kilometer lang fuhr Honoré an letzter Position. Wir versuchten alles. Am Schwanz der Gruppe schnauzten wir ihn abwechselnd an, wir drohten ihm in zwei Sprachen mit Schlägen, wenn er die ekelhafte Frechheit haben sollte, nachher mitzusprinten. Auch versuchten wir, ihn abzuhängen; im Prinzip hätte der letzte der Arbeiter, der Honoré an seinem Hinterrad hatte, eine Lücke lassen und diese dann selbst wieder mit einem Sprint schließen müssen.

Das hätte Honoré fünf Mal mehr Schmerzen bereitet als uns, aber die Realisierung dieses klassischen Plans scheiterte an Eigeninteressen und Sprachbarrieren.

Nichts half. Honoré blieb an seinem letzten Rad, mit einer für mich unergründlichen Schamlosigkeit und Beherrschung. Ich konnte nicht verstehen, was ihn antrieb, wie er die Erniedrigung des Anbrüllens ertragen konnte, wie er es schaffte, zwei Stunden lang von so nah gehasst zu werden, und eigentlich bewunderte ich ihn dafür. Die Gruppe zerbrach kurz vor dem Ziel in zwei Hälften. Boyer gewann, und im Sprint um den vierten Platz ließ Honoré mich mühelos hinter sich.

Vielleicht war Honoré wirklich ein guter Sprinter, und er war mürbe geworden von der Behandlung, die ein Fahrer, der dafür bekannt ist, ertragen muss. Der Sprinter hat ein niedriges Ansehen im Peloton. Er verfügt über ein als zufällig angesehenes, eingeschränktes Talent. Die Fähigkeit zu explodieren ist nicht einmal ein spezifisches Talent für den Radsport. In der Zeit von Moeskops gab es auch Arthur Spencer, der ein Meter siebzig groß war und hundertzwölf Kilo wog. So jemanden kann man doch keinen wirklichen Radrennfahrer nennen, und er war auch zu nicht mehr in der Lage als zu zwei Sprints an einem Abend, aber damit war er einer von Moeskops' größten Rivalen.

Kein Wunder, dass Fahrer, die diese Gabe besitzen, mit rechtmäßiger Missgunst von vielen anderen Fahrern beäugt werden, die auf alle möglichen Weisen besser sind als sie, aber trotzdem fast immer hinter ihnen ins Ziel kommen. Ist der Sprinter in einer Spitzengruppe, dann wird ihm zusätzlich auf die Finger geschaut, ob er wohl seinen Anteil an der Führungsarbeit übernimmt. Hat er die Spitzengruppe verpasst, wartet das Peloton auf seine Aktionen, und wenn er damit anfängt, lässt man ihn die schwerste Arbeit selbst verrichten; man bringt nicht jemanden an die Spitze, gegen den man verlieren wird.

Es sollte also nicht überraschen, dass viele Sprinter die Ehre und die Ethik einfach über Bord geworfen haben. Ein klassisches Beispiel dafür, das ich selbst miterlebt habe, war auch Klaas, ein molliger Junge um die fünfundzwanzig, der, insbesondere in Massensprints, jahrelang unschlagbar war. Er machte nichts anderes, als auf den Massensprint zu warten. Entstand eine Spitzengruppe von achtzehn Mann, dann sprintete er unbekümmert um den neunzehnten Platz. Wenn zwanzig Mann vorne waren, dann machte er gar nichts, denn es gab nur zwanzig Preisgelder. Seine Geduld war unglaublich, und er mischte sich vor den letzten zwei oder drei Runden nie in den Kampf ein. Er war nicht beliebt bei den anderen Fahrern. Man missgönnte ihm seine Siege öffentlich, aber ich mochte die Bravour, mit der er seinen Mangel an Ehrgefühl umsetzte. Sobald er in die Umkleiden kam, begann er ungefragt aufzuzählen, wie viele Rennen er in dem Jahr schon gewonnen hatte und wie wenig er sich dafür hatte anstrengen müssen.

Wahrscheinlich mied er Spitzengruppen auch mit Absicht, weil die Wut damit persönlicher werden konnte, und mindestens ein Mal hat er danach, unter Androhung von Schlägen, sein Preisgeld den geschlagenen Arbeitern überlassen.

Einmal habe ich Klaas selbst in einer Spitzengruppe erlebt. Das war bei einem Rennen in Zeeuws-Vlaanderen, das über lange, schnurgerade Straßen führte, auf denen man seinen Platz vorne in der Windstaffel eher seinem Geschick als seiner Kraft zu verdanken hatte. Es war eine Zwölfergruppe, und Klaas fuhr ständig am letzten Rad. Angeschnauzt wurde er nicht; man kannte ihn und man fand sich mit ihm ab. »Krank, Klaas?«, wird wohl jeder zu ihm gesagt haben, wenn er hinten am Schwanz der Gruppe an ihm vorbeifuhr. Klaas gewann den Sprint.

Aber der Wind über den Poldern hatte stark geblasen an diesem Nachmittag, so dass Klaas ständig eine wacklige und kräftezehrende Existenz auf der Kippe erleiden musste. Nach dem Rennen fragte ich ihn, warum er nicht einfach mitgearbeitet hatte; er wusste doch, dass ihn das unter diesen Umständen viel weniger Kraft gekostet hätte?

Er nickte, aber er sagte: »Aus Prinzip.«

RASSE UND GLAUBEN (1981)

Ich habe eine Briefmarke aus Nigeria mit zwei Eisschnellläufern drauf. Sie passt gut in meine Serie aus Ajman, einem der Vereinigten Arabischen Emirate. Auf der 95er Marke ist Anquetil abgebildet, auf denen über 85 und 75 Dirham dann Van Loy und Gimenez (beide also falsch geschrieben), und so geht es, den Portowert betreffend, immer weiter runter über Gaul (50 Dirham), Bahamontes und Bobet (ex aequo, mit einem Rückstand von 60 Dirham) bis hin zu Coppi, der mit 10 Dirham lediglich Baldini noch hinter sich lässt.

Es ist zweifelhaft, ob jemals ein Terrorist während seiner Ausbildung in Ajman eine Ansichtskarte für zu Hause mit dem Antlitz von Altig frankiert hat, und jetzt wo ich darüber nachdenke: Es ist schon wieder etliche Jahre her, dass ein Fahrer aus einem Emirat die Tour de France zu Ende gefahren ist, wobei auch die Eisschnellläufer aus Nigeria international gesehen bislang wenig Ergebnisse erzielen konnten.

Diese auffällige Abwesenheit sorgt, wissenschaftlich betrachtet, für die ausgezeichnete Hypothese, dass Araber kein Rennrad fahren können und Schwarze nicht Schlittschuh laufen. Man ist heute schon fast unanständig, indem man feststellt, dass die Haut eines Schwarzen schwarz ist, aber wer glaubt, dass die Rassenmerkmale eines Pygmäen ihn ungeeignet für Basketball machen, muss im Prinzip auch dazu bereit sein zu glauben, dass bestimmte Rassen ganz besonders geeignet oder ungeeignet sind für bestimmte Sportarten. Verblüffend ist, dass sich nichts davon als wahr herausstellt. Wie unterschiedlich gebaut die Sportler auch sind, die am Start stehen, wie durch ein Wunder stellt sich heraus, dass sie gleiche Chancen haben.

Theorien gehen unter wegen der Gegenbeispiele. Lange dachte man, dass Schwarze (beim Laufen) besonders gut im Sprint wären und Weiße auf den Langstrecken, und es gab sogar eine ernsthafte Erklärung, die etwas mit den Unterschieden der Kniegelenke zu tun hatte.

Die Unterschiede gibt es jetzt bestimmt immer noch, aber seit Keino und Bikila und all den anderen schwarzen Langstrecken-Weltmeistern braucht man sie nicht mehr für Erklärungen. Auch Nakano spart den Schädelmessern des Sports das Kopfzerbrechen. Es ist noch gar nicht lange her, dass Klaas Balk, ein bedeutender niederländischer Bahnsprinter und jahrelanger Teilnehmer an Olympischen Spielen und Weltmeisterschaften (Vierter beim 1.000-Meter-Zeitfahren in München 1972), bis zum Umfallen damit geärgert wurde, dass er einmal in der Serie eines Sprintturniers einem Japaner unterlegen war.

Einem Japaner! Die machten schon seit Jahren mit und waren die ausgemachten Verlierer, immer sportlich, nahezu niedlich in ihrem Ernst, dazu verdammt, in alle Ewigkeit auf niederschmetternde Art und Weise geschlagen zu werden. Das hatte nicht nur etwas mit dem Exotischen ihrer Nationalität zu tun, sondern auch mit ihrer Rasse: Sie waren zu weich und zu mollig, und sie lächelten viel zu viel.

Das ist also widerlegt; es ist schade, dass Nakano keine ernsthaften Gegner hat, sonst könnte man an etwas anderem als seinen Zeiten sehen, dass er zu den ganz Großen in der Sprintgeschichte gehört.

Schwarze glänzen nicht nur beim Eisschnelllauf mit Abwesenheit, sondern auch beim Radsport. Das ist ein merkwürdiges internationales Phänomen; in acht Jahren Radrennen in den Niederlanden bin ich nur ein Mal einem begegnet. Ein kultureller Zufall muss das wohl sein, aber ein hartnäckiger, denn in der gesamten Radsportgeschichte ist nur ein schwarzer Fahrer bekannt geworden, der legendäre amerikanische Sprinter Major Taylor, der 1899 als Zwanzigjähriger Weltmeister wurde. (Vor fünfzigtausend Zuschauern und gegen hundertachtzig andere Fahrer; Nakano hatte acht Gegner.)

Zehn Jahre lang schlug Taylor überall auf der Welt alle berühmten Sprinter und stellte allerlei Geschwindigkeitsrekorde auf, aber er gewann wenig große Preise und nie wieder die Weltmeisterschaft, so dass er dann doch ziemlich unbekannt geblieben ist. Er zahlte diesen Preis gerne für seinen Glauben, der ihm verbot, sonntags zu sprinten.

Das war erst mal ein Handicap.

Nachschrift 2015: In der Zwischenzeit hat sich viel geändert. Shani Davis war ein schwarzer Weltmeister im Eisschnelllauf, und es gibt immer mehr schwarze, japanische und chinesische Radrennfahrer im Profibereich. Die arabische Halbinsel (aber nicht die Emirate) spielen seit 2002 eine immer größere Rolle im Radsport. Damals fand die erste Ausgabe der Katar-Rundfahrt statt, 2010 kam die Tour of Oman hinzu, und 2016 richtet Katar die Weltmeisterschaften aus.

Als ich dieses Stück schrieb, war Nakano gerade zum fünften Mal hintereinander Sprintweltmeister geworden. Er sollte daraus eine Serie von zehn Siegen machen, von 1977 bis 1986.

Er war ein Star im Keirin, der japanischen Form des Bahnsprints, mit tausenden Profis. Seit 1980 ist Keirin auch Teil der UCI-Weltmeisterschaften, aber Japaner spielen dabei selten eine große Rolle. Vielleicht weil dieses westliche Keirin ein wenig anders ist, aber wahrscheinlich vor allem, weil die Besten zu viel damit zu tun haben, in Japan Geld zu verdienen. Nakano gewann in seiner Karriere zehn Millionen Dollar Preisgeld.

EINE RICHTIGE ENTSCHEIDUNG (1981)

Je besser der Schachspieler, desto seltener gibt er auf. Je besser der Radrennfahrer, desto eher gibt er auf. Die zwei neuesten Weltmeister, Maertens und Hinault, sind Meister darin. Hinault gab in der Tour 1980 auf, während er das Gelbe Trikot trug, und dieses Jahr unter anderem beim Midi Libre, oben auf meinem eigenen Mont Aigoual, wegen eines Sonnenstichs.

Von vor drei Wochen habe ich den Bericht des Grand Prix de Plouay zur Hand genommen, des letzten Testrennens für die französischen Fahrer vor der Weltmeisterschaft.* Ein Jahr zuvor hatte Hinault in dem Rennen aufgegeben, wegen einer Kolik. Und jetzt? Der Reporter: »Die Straße steigt an. Seit dem Start ist Hinault am Schwanz des Pelotons gefahren. Es ist 13.55 Uhr. Siebenundzwanzig Kilometer sind unter den Rädern schon dahingeglitten. Plötzlich verliert das Regenbogentrikot einen Meter, dann zwei, dann fünf. Die Straße steigt stärker an. Drei Bauern und einen Springer hat Karpov jetzt schon weniger. Ach, er will sich einfach nur zusätzlich testen, sagt man zueinander, das macht er öfter. Aber kurz darauf liegt Hinault eine Minute zurück.«

In solchen Situationen lässt eine zufällige Betonung nie lange auf sich warten. »Michel, Larpe und Jourdan, drei Fahrer von La Redoute, die durch einen Reifenschaden zurückliegen, überholen ihn und hängen ihn einige hundert Meter später ab. Entsetzen!«

* Die Leser kannten das Ergebnis dieser Weltmeisterschaft schon: 1. Maertens, 2. Saronni, 3. Hinault.

Hinault müht sich weiter auf seinem Rad. Er lässt Guimard kommen und zeigt auf sein Knie. Von der Seite schreien Zuschauer: »Betrüger! Geld abräumen und abhauen, was?« Zehn Anschnauzer weiter wendet sich Hinault zu einem von ihnen, schwenkt seine Faust und ruft: »Ihr Arschlöcher. Ihr könnt mich mal!« Die Abfahrt nach Plouay beginnt jetzt, bei einer Kreuzung steht der Wagen des Teamarztes bereit für Hinault.

»Innerhalb von dreißig Sekunden hat er sein Rad auseinandergebaut.« Er steigt ins Auto, umringt von Fotografen und anderen Pressemücken. »Meine Herren, bitte drängen Sie uns nicht. Das ist nicht der Moment, absolut nicht der richtige Moment.« Und er saust davon, die Weltsportpresse in Verwirrung zurücklassend.

Freddy Maertens war drei Jahre lang mit nichts anderem beschäftigt als Aufgeben, unter stets weniger ruhmreichen Umständen. Dann kam diese Tour, mit ihren fünf Etappensiegen, aber auch danach, in den Wochen vor der Weltmeisterschaft, war ein gutes Ergebnis nicht drin, und bei vielen Rennen gab Maertens wie früher auf. Verdächtigungen sind nie weit weg, wenn es um ihn geht. Zwar hat noch niemand jemals von Doping gehört, mit dem man stürzen würde oder von dem einem die Zunge aus dem Mund hängt, aber wenn Maertens stürzt oder ihm die Zunge aus dem Mund hängt (sehr eklig, er sieht dann aus wie ein Elefant ohne Rüssel), dann kommt das vom Doping.

Natürlich war es eigenartig; wenn er all die Tour-Etappen gewinnen konnte, warum konnte er dann in den Kirmesrennen in Belgien keinen ordentlichen Preis mehr gewinnen? In einer belgischen Sportzeitschrift erklärte Lomme Driessens, sein Svengali, die Angelegenheit. Die vielen Stürze, von Maertens selbst immer bagatellisiert, waren wirklich ein Problem: Würde es Maertens ungeschoren bis zum Tag der Weltmeisterschaft schaffen? Und warum stürzte er eigentlich so oft? Ja, es gab ein Komplott gegen ihn von Fahrern, die seinen immer weiter wachsenden neuen Ruhm nicht ertragen konnten und die ihn »raushaben wollten, noch vor der Weltmeisterschaft. Verstehst du mich?«

Einige Tage nach der erfolgreichen Weltmeisterschaft belohnte sich Maertens mit einer Aufgabe in alter Champions-Manier. Bei einer Etappe der Katalonien-Rundfahrt stieg er ab, als er fand, dass zu viele Autos in entgegengesetzter Richtung auf der Strecke fuhren. So etwas braucht ein Weltmeister nicht hinzunehmen.

Was kann ich dem gegenüberstellen? Ich werde es mal ehrlich zugeben: Für mich gab es schon immer einen ehrenvollen siebten Platz zu verteidigen. Ich gab nie auf. Aber sobald die Presse sich in meine Nähe wagte, kam mir der Gedanke zum Aufgeben. Radsport ist zu absurd, um dafür einen guten Grund zu haben. Gibt es einen, dann fällt es einem wie Schuppen von den Augen, denn dann sieht man auch sofort alle Gegenargumente. Und bevor man sich versieht, steht man schon neben seinem Rad.

Diesem Mechanismus ist mal ein Reporter des flotten Damenmagazins *Viva* zum Opfer gefallen, von dem die Redaktion ein Macho-Thema erwartete, einen Bericht über einen verrückt gewordenen Schriftsteller, der nichts anderes lieber tat, als auf lebensgefährliche Weise mit dem Rad im Kreis zu fahren.

Gemeinsam fuhren wir nach Rotterdam, in das Viertel Delfshaven, wo sich herausstellte, dass die Strecke größtenteils über Kopfsteinpflaster führte. Diese Pflasterstraßen dürften, wenn es sie jetzt noch gibt, zu den letzten in niederländischen Städten gehören. Auf Kopfsteinpflaster fühlte ich mich im Prinzip wie ein Fisch im Wasser, aber jetzt begann es beim Start zu regnen. Die Pflastersteine werden dann speckglatt, Kurven sind beinahe nicht mehr zu fahren, und meine Kurventechnik war ehedem schlecht. In den ersten zwei Runden sah ich, wie bestimmt dreißig Fahrer stürzten. In der dritten Runde tauchte ein entgegenkommendes Auto auf der Strecke auf, das einzige Mal in den hunderten von Kriterien, die ich bestritten habe, dass ich so etwas erlebte.

Ich hatte wahnsinnige Angst, und die Stürze in den Kurven sorgten dafür, dass ich ziemlich schnell in der so-und-so-vielten Gruppe der Hoffnungslosen landete. Aufgeben war die einzige sinnvolle Tat, die ich mir ausdenken konnte. Aber ich würde natürlich weiterfahren, und wie ich mich selbst kannte (ich wurde immer stärker, je länger das Rennen andauerte), würde ich auch noch den neunzehnten Preis einsammeln. Als ich aber auf einmal bedachte, dass das ja auch schön für die Reportage sein würde, ging meine Flamme auf einmal aus. Mein Leben riskieren für ein Magazin, dessen Abonnenten einander *Tschüssi* zum Abschied zuriefen? Niemals. Ich stieg ab, eine vernünftige Entscheidung. Ich hatte fünf Runden absolviert, der Fotograf war noch nicht mal aus dem Café gekommen.

Auf dem Rückweg erzählte ich alles, wirklich alles über die Technik des Fahrens auf Kopfsteinpflaster, aber davon haben die Leserinnen des Magazins nie Kenntnis nehmen können.

DAS EURODYNAMISCHE (1981)

Das Beklagenswerte im Sport, insofern es nicht mit Gewinnen oder Verlieren zusammenhängt, gibt es am jungfräulichsten beim Zeitfahren im Radsport. Auf irgendeine Art und Weise ist das Unscheinbare aller Träume und Vorbereitungen dort splitterfasernackt. Sofort sehe ich Fedor den Hertog vor mir, den begnadeten Zeitfahrer. Da kommt er quer über die Betonpiste der Radrennbahn von Galgenwaard angestapft, auf Socken. Er läuft zu der Stelle, wo ein Assistent sein Fahrrad bereithält.

Es ist ein prächtiger Sommertag 1975, und wir stehen kurz vorm ersten der Qualifikationsrennen für die Niederländische Meisterschaft in der Verfolgung der Berufsfahrer. Den Hertog führt hier eine Neuheit ein; seine Radrennschuhe sind festgelötet an seinen Pedalen, er zieht also eigentlich sein Rad an. Es wird viel Aufsehen erregt, die Herren Pressefotografen machen ihre Arbeit. Mich überwältigt ein kurzes, heftiges Gefühl von Mitleid. Es muss an der Kombination aus Ernsthaftigkeit und der Auslieferung an eine Art Scheitern liegen, das ohne Umwege messbar ist.

Jahrelang habe ich das aus nächster Nähe bei meinem Teamkollegen Kunst beobachten können. In seinen jungen Jahren war Kunst ein wahrer Meister, der auch zu Weltmeisterschaften geschickt wurde, als Verfolger. Danach war er lange Zeit inaktiv, aber jetzt, wo er auf die vierzig zuging, hatte er eine zweite Karriere begonnen, und nicht ohne Erfolg. Immer noch erwies er sich als ungemein starker Zeitfahrer.

Das Zeitfahren war aber auch das Einzige, was ihm wirklich am Radsport zu gefallen schien; auch in normalen Straßenrennen fuhr er am liebsten allein. Er attackierte so lange, bis jeder menschliche Schutzschild verschwunden war, auch wenn er mit seiner eigenartigen Taktik mit diesen Solos oft um einen sechsten oder zwölften Platz kämpfte. Ich habe ihn in Belgien eine Stunde lang bei starkem Wind und mit Einsatz all seiner Kräfte einen Vorsprung von hundert Metern vor einem jagenden Peloton verteidigen sehen – vergeblich, eine Leistung, die an Konturen gewinnt, wenn man weiß, dass das Peloton nicht Kunst verfolgte, sondern eine fünfzehn Mann starke Spitzengruppe vor ihm.

Das kümmerte Kunst nicht, denn bis einschließlich August fuhr er seine Rennen nur als Vorbereitung auf die traditionellen Herbstzeitfahren. Und als er neununddreißig war, schaffte er es nach monatelangem Lobbyismus, nach vielen Bettelbriefen und -telefonaten, eine Starterlaubnis für die Jan van Erp Trofee zu ergattern, das wichtigste dieser Rennen. Er wurde dabei siebzehnter von dreiunddreißig Teilnehmern, vor unter anderem Ponsteen und inmitten der Crème de la Crème der talentierten niederländischen Jugend: eine Leistung, die nicht genug gerühmt werden kann.

So wie alle Zeitfahrspezialisten pflegte sich Kunst bis in die Zehenspitzen. Alles an ihm war »eurodynamisch«, wie Rennfahrer es nannten; von seiner Frisur bis zu seinen makellos reinen Felgen, aber diese Toilette kostete ihn vor jedem Rennen anderthalb Stunden. Manchmal nahm er sogar seinen eigenen Masseur mit, so auch beim Zilveren Molen Toernooi von 1974, einem regionalen Teamzeitfahren für Vereinsmannschaften, von dem er dachte, dass wir eine Chance auf den ersten Platz hätten.

Aber während wir mit den selbst eingeriebenen Beinen und unseren ungehobelten Rädern am Start warteten, lag Kunst noch auf dem Massagetisch. Noch dreißig Sekunden, noch zwanzig, es ist eine alte Geschichte. Der Masseur hatte sich in der Zeit geirrt. Fünf Sekunden vor dem Start, mit nur einer massierten Wade, erschien Kunst auf der Zuschauerseite der Absperrung. Kurz fing ich seinen Blick auf, und es tat mir sofort leid – ich hatte ihn bei seiner intimsten Panik erwischt.

Man half Kunst über die Absperrung, sein Rad wurde ihm gereicht, nur fünf Sekunden zu spät saß er drauf, und beim ersten Tritt zog er seinen Lenker fünfundvierzig Grad schief; die letzte Materialkontrolle hatte er bei all dem versäumt. Bevor der Lenker wieder gerade und fest war, war eine knappe Minute verloren. Aber dank der unermüdlichen Schinderei von Kunst wurden wir immer noch gute Vierte.

Im Ziel, als ich wieder bei Sinnen war, sprach ich kurz mit einem Bekannten. Vielleicht hätte ich das nicht tun sollen, denn es war ein kalter Oktobertag und als ich wieder aufsteigen wollte, um zu den Umkleiden zu fahren, ging es nicht. Ich kam nicht auf mein Rad, ich war völlig steif. Wie ein Papiersammler lief ich zu den Umkleiden, wo ich Kunst bitten musste, mich abzutrocknen und mir Socken und Schuhe an die Füße zu ziehen. Zwei Tage führte ich ein Leben wie ein Brett. Weder davor noch danach habe ich jemals wieder so etwas erlebt. Aber wenn ich an das Rennen denke, dann sehe ich den Blick von Kunst, auf der anderen Seite der Absperrung.

Nachschrift 2015: Kunst war ein unglücklich gewählter Name, denn es gab in den vierziger und fünfziger Jahren einen bekannten Amsterdamer Fahrer namens Joop Kunst. Mein Kunst heißt in Wirklichkeit Herman van Bruggen. 2010 wurde er Weltmeister im Zeitfahren bei den Senioren 75+.

SITTENPOLIZEI (1981)

Während Paris–Brüssel, vor zwei Wochen, konnte Roger De Vlaeminck sich nicht zurückhalten. Er lenkte auf Hinault zu, zeigte auf dessen Wangen und Beine und fragte, was los war. Hinault war nämlich unrasiert und noch schlimmer, seine Beine waren ebenfalls unrasiert.

»Vacances«, antwortete Hinault.

Meine Gedanken werden acht Jahre zurückgeworfen. In Kerkdriel, irgendwo weit weg in Brabant, würde ich mein letztes Kriterium der Saison fahren. Voller Streitlust präsentierte ich mich beim Start, aber weiter sollte ich nicht kommen, gab mir ein Sportfunktionär zu verstehen. Ich trug lila Socken, und weil weiße Socken laut Regelwerk Pflicht waren, musste man mich vom Rennen ausschließen. Wie ich auch bettelte, es gibt nichts Zermürbenderes auf Erden als einen Sportfunktionär, der das Regelwerk in den Händen hält. Dass ich den ganzen Weg aus Amsterdam gekommen war, bewog ihn nicht mal dazu, die Regeln noch einmal nachzuschlagen, um nach eventuellen Ausnahmeparagrafen zu suchen.

Ein befreundeter Fahrer lieh mir seine Autoschlüssel und erzählte mir, wo ich seine Reservesocken finden konnte; ich schaffte es, mich vor dem Startschuss umzuziehen.

Ich fuhr zu dieser Zeit auch mit unrasierten Beinen, was laut Regelwerk erlaubt war. Alle anderen Fahrer rasierten ihre Beine; ich fand das Quatsch. Sie gaben drei Gründe für die Rasur an: Die Chance auf Infektionen bei Stürzen wäre geringer, und es wäre leichter beim Massieren. Das waren zwei ernsthafte Gründe. Der dritte Grund wurde aber immer mit einer so viel kürzeren Bedenkzeit genannt, dass dies wohl der richtige, der einzige sein musste: Es war »einfach kein Anblick«. Es sah nicht *gepflegt* aus, und obwohl das ein auf sich selbst verweisendes Wort ist, fand auch ich auf halbem Wege meiner zweiten Saison, dass ein Fahrer gepflegt aussehen sollte, und fing ebenfalls an, meine Beine zu rasieren. Ohne jetzt sofort alle Prinzipien des Buhmanns aus Kerkdriel zu umarmen, fand ich, dass es in der Tat unangemessen war, von einer Gruppe profitieren zu wollen, wenn man nicht bereit ist, die Teamfarben dieser Gruppe zu tragen, um es mal so auszudrücken.

Rasierte Beine an erster Stelle, geputzte Schuhe, sauberes Rad, weiße Socken, kurzum: gepflegt. Lange Haare gehen natürlich auch gar nicht (»He, pass auf, dass deine Haare nicht in die Speichen kommen!«), und die Einführung des Schnauzbarts im Peloton hat erfrischend lang auf sich warten lassen; wo Fußballer sich ein äußeres Erscheinungsbild auswählen, das ungefähr zehn Jahre vorher als progressiv durchging, liegt der Rückstand bei Radsportlern sicherlich bei fünfundzwanzig Jahren.

Im Peloton, übrigens, gibt es so etwas wie eine amtierende Sittenpolizei. Als ich die Bedeutung und den Belang der Pflege nun einmal eingesehen hatte, gehörte ich auch dazu. Attackierte ein Fahrer und sah ich zufällig im Vorbeifahren, dass er unrasierte Beine hatte, war nach meinem Befinden die Wahrscheinlichkeit, dass er sofort wieder eingeholt werden würde, größer als bei einem Fahrer, der sich nach allen Regeln der Kunst gepflegt hatte. Wer würde jemandem, der sich so betont außerhalb der Regeln bewegen wollte, den Sieg gönnen? Sport verlangt nun mal Konformismus, dafür ist es Sport: Es gibt eine genau beschriebene Art und Weise, sich zu unterscheiden, also müssen alle anderen unterbleiben.

Es muss dann also auch in seiner Rolle als Sittenpolizist gewesen sein, dass De Vlaeminck Hinault diese Frage stellte. Es war eine Zurechtweisung. Indem er seine Beine nicht rasierte, zeigte der große Champion, dass er nicht wirklich am Rennen teilnahm, und auf diese Weise entwertete er die Leistung des künftigen Siegers.

DER HERBST IST SELBST EIN PREIS (1981)

Großer Herbstpreis, das ist doch viel schöner als die alten Namen Paris–Tours und Blois–Chaville. Draußen kommt ein Regen runter, als ob die Straße seine Ziellinie ist, überall wehen Mädchen ins Meer, tagsüber braucht man Kunstlicht, um überhaupt noch was zu sehen. Ich sitze hier drinnen und schreibe bei Lampenlicht, mir ist warm und ich bin ganz trocken. Zum ersten Mal innerhalb eines Jahres tut es mir leid, dass ich keine Rennen mehr fahre. Was ich vermisse, ist das Verlangen, das ich dann fühlen würde, hier zu sitzen.

Meine Radsportträume haben sich nicht gestört an meiner Entscheidung, aufzuhören. Sie gingen einfach weiter. Sie passen sich selbst den Jahreszeiten an. Letztens fuhr ich an der Spitze in einem wichtigen Rennen, geschickt lenkte ich über Straßen, voll mit rutschigem braunen Laub. Ich kam zu einer Latte, die sich in drei Metern Höhe über der Straße befand. Ich wollte drüberspringen mit meinem Rad, aber noch vor dem Absprung kam ich auf die Idee, dass es zu hoch sein würde. Man kann mit dem Fahrrad einen Satz machen, aber höher als etwa dreißig Zentimeter kommen auch die besten Cyclocross-Fahrer dabei nicht.

Einfach unter der Latte durchzufahren, ging nicht, es war deutlich als Hindernis gedacht. Ich stieg ab, um darüber nachzudenken. Furchtbar, jetzt war ich ein einfaches Opfer für meine Verfolger. Auf einmal sah ich die Lösung. Ich warf mein Fahrrad in die Luft, es segelte über die Latte, auf der anderen Seite fing ich es wieder auf und fuhr weiter, immer noch allein an der Spitze. Das würde was sein, wenn gleich das gesamte Peloton anfangen würde, ihre Räder in die Luft zu werfen! Nein, mein Vorsprung war jetzt gesichert.

Seit meinen ersten Rennen habe ich mich darüber gefreut, wie reibungslos sich der Radsport für Träume eignet. Schach hatte das nicht, wenn das in einem Traum vorkam, ging es um greifbare Stellungen, die ich nach dem Aufwachen bei Bedarf hätte hinstellen können; meistens schwerfällige Stellungen, in denen hinter langen Reihen von Doppelbauern unergiebig manövriert wurde. Einmal bildete die Grundreihe meines Gegners den Zugang zu einer bergigen Wüstenlandschaft. Wenn die Bauern dorthin kamen, verwandelten sie sich automatisch in Reiter auf Pferden, die sofort weggaloppierten. Das war mein einziger Schachtraum, der eine Erinnerung wert ist, Radsport hat mir hunderte Träume dieses Niveaus beschert.

Am liebsten fuhr ich meine Herbstpreise in Belgien, man macht dort länger weiter mit Straßenrennen als in den Niederlanden, die Strecken sind dort länger und abenteuerlicher, und die Ortsnamen, Glabbeek, Geetbets, Hoxem, Munkzwalm, Baardegem, versprachen irgendwie mehr Matsch und echten Kampf als Bilthoven. In meinen Renntagebüchern lese ich natürlich, dass immer gerade eine adrette Herbstsonne schien, aber am 12. Oktober 1974 in Baasrode war es dann doch so weit.

Ich war dort mit meinem Teamkollegen Kunst, über den ich schon geschrieben habe. Ein immer perfekt gepflegter Fahrer, dessen große Liebe die Solofahrten waren, aber den man auch immer mit nach Belgien kriegte, wenn der Wetterbericht »kalt« und »böig« lautete oder er auf andere Weise vermuten konnte, dass er sich dort wie ein Schwein im Modder wühlen konnte.

In Baasrode standen wir mit nur dreiundzwanzig Mann am Start für zwanzig Preisgelder. Neben mir stand ein Fahrer, dessen Kunststoffarmlinge jetzt schon flatterten wie die Segel eines Segelschiffes, das dem Untergang geweiht war. »Fällt ein Tropfen, bleiben sie zu Hause«, sagte Kunst, zitternd.

Die Luft war schwarz; große Regentropfen schlugen so hart auf die Erde, dass sie in kleineren wieder vom Boden hochspritzten und eine Art Brandung verursachten. Das galt für alle Landstraßen, über die das Rennen führte. Das öffentliche Leben war zum Erliegen gekommen, nur wir bewegten uns. Nach einer halben Stunde, mit noch neunzig Kilometern vor uns, bekam Kunst einen Platten; er musste aufgeben. Schade, umsonst aus Amsterdam gekommen. Aber das gehört zum Radsport.

Es gab ein paar Kopfsteinpflaster-Passagen auf der Strecke, eine mit einem Gehweg daneben, mit Pflastersteinen, auf denen man gut fahren konnte. Runde für Runde fuhren alle Fahrer darauf, und ich folgte ihrem Beispiel. Nachdem sich das vier oder fünf Mal so abgespielt hatte, fuhr der Wagen des Rennleiters neben mich. Er sagte, dass ich aus dem Rennen entfernt werde, da ich nicht der vorgegebenen Strecke folgte. Ich war vor allem wütend auf mich selbst, dass ich die Warnungen vor dem schamlosen antiholländischen Chauvinismus unter belgischen Rennleitern so in den Wind geschlagen hatte. Ich hätte es wissen können, ich war in dem Moment der einzige Holländer im Peloton. Es war zu absurd, um wirklich böse zu werden, und ich verließ das Rennen.

In der Garage, in der wir uns umziehen durften, saß Kunst schon mit einem Eimer heißem Wasser vor sich. Nachdem er meine Geschichte gehört hatte, sagte er: »Verdammt noch mal, wir wären sonst beide ins Preisgeld gefahren, es waren nur noch siebzehn Fahrer im Rennen.«

DER RICHTIGE WEG (1981)

Rennen 270, der Große Weinpreis von Sauve, fand am 29. August 1976 statt. Es war ein neues Rennen, mit einer neuen und sorgfältig abgesteckten Strecke rund um das Weindorf Sauve im Département Gard; drei Runden von vierzig Kilometern.

Ein paar Stunden vor dem Start zog ein schweres Unwetter auf über der Gegend, das mich mit Hoffnung erfüllte, denn mein größter Rivale, der Brillenträger Barthélemy, hatte kurz davor ein Rennen vorzeitig beendet, als es anfing zu regnen. Aber er erschien am Start, da war es übrigens schon wieder trocken. Impulsiv erzählte ich ihm von meiner falschen Hoffnung. Er musste darüber lachen; als er das letzte Mal abstieg, war es zudem Abend gewesen; erst beim Zusammentreffen von drei Hindernissen (Brille, Regen *und* Abend) gab er auf.

Auch erzählte ich einigen Bekannten, dass ich nach dieser Saison aufhören würde mit Radrennen; dieses würde mein letztes Rennen in Frankreich. Nicht, dass es mir nicht mehr gefiel, aber eine immer stärkere Unruhe nagte an mir, dass das Leben vielleicht mehr zu bieten hatte als Radsport. Niemand nahm mich ernst.

In der ersten Ausgabe des Großen Weinpreises passierte etwas, worauf man immer hofft, was aber nie passiert: Der erste Ausreißversuch war der richtige. Aus ein paar zufälligen Aufwärmattacken entstand innerhalb von zehn Kilometern eine Gruppe von vier Fahrern, »die das Peloton erst am Ziel wiedersehen würde«.

Barthélemy war dabei und ich auch. Wir arbeiteten gut zusammen, und die Zeitabstände, die uns aus den vorbeifahrenden Autos mit Familienmitgliedern oder Organisatoren zugerufen wurden, wuchsen schnell auf über zwei Minuten.

Eine regelrechte Erfolgsgeschichte also. Aber auch eine schwere Anstrengung und das ist eine gefährliche Kombination; man wird widerstandslos gegenüber der eigenen Verzückung und Sentimentalität. In einer entscheidenden Spitzengruppe dabei zu sein, das war sowieso schon eines der schönsten Gefühle im Radsport, fast noch schöner als gewinnen. Eine Spitzengruppe ist ein mobiles Bündnis gegenseitiger Bewunderung, nirgends stimmt es mehr, dass Sport verbrüdert, als in einer Spitzengruppe.

Ich hasse es, wenn man so einfach Mythologien im Radsport sieht, aber es würde mich nicht überraschen, wenn die letzten vier Überlebenden auf einem Rettungsfloß im Ozean sich genau so fühlen, ihre unbehaglichen Umstände mal außen vor gelassen. Und bevor ich mich versah, hatte ich entschieden, statt mit dem Radsport aufzuhören und die Verhältnismäßigkeit von Angelegenheiten wie dem Großen Weinpreis von Sauve einzusehen, noch etwa vier Saisons dranzuhängen.

Aber die Strecke forderte langsam alle Aufmerksamkeit. Der Pfad, über den wir fuhren, war auffällig schmal und kurvig, und immer weniger erschien er mir »von Meisterhand unseres Streckenchefs ausgewählt« (*Midi Libre*). Es tauchten sogar Grasbüschel in der Mitte auf, und das, in Kombination mit den hilflosen Gebärden im Auto des Renndirektors vor uns, führte dazu, dass ich begriff, was los war. Hier war der Große Weinpreis von Sauve gerade im Begriff, gnadenlos ins Wasser zu fallen. Wir waren von einem Polizisten, der an einer Kreuzung geschlafen hatte, in die falsche Richtung geschickt worden, und nur wer die Generalstabskarte zur Hand hatte, könnte sagen, wie das ausgehen würde.

Wir hatten insofern Glück, dass unser Kurvenpfad nicht mitten in einem Weinfeld endete, sondern dass er wieder etwas breiter wurde. Er ging in eine Département-Straße über und da hätte das Rennen wieder richtig gut aussehen können, wäre es nicht der Fall gewesen, dass ich die Strecke auch jetzt wieder gut genug studiert hatte, um zu wissen, dass wir dabei waren, dem Peloton entgegenzufahren. Wenn das wenigstens richtig gefahren war. Damals hoffte ich, dass dieses Treffen stattfinden würde, jetzt finde ich die Hoffnung unziemlich und bin froh, dass wir angehalten und in umgekehrter Richtung wieder losgeschickt wurden.

Denn so viel Mythologie ist der Radsport dann doch – wenn die letzten vier Schiffbrüchigen, ausgehungert und halb tot, nach monatelangem Dahinschaukeln auf ihrem Floß eines Morgens entdecken würden, dass sie im Van-Harinxma-Kanal trieben, dann würden sie sich hintergangen fühlen, und das zu Recht.

Wir wurden schließlich ein zweites Mal angehalten und mussten eine viertel Stunde auf das Peloton warten, das dann wiederum zwei Minuten warten musste, nachdem wir erneut hatten losfahren dürfen. Wegen der fortgeschrittenen Stunde wurde das Rennen um eine Runde gekürzt, aber das machte nichts: Es war doch schon entschieden. Einvernehmlich zusammenarbeitend bauten wir unseren Vorsprung aus auf mehr als fünf Minuten. An der Unglückskreuzung schnauzte Barthélemy den Polizisten an und im Schlusssprint schlug er mich ohne Umschweife.

DAS SCHIER HOFFNUNGSLOSE (1981)

Sportwettkämpfe haben eine Geschichte und ein Ergebnis. Da es um die Ergebnisse geht, ist die Geschichte oft mager. Ein Fußballspiel endet 0:0 oder 6:0 und durchdringt einen mal wieder mit der Erkenntnis, dass die Wirklichkeit ein armseliger Geschichtenerzähler ist. Dann Schriftsteller, das sind erst Geschichtenerzähler! Das sieht man auch an Literatur für Jungs: Alle Bücher, in denen Fußball eine Hauptrolle spielt, enden gleich: Nach einem schier hoffnungslosen Rückstand von 3:0 wird das Spiel durch ein Tor in der letzten Minute mit 4:3 von den Helden gewonnen. Ein klassisches Beispiel, bei dem alle Voraussetzungen erfüllt werden (auch, dass die siegreiche niederländische Nationalmannschaft auf zehn Positionen aus dem groß gewordenen Freundeskreis besteht), ist *Nou wij boys* von Ton van Beers und ir. Ad van Emmenes von 1954.

Was ist nun das entsprechende Spannungsideal beim Radsport? Viele Beispiele gibt es nicht. Das bei Kennern legendäre *De troostprijs is een gele trui* von Jan Cottaar (*Der Trostpreis ist ein Gelbes Trikot*, 1962) war vor allem als Liebesgeschichte geschrieben, und die sportliche Spannung war direkt abgeleitet von der Rivalität Coppi-Bartali in der wirklich spannend verlaufenen Tour de France von 1949. Viel interessanter ist es natürlich, wenn der Autor von seiner Allwissenheit (Teamleiter aller Teams gleichzeitig!) Gebrauch macht, um sich ein spannendes Rennen auszudenken.

Es gibt ein Radsportbuch für Jungs, das einen mit *Nou wij boys* vergleichbaren Platz einnimmt: *De held van de Cauberg* von Piet van As (1954). Der Held ist Wout van der Spek, der mit ein paar Freunden im Süden von Limburg zeltet. Eines Tages finden sie den Profifahrer Rik Smeets, der bei einem Training schwer gestürzt ist, und sie pflegen ihn in ihrem Zelt.

Wout fährt aus Spaß eine Runde auf Riks Rad über den Cauberg, entdeckt, dass das gut geht, und weil sie sich auch noch ähnlich sehen, reift der freche Plan heran, dass Wout anstelle von Rik im bedeutenden Cauberg-Kriterium fahren soll, das demnächst startet. Wout trainiert wie blöde und geht getarnt mit einer Riesenschutzbrille an den Start.

Im Gegensatz zu dem, was das 4:3-Gesetz vorschreibt, fährt Wout von Anfang an vorne. Nach fünf von zwanzig zu fahrenden Runden reißt er sogar alleine aus. Drei Runden später bekommt er Gesellschaft von Willemse, Corpers und Koops, »jeder von ihnen Favorit für den ersten Platz, Männer mit einem Ruf von Weltformat«. Nach einiger Zeit verschwinden Corpers und Koops wieder aus der Spitzengruppe, genauso untypisch, nicht weil das Tempo mörderisch anzieht, sondern wegen eines dummen Sturzes.

Mit noch anderthalb Runden zu fahren, attackiert Wout und nach einem Platten zehn Meter vor der Ziellinie (also nicht zehn Kilometer) erringt er einen sensationellen Sieg. Nichts mit schierer Hoffnungslosigkeit also – Spannung entsteht nur, weil zwei Zuschauer den Rollentausch bemerken. Aber keiner glaubt ihnen und sie trollen sich schmachvoll.

Der einzige andere Roman, in dem ein Radrennen eine ausgefeilte Rolle spielt, war für mich lange *325.000 Francs* von 1955, von Roger Vailland (Prix Goncourt 1957 für *La Loi*). Das Rennen, mit dem das Buch beginnt und worüber Vailland mit bemerkenswerten Kenntnissen schreibt, ist ein »wichtiges Amateurrennen« und unser Held, Bernard Busard, ist ein Anfänger, der mit großer Ehrfurcht zu den regionalen Berühmtheiten aufsieht.

Am Anfang attackiert Startnummer 8, der das ganze Buch über namenlos bleiben wird. Busard attackiert ebenso, verfolgt ihn, schafft es zu ihm ran und hängt ihn dann ab. So fährt er, weit vor dem Ende, alleine an der Spitze. Ob er das halten kann? Trotz eines Sturzes hat er zwei Kilometer vor der Ziellinie noch eine Minute Vorsprung, aber er ist so erschöpft, dass er den letzten Berg hochlaufen muss. Trotzdem erreicht er den Zielort noch mit Vorsprung, aber in der letzten Kurve vor dem Stadion stürzt er noch mal. Jetzt bleiben ihm auf der Bahn nur noch zwanzig Meter und er wird von einer Gruppe eingeholt. Startnummer 8 gewinnt den Sprint, Busard wird Vierter.

Abgesehen von der für höhere Literatur unvermeidlichen symbolischen Funktion des Rennens (Busard hat etwas Besonderes, aber muss sich mit Mittelmäßigkeit zufriedengeben) ist die Übereinstimmung mit dem Cauberg-Kriterium auffällig: der Held als einsamer Spitzenfahrer, der nie dazu kommt, im Rückstand zu sein.

Seit kurzem gibt es ein drittes Beispiel; der Jugendroman *Gele trui tegen wil en dank*, wieder von Jan Cottaar. Hauptperson ist hier Bart Roest, ein junger Profi aus Brabant, in dem wir ohne viel Mühe Johan van der Velde wiedererkennen. Zwar kommt der auch namentlich vor, aber durch den literarischen Trick (bei Donald Duck schwimmt auch manchmal eine normale Ente rum) lassen wir uns nicht verwirren. Bart fährt bei einem französischen Team und erzielt viele beachtenswerte Ergebnisse, aber dennoch hat das Team nur einen Kapitän: den bereits legendären Champion André Bourillon, für den Bart große Freundschaft und Bewunderung empfindet. Bourillon ist einunddreißig und hat vier Mal die Tour gewonnen, aber er möchte das unbedingt noch mal schaffen, um mit Anquetil und Merckx gleichzuziehen. Bart wird bei diesem Unternehmen sein wichtigster Helfer sein.

Es wird eine saubere, altmodische Tour, ohne Zugfahrten zwischen den Etappenorten, und zu keinem Moment gibt Cottaar der Versuchung nach, zu Doping zu greifen. Nachdem das Gelbe Trikot kurz die Schultern des Griechen Konstantinidis geziert hat (der gleiche Name wie der des Olympiasiegers von 1896 im Straßenrennen – auch Cottaar weist auf diese Zufälligkeit hin), lassen Bourillon und Bart in den Alpen die komplette Konkurrenz hinter sich. Danach ändert sich nicht mehr so viel, und nach dem letzten Zeitfahren ist Bourillon Erster mit einem schier hoffnungslosen Vorsprung von 8 Minuten und 4 Sekunden zur Nummer 2, unserem Bart. Wie soll das weitergehen? Wir gönnen Bourillon natürlich den fünften Toursieg, aber unser Held ist Bart. Ich würde das Ende ganz bestimmt nicht verraten, wenn der Titel des Buches das nicht schon tun würde.

Als Bart kurz vor Paris mit Bourillon an seinem Hinterrad eine Lücke zu einer Gruppe Ausreißer schließt, stürzt Bourillon. Bart will absteigen, um seinem Idol zu helfen, aber sein Teamleiter ermahnt ihn zur Weiterfahrt. Und zu Barts Entsetzen kommt der verletzte Bourillon um so vieles später ins Ziel, dass Bart das Gelbe Trikot übernimmt und ungewollt die Tour gewinnt.

Das kommt dem schon ein bisschen näher, aber der erste echte Radrennroman im 4:3-Genre lässt immer noch auf sich warten.

ÜBERRUNDETE FAHRER ABSTEIGEN (1982)

Thurau sagte beim Start der Tour, dass er sehr zufrieden sei mit den deutschen Radsportjournalisten. Die verstehen nämlich nichts vom Radsport und deshalb kann er ruhig scheitern, ohne Angst haben zu müssen, dass er in Deutschland an Popularität einbüßt.

In Australien, das noch weniger Radsporttradition hat als Deutschland, haben auch die Fahrer keine Ahnung vom Radsport. Nachdem die zweite Etappe, die er gewann und in der er das Gelbe Trikot erobert hatte, zu Ende war, wurde Phil Anderson vom belgischen Fernsehen interviewt. In der entscheidenden Attacke mit sechs Mann hatte Anderson seinen Teamkollegen Laurent bei sich gehabt, der jedoch ziemlich auffällig immer am letzten Rad geklebt hatte. Wie war das jetzt genau?

»Ja, der war nicht so stark heute«, sagte Anderson, »aber er war da, es half, das drückte das Tempo dahinter ein wenig und ...« (jetzt erschien ein verwirrter, hilfloser Ausdruck auf dem Gesicht des sonnigen Australiers: Das Tempo drücken, stimmte das?) »... und eh ... ich *weiß* eigentlich nicht, was er da genau tat.«

Auch unsere niederländischen Berichterstatter verpassen manchmal etwas. In der achten Etappe Concarneau–Châteaulin hatte etwas stattgefunden, was um ein Haar eine der nettesten Geschichten der gesamten Tour-Historie wurde, aber der niederländische Fernsehzuschauer bekam nur zu hören, dass der Französische Meister Clère ein Solo von hundertachtzig Kilometern gefahren war und einen großen Vorsprung hatte, der aber wieder verloren gegangen war. Von der wunderlichen Bedeutung dieses Solos erzählten die Reporter mit keinem Wort.

Es war schon eigenartig, dass das Peloton nach ein paar Kilometern Clère fahren ließ, denn in der Gesamtwertung lag er auf dem zehnten Platz, mit einem Rückstand von nur 2 Minuten und 15 Sekunden auf Anderson. Schnell wurde sein Vorsprung größer, was bedeutete, dass er im virtuellen Gelben Trikot fuhr. Trotzdem ließ Anderson ihn machen und wie: Der Vorsprung von Clère wuchs und wuchs, bis er nach hundertfünfzehn Kilometern sogar dreizehn Minuten betrug. Höchst merkwürdig, denn auch wenn so ein Vorsprung am Ende einer Etappe immer stark zurückgeht, die Fahrer wissen aus Erfahrung, dass das Wegschmelzen der Zeit schlecht berechnet werden kann.* Manchmal wird der Spitzenfahrer rechtzeitig eingeholt, manchmal bleiben ihm fünf Minuten.

Noch viel eigenartiger war die Haltung, weil die fünfundachtzig Kilometer, die Clère zum Zeitpunkt seines maximalen Vorsprungs noch fahren musste, keine normalen fünfundachtzig Kilometer waren: Die letzten siebzig davon würden nämlich auf einer Rundstrecke von sieben Kilometern Länge stattfinden, die zehn Mal zurückgelegt werden musste. Vielleicht war Clère zu müde dazu, aber andere machten eine schockierende Berechnung: Wenn Clère seine erste Runde auf dieser Strecke vollenden würde, bevor das Peloton da wäre, dann bräuchte er sich nur in die Gruppe zurückfallen lassen, um sie zu überrunden, und dann würde er den Rest des Rennens von seinen Verfolgern mitgezogen werden.

Aus meiner Rennzeit klingt mir noch allzu gut der Standardbefehl der Kriterien in den Ohren: »Überrundete Fahrer absteigen!« So verwegen werden die Träume von Clère nicht gewesen sein, aber er hätte im Fall des Überrundens das Gelbe Trikot erobert, und das mit fürstlichem Vorsprung: acht Minuten. Diese Aussicht war dem Renndirektor Lévitan zu viel des Guten, und er improvisierte eine neue Regel. Sollte Clère in der Tat im Peloton landen, dann wollte Lévitan ihn, den überrundenden Fahrer, absteigen lassen. Clère würde dann eine Minute lang am Wegesrand war-

* Jetzt ist das fast ihr Hauptfach. Nahezu alle flachen Etappen der Tour de France haben gegenwärtig den gleichen Verlauf: Ausreißversuch – wieder eingeholt – Massensprint.

ten müssen, allein weiterfahren müssen und erst am Ziel würde man ihm seine Minute wieder zurückgeben. Die Zustimmung für diesen Eingriff wurde vom Vertreter der UCI verweigert, der zu Recht sagte, dass Lévitan dann halt nicht solche Rundstrecken organisieren sollte.

Es wurde also sehr spannend. Leider schaffte Clère es nicht. Als das Peloton auf der Rundstrecke ankam, brauchte er noch eine Minute, um seine erste Runde zu beenden. Würde er die Minute zurückgewinnen? Selten wird ein Teamleiter so gehofft haben, dass einer seiner Fahrer einen Platten bekommt. Der hätte dann von fünf oder sechs Teamkollegen gerettet werden können, Clère hätte sich anschließen und im Triumph zurück zum Peloton fahren können. Der erlösende Knall blieb jedoch aus. Und vor einem simulierten Platten schrak Teamleiter Danguillaume zurück.

Dann bekam Clère einen Platten. Auch deshalb verlor er immer mehr an Boden. Eine unerbittliche Serie von Schicksalsschlägen vollzog sich. Das Peloton verschwand aus der Sichtweite, das virtuelle Gelbe Trikot verschwand von seinen Schultern, der Etappensieg wurde fragwürdig, eine Runde vor dem Ende wurde er eingeholt und kurz darauf abgehängt. Aber dann konnten ein paar Teamkollegen ganz den Regeln entsprechend auf ihn warten und Clère wurde ins Peloton zurückgebracht. So konnte er von den unterwegs gesammelten Bonifikationssekunden profitieren, die ihn vom zehnten auf einen verdienten vierten Platz in der Gesamtwertung klettern ließen.

HEIMLICH IN DIE EISEN GEHEN (1982)

Man erahnt eine leichte Verschiebung in der Art der Verdächtigungen, die Radsportler betreffen: Doping bekommt immer mehr Konkurrenz von Schummelei. Das erwies sich vor kurzem mal wieder aus einem verträumten Artikel in *Vrij Nederland* von Frits Barend und Henk van Dorp, in dem sie den Untergang des Sports als moralisches Vorbild für die Gesellschaft bedauerten. Was in dieser Geschichte auf jeden Fall klar wurde, ist, was das Schummelei-Äquivalent für Simpson auf dem Ventoux ist: der Sprint um die Weltmeisterschaft auf der Straße von 1977, in San Cristobal in Venezuela. »1977 ging der westdeutsche Fahrer Thurau in die Eisen, um den Italiener Moser Weltmeister werden zu lassen«, so Barend und Van Dorp.

Es ist nicht das erste Mal, dass dieser Sprint wie eine Art Höhepunkt des Argwohns auf die Bühne gebracht wird. Das ist sehr eigenartig, denn er sah wirklich verdächtig aus und von Fahrern, die so verdorben sind, dass sie eine Weltmeisterschaft verkaufen, darf man absolut erwarten, dass sie in der Lage sind, einen überzeugenden Sprint zu spielen. Ich habe das Foto dazu mal wieder in die Hand genommen: Moser mit den Händen in der Luft, Thurau zwei Längen hinter ihm mit einem schiefen Zug um den Mund, mit dem er in der Tat haargenau so aussieht wie jemand, der gerade seine Schwester verkauft hat. Sofern das auf dem Foto zu sehen ist, hält er seine Beine still, und um ganz auf Nummer sicher zu gehen, hat er beide Zeigefinger um die Bremsgriffe geklemmt.

Es braucht einen gewissen journalistischen Mut, finde ich, um von jemandem, der wirklich die Bremsen umklammert hält, zu enthüllen, er hätte absichtlich verloren. Barend und Van Dorp haben diese Geschichte schon öfter erzählt, damals auch mit einer Quelle und einem Motiv dazu. Die Quelle war Willy Jossart, Teamleiter von IJsboerke, wofür Thurau in der nächsten Saison fahren sollte. Thurau, verriet Jossart, hatte von ihm das Verbot erhalten, Weltmeister zu werden, weil er dann im Regenbogentrikot fahren müsste und nicht helfen könnte, das IJsboerke-Trikot bekanntzumachen.

Vor ein paar Wochen wurde Saronni, der scheinbar einen weniger strengen Teamleiter hat, in England Weltmeister. Alle seine Landsleute, auch sein Erzrivale Moser, hatten ihm dabei geholfen. Wer etwas begreift, muss es auch vorhersehen können; was lag jetzt mehr auf der Hand, als dass Saronni einen von ihnen, und am liebsten Moser, am letzten Samstag die Lombardei-Rundfahrt gewinnen lassen würde?

Saronni schlug Moser in der Lombardei im Sprint und gewann selbst. In einem lobenswerten Versuch, die innere Logik der Schummelei der Fahrer zu bewahren, kam die ANP-Nachricht mit einer ganz guten Geschichte. Saronni soll sich schreckliche Mühe gegeben haben, um seine Landsleute (Baronchelli und Visentini) entwischen zu lassen, das misslang, und weil in der Spitzengruppe der starke französische Sprinter Jules übrig geblieben war, hatte er sich, um die italienische Ehre zu retten, zu seinem Leidwesen gezwungen gesehen, selbst zu gewinnen.

Zufällig ist auch ein anderer Sprint à deux von Moser um die Weltmeisterschaft verdächtig geworden; der von 1978, als er mit einem Zentimeter Unterschied gegen Knetemann verlor. Dass im Fernsehen deutlich zu sehen war, dass diese Fahrer, nachdem sie ausgerissen waren, miteinander redeten, hat zu den eigenartigsten Spekulationen geführt. Am wahrscheinlichsten ist es, dass sie so etwas wie »Schwer, he?« oder »Geht ja gut« zueinander sagten. Aber es ist nicht ausgeschlossen, dass sie über Geld sprachen. In so einer Situation ist es wahrhaftig nicht ungewöhnlich, dass man eine Art Schadensersatz vereinbart, den der noch unbekannte Verlierer vom Gewinner bekommen wird. Auch ist es denkbar, dass Moser, der bessere Sprinter, Knetemann einen Betrag anbot für seine Mitarbeit bis zu, wir sagen mal, einem Kilometer vor dem Ziel. Dass er »Weltmeister werden?« sagte und dass Knetemann antwortete: »Klar, was soll das kosten?«, um *das* anzunehmen, muss man schon sehr naiv sein. Man muss dann auch glauben, dass Fahrer ein Fotofinish spielen können.

Auf so eine direkte Art und Weise wird selten ein Sieg gekauft, und ganz bestimmt keine Weltmeisterschaft. Aber Geld spielt eine Rolle, so viel ist sicher. Fahrer erscheinen mit zwei Kapitalen am Start, die sie beide so gut wie möglich verwalten müssen: eines an Kraft, das andere an Macht, Einfluss, Geld. Dass ein Fahrer sich das zweite Kapital im Laufe seiner Karriere mit Hilfe des ersten zusammensparen muss, macht Vereinbarungen und Handel zu einem wesentlichen Bestandteil des Radsports. Beim höchst seltenen Mal, dass direkt ein Sieg gekauft wird, macht das ein Fahrer, der sich bereits mit seinen Beinen eine bessere Siegchance erobert hat, als er beim Start hatte.

Aber das Publikum glaubt an Schummelei. Das verfälscht schon mal ein Rennen. So fuhr der sympathische Belgier Godefroot im September 1979 nach einer langen und erfolgreichen Karriere ein Abschiedsrennen in seinem Wohnort. Er landete in der entscheidenden Attacke mit Roger de Vlaeminck, der zur Verwunderung vieler um eine Reifenbreite gewann. Hatte man da wirklich reinen Sport gesehen? De Vlaeminck sagte: »Ich hab gewonnen, um die Menschen zum Schweigen zu bringen, die immer sagen, dass Rennen verkauft werden.« Was ich mich damals fragte, war: Wird Godefroot auch gewusst haben, dass De Vlaeminck so darüber dachte, und wenn nein, sprintete er deswegen weniger aufmerksam, als er es sonst getan hätte?

Wie finden nun die Verhandlungen statt, die zu den verschiedenen Vereinbarungen führen? Erfahrene Fahrer können mit einer einzelnen Handbewegung einen Vorschlag einbringen, der auch gleich die Höhe des damit verbundenen Betrags mit einbezieht. Aber welche Handzeichen das sind, weiß ich nicht, und meine Chance, das zu lernen, habe ich vor acht Jahren in Frankreich vertan, beim einzigen Rennen, in dem ich jemals selbst den Sieg kaufte.

Ich möchte mit den mildernden Umständen beginnen. Start und Ziel waren in dem Wohnort des Mannes, der mir sein Sommerhaus kostenlos zur Verfügung gestellt hatte, Garcia, ein Ex-Fahrer. Garcias Frau hatte an dem Tag Geburtstag. Es waren auch fünfunddreißig Grad und die Runde von acht Kilometern führte durch eine Landschaft, die so kahl, staubig und trocken war, dass meine Erinnerung ein paar Riesenkakteen aufgestellt hat. (Ich bin später noch mal hingefahren um nachzugucken, sie stehen dort nicht.)

Wäre es mir nicht so wichtig gewesen, die Blumen für Frau Garcia zu gewinnen, hätte ich schnell mit einer Flasche Wasser unter einem Sonnenschirm gesessen. Jetzt behauptete ich mich fest entschlossen in der Gruppe, die Runde für Runde in der Hitze versengte, bis ich nach drei Stunden oder so in einer Spitzengruppe mit einem anderen Fahrer gelandet war, dem zähen und listigen Cayol aus Marseille. Ich kannte ihn, ich wusste, dass ich ihn nie wieder loswerden würde. Und das war's mit den Blumen, denn er konnte viel besser sprinten. Ich verstand, dass ich nur eine Möglichkeit hatte, zu der ich übrigens verpflichtet war: den Sieg kaufen. Während ich verwirrt von meinem halben Sonnenstich zu überlegen begann, wie viel ich ihm würde bieten müssen und welche Worte ich wählen musste, fuhr er an mir vorbei und sagte: »Achttausend?«

Sein Marseiller Akzent, der sich zu der ewigen Verwirrung alter und neuer Francs gesellte, sorgte dafür, dass es ein paar hundert Meter dauerte, bevor ich verstand, was er wollte. Der genannte Betrag war, entdeckte ich nach einigem Rechnen, gerade etwas mehr als der Unterschied zwischen dem ersten und dem zweiten Preis – er bot mir also das Rennen zum Kauf an.

»Ja, gut«, sagte ich. Dann stellte sich heraus, dass es zum Deal gehörte, dass ich die letzten beiden Runden alle Arbeit an der Spitze machte. Mitte der letzten Runde erzählte ich Cayol, dass ich neu in solchen Dingen war. Wie wollten wir es machen, wollten wir eine Art Sprint daraus machen oder war es ihm lieber, dass ich alleine ankam, damit sein Ruf als Sprinter keinen Schaden litt? Er wollte, dass ich sprinte. Als ich dabei blitzschnell nach hinten schaute, ängstliche Spannung imitierend, und auch mit ein bisschen echter Angst vor Verrat, sah ich, dass er sich nicht die Mühe machte, Enttäuschung zu spielen. Natürlich, durchfuhr es mich: Er will zeigen, dass er nicht wirklich verliert. Ich warf meine Arme hoch und überfuhr triumphierend die Ziellinie. Als ich kurz darauf Cayol aufsuchte, um ihm das Geld zu geben, war das nicht mehr nötig. An der Art und Weise, wie ich den Sprint gewonnen hatte, hatte Garcia erkannt, dass ich den Sieg gekauft hatte, und war mir mit dem Bezahlen von Cayol zuvorgekommen.

Ich gab meine Blumen Frau Garcia, die entzückt war über meine Geste.

POMMES UND GLAUBEN (1982)

Bei meinem ersten Rennen in den Niederlanden wurde, während ich auf den Startschuss wartete, mein Interesse von einem Fahrer geweckt, der eine Tüte Pommes futterte. Es war Nationalfeiertag und es war dort in Raalte buchstäblich ein Kirmesrennen, mit Schießbuden, Karussells und am Start stand eine Frittenbude.

Weil ich so nervös war, erkannte ich nicht sofort die Bedeutung dieser Geste. Ich war schockiert. Monatelang hatte ich mich ganz genau an alle Vorschriften meines neuen Lebens gehalten: kein Eis, keine pflanzlichen Fette, kein Alkohol, kein Camembert mit fünfundvierzig Prozent Fett, sondern mit fünfunddreißig Prozent Fett. Ich nahm an, dass alle Fahrer das wussten. Was ich dort sah, bei meinem ersten Kennenlernen der Gruppe, zu der ich gehören wollte, war ein dreifacher Verstoß: das Frittierfett, die Mayonnaise und der Zeitpunkt.

Später entdeckte ich, dass Fahrer es toll finden, ihre eigenen Codes sozusagen zu brechen. Die Umkleiden strotzten immer nur so vor Liederlichkeit. Der eine hatte in der vergangenen Nacht bis um vier Uhr früh Party gemacht, ein zweiter entpuppte sich als praktizierender Weinkenner, ein dritter fragte dich nach dem Rennen, ob du Feuer für seine Zigarette hättest, erst recht, wenn er gut gefahren war.

Auch in der Literatur findet sich das wieder: Am Tag vor seinem ersten Profirennen, dem Omloop Het Volk 1969, hatte Roger de Vlaeminck den ganzen Nachmittag geschwommen. Schwimmen und Radsport sind wie Wasser und Feuer, das ist allgemein bekannt, und deshalb erzählte er es natürlich rum, als er gewann.

Es gibt so viele Ernährungsvorschriften wie Aberglauben. Die Fahrer, die ich in Frankreich kannte, wären hilflos gewesen ohne die Tüten Quittenmus in ihrer Trikottasche, Knetemann befahl mir persönlich Trinkjoghurt mit gestampften Keksen, und Anquetil musste absolut bei jedem Rennen fünfzig Kilometer vor Schluss eine Trinkflasche mit Champagner bekommen.

Man kann Rennfahrern alles vormachen. Eine Zeitlang ging das Gerücht um, dass eine Dosis frisches Sperma sehr nützlich wäre. Ich habe es in der Praxis nie gesehen. Wahrscheinlich brauchte man Spender dafür; das hätte der Institution des Domestiken eine zusätzliche Dimension verliehen.

Der vielversprechende Amateur Jimmy K. erzählte mir mal, wie er sich für die Niederländischen Meisterschaften 1975 auf ein neues Zaubermittel verlassen hatte und vierzig mit Kölnisch Wasser besprenkelte Zuckerwürfel runtergeschluckt hatte. Aber er hatte irgendwas falsch verstanden, oder jemand hatte ihn veräppelt, denn zwischen den Umkleiden und dem Start fiel er aus und war zwei Wochen lang schwer krank.

Letzte Woche fand ein Symposium zum Thema »Sport und Ernährung« statt. Mein Beitrag dort wäre gewesen, dass acht Jahre Radsport genug waren, um von jedem Nahrungsmittel mindestens ein Mal zu hören, dass es für ein gutes Ergebnis unentbehrlich ist. Außer Pommes frites. Ruud Bakker, der Mechaniker des Raleigh-Teams, enthüllte, dass man statt anabolen Steroiden genauso gut Sahnetörtchen essen kann. Sofort musste ich an »Molenploeg« denken: der Trainingstreff der Amsterdamer Fahrer. Jeder darf mitfahren, bis er abgehängt wird; im Winter kann das ein Peloton von sechzig Mann werden, mit allen Berühmtheiten aus der Umgebung. Auf dem Rückweg wurde Anfang der Siebziger immer bei einem Café in Bentveld angehalten, und zu meiner Überraschung wurden dort mehrere Dutzend »Bärenklauen« (Schokoladenschalen, gefüllt mit Sahne) unverhohlen über die Theke gereicht.

Manche Fahrer nahmen zwei davon. Ich fragte, ob sie nicht wussten, wie schädlich das war. Jetzt stellt sich heraus, dass sie wie die Babys aus einem bekannten Experiment waren, die bei jeder Mahlzeit ein Tablett mit allen möglichen Nahrungsmitteln vorgesetzt bekamen. Ziemlich schnell war klar, dass sie die guten Sachen auswählten, nicht das, was ihnen am besten schmeckte, sondern das, was sie brauchten, und auch noch in den richtigen Mengen. Mit diesen Bärenklauen waren meine Trainingskumpel also anabol.

Der einzige Spitzensportler auf dem Symposium, Gerard Nijboer, sagte, dass sich alles um Regelmäßigkeit dreht, auch wenn die regelmäßig zu sich genommenen Lebensmittel an sich weniger gesund sind. Das trifft den Nagel auf den Kopf. Vor langer Zeit interviewte ich die Schwimmtrainerin Wil van Breukelen. Schmunzelnd ließ ich ihren Satz »Mädchen mit lackierten Nägeln gewinnen nie« als Schlagzeile oben drüber stehen. Damals trieb ich selbst noch keinen Sport. Als ich das dann doch machte, begriff ich, dass sie recht gehabt hatte. Die lackierten Nägel verraten das Interesse an Dingen außerhalb des Sports – das Schlimmste, was dem Sportler als Sportler passieren kann. Relativierungsvermögen ist der Todfeind des Sports.

Das Geheimnis ist nun, dass es auch andersherum funktioniert. Wenn ein Mädchen wirklich bereit wäre, Wil van Breukelen zu glauben, dass ihre Chancen zu gewinnen kleiner sind, wenn sie ihre Nägel lackiert, dann vergrößert das ihre Chancen auf einen Sieg. Wenn man davon überzeugt ist, dass man eine Bärenklaue essen muss, um ein besserer Rennfahrer zu werden, dann hilft das. Wenn man davon überzeugt ist, dass man Bärenklauen meiden muss, hilft das auch. Es geht um den Glauben. Der Fahrer mit den Pommes frites glaubte an nichts. Er machte es aus Angeberei, er zeigte uns, wie relativ all diese verrückten Ernährungsvorschriften sind. Er hatte also von vornherein schon verloren.

Nachschrift 2015: Heutzutage widmen die Topathletinnen in fast allen Sportarten ihrem Äußeren viel Aufmerksamkeit. Und Schwimmen hat irgendwie damit aufgehört, schlecht zu sein für Radsportler.

NATURGESCHICHTE DES STURZES (1981)

Es ist ihnen nicht anzusehen, aber die Fahrer, die so fröhlich beim Startschuss warten, haben alle Angst vor einem Sturz. Schlimmer noch, sie sind davon überzeugt, dass es dieses Mal wirklich schiefgehen wird. In den Tagen vor meinem ersten normalen Rennen (das allererste war ein Zeitfahren gewesen) war mir übel vor Angst. Unterwegs dorthin erschien auf dem Tachometer meines Autos meine Kontonummer, ein entscheidendes Vorzeichen, dass ich nicht nur stürzen, sondern auch umkommen würde. Solche Vorzeichen gab es bei den meisten der 589 Rennen, die ich in acht Jahren gefahren bin.

Die Angst vorm Sturz ist ganz allgemein im Peloton, und real. In den Niederlanden kommt ungefähr ein Mal pro Jahr ein Fahrer in einem Rennen ums Leben. Über Stürze wird im Nachhinein nur geredet, wenn sie gut ausgegangen sind, über tödliche Unfälle hört man selten etwas. Trotzdem kennt jeder einigermaßen erfahrene Fahrer die Beispiele in seiner näheren Umgebung. Runde für Runde sieht man den Vater eines tödlich verunglückten Fahrers am Straßenrand stehen, oder neben einem im Peloton fährt auf einmal der Bruder eines anderen Opfers.

Statistiken über Stürze werden nicht erhoben. Selbst stürzte ich in meinen 589 Rennen insgesamt sechzehn Mal. Das ist umgerechnet ein Sturz pro 53 Rennstunden. War ich damit nun ein Kamikaze? (So nennen Fahrer in den Niederlanden Tollpatsche; das bekanntere Wort Cowboy meint eher wilde Fahrer im Allgemeinen.) Weil auch die Profis nicht viel darüber sprechen, gibt es nur wenig Vergleichsmaterial; man ist angewiesen auf zufällige Aussagen in Interviews. So weiß ich, dass Hinault in der Tour de France

1981 ein Mal stürzte. Sein Durchschnitt ist pro Saison drei oder vier Mal, meinte er, »aber manche kommen auf fünfzehn oder zwanzig«. Eine andere Quelle meldete, dass Maertens im Jahr 1981, der Saison seines Comebacks, fünfundzwanzig Mal stürzte. Wenn wir die Anzahl der Rennstunden eines Profis auf 750 pro Jahr festsetzen (eine Tour de France dauert 100 Stunden), dann war es also gar nicht mal so schlimm bei mir.

Fahrer, die nie stürzen, gibt es nicht und Vorsicht lohnt sich nicht. Knetemann wurde bei seinem bekannten schweren Sturz im März 1983 das Opfer doppelter Vorsicht. Auf einem Streckenabschnitt mit Kopfsteinpflaster ließ er eine Lücke, um eventuellen Stürzen vor ihm rechtzeitig ausweichen zu können. Nach dem Kopfsteinpflaster musste er die Lücke wieder schließen und darum schaltete er auf eine größere Übersetzung. Aber bevor er zum Sprint ansetzte, schaute er erst auf sein Hinterrad, um zu sehen, ob die Kette ordentlich spurte. Eine nicht spurende Kette kann lebensgefährlich sein: Sie springt unerwartet von den Ritzeln, du trittst ins Leere und stürzt. Knetemann stellte fest, dass seine Kette gut lief, schaute wieder hoch und sah ein geparktes Auto, dem er nicht mehr ausweichen konnte.

Wie vorsichtig er auch ist, wie gut er auch lenkt, ein Fahrer ist immer abhängig von anderen, und Meckerfritzen werden zurechtgestutzt mit dem Allgemeinplatz »Sorge dafür, dass sie hinter dir stürzen.« Es waren gemischte Gefühle, die mich überfielen, als ich hinter mir mal wieder die unverkennbaren Metallgeräusche eines Sturzes hörte und den Aufschrei des Entsetzens aus dem Publikum. Schon wieder ein Sturz vorbei ohne mich, war dann mein erster Gedanke, aber wenn es ein Kriterium war, fühlte ich beim Näherkommen zum Ort des Unheils in der nächsten Runde ein flaues Angstgefühl, dass dort noch Fahrer liegen würden. Diejenigen, die wieder aufgestanden waren, sah man sorgenvoll auf ihr Rad starren, denn ein anderer Allgemeinplatz lautet: »Bei dir heilt es von allein wieder, aber bei deinem Rad nicht.«

Für eine kleine Naturgeschichte des Sturzes bin ich angewiesen auf meine eigenen Erfahrungen. Fünf meiner sechzehn Stürze entstanden durch die Schuld eines anderen. Man bemerkt dann eine unnatürliche

Wellenbewegung im Peloton, die manchmal Fahrer hochschleudert wie in einer Meereswoge. Ganze Reihen gehen gleichzeitig zu Boden, die Straße wird versperrt und eigentlich muss man dann zwei Dinge gleichzeitig machen: bremsen und die Riemen der Pedalhaken lösen. Automatisch macht man das Erste, wodurch man unwiderruflich umfällt: der Soundsovielte in dem Massensturz. Aber das Tempo ist dann nah bei null und der Körper eines Fahrers ist weich, wenn man drauffällt: Der Schaden bleibt meist begrenzt auf die Anstrengungen der Jagd, mit der man versucht, zurück ins Peloton zu kommen.

Elf Mal war der Sturz meine eigene Schuld. Und dann spreche ich nur von den Malen, dass ich selbst stürzte, ich habe zweifellos Stürze verursacht, denen ich selbst nicht zum Opfer fiel. Ein Mal war die Ursache eine springende Kette. Zwei Mal stürzte ich, weil ich verkehrt lenkte und das Hinterrad des Fahrers vor mir berührte. Das ist im Gedränge eines vollen Pelotons auf die Dauer nicht zu vermeiden, aber meistens schafft man es. Es passierte mir mal im vollen Sprint. Zwischen der Berührung und der Erkenntnis, dass ein Sturz nicht mehr vermieden werden konnte, lag eine volle Sekunde Balancieren, in der ich zu einem objektiven Zuschauer geworden war, der neugierig war, wie es mit mir enden würde. Ich flog durch die Luft, es muss mein spektakulärster und gefährlichster Sturz gewesen sein. Ich hatte ein ziemliches Loch im Knie, aber konnte am nächsten Tag wieder fahren.

Alle acht übrigen Stürze hatten mit Kurven zu tun. Zwei Mal flog ich aus der Kurve durch ein zu hohes Tempo (beide Male bei Abfahrten), zwei Mal platzte mir der Reifen in einer Kurve und drei Mal wurde ich das Opfer von Fremdkörpern auf der Strecke: lose Kieselsteine, ein einsamer Pflaumenkern (kostete mich mal zwei Wochen lang Nichts-Tun), ein versteckter Ölfleck auf nassem Asphalt. Ein Mal schließlich wurde ich dermaßen überwältigt von dem Gefühl der guten Form, dass ich den Verlauf und die Nässe der Strecke vergaß und aus voller Macht attackierte, genau da, wo ich vor der nächsten Kurve hätte bremsen müssen. Ich erinnerte mich wieder daran, als die Sträucher schon auf mich zurasten. Bremsen hätte es nur noch schlimmer gemacht und mit einer gewissen Gelassenheit, betrübt über das Verlorengehen meiner Attacke, fuhr ich geradewegs in die Sträucher.

In meiner persönlichen Anthologie fehlen ein paar häufige Ursachen von Stürzen. Erstens Zebrastreifen, aufgemalte Richtungspfeile, Gullydeckel, im allgemeinen Dinge, die den Reibungskoeffizienten der Straße schlagartig verringern. Wenn es regnet, kann es dort so glatt sein wie Eis. Zweitens gibt es das, was Fahrer zusammenfassend »Hund auf der Strecke« nennen. Ein Hund springt auf einmal zwischen die Räder, du bist völlig machtlos. Oft kommt der Hund dabei um. Auch manche vom Publikum verursachte Unfälle gehören dazu. Als Fünfzehnjähriger war ich 1958 am Tor des Parc des Princes Zeuge, wie die Tourfahrer, Gaul in Gelb in ihrer Mitte, ins Stadion einfuhren. Eine halbe Minute später klang ein zehntausendfacher Aufschrei: Ein Bahnfunktionär im Innenraum hatte sich zu weit nach vorne gebeugt und wurde voll erwischt vom an der Spitze sprintenden Darrigade, der seine letzten zweihundert Meter fuhr. Später durfte Darrigade, vermummt als großer Turban, doch noch eine Ehrenrunde drehen. Davon gibt es berühmte Fotos, weniger bekannt ist, dass der Schuldige an den Folgen des Zusammenstoßes starb.

Eine andere häufige Ursache von Stürzen ist mir erspart geblieben (zumindest bei Rennen): Verkehr auf der Straße. Das sind die gefährlichen Unfälle, aber sie sind nicht kennzeichnend für den Radsport. Es sind Verkehrsunfälle und um die geht es jetzt nicht. Interessanter sind die *Freak Accidents*, die sich in endloser Variation wiederholen. Ich habe mir mal richtig doll wehgetan bei einem Sturz vom Hometrainer im Wohnzimmer. Es sind viele Ketten, Rahmen und Kurbeln in der Geschichte des Radsports gebrochen und meist führte das zu Stürzen, aber selbst habe ich (bei einem Trainingssprint) einmal einen gebrochenen Lenker miterlebt, ohne dass ich stürzte, und ich bewahre ein Foto des Belgiers Devos auf, der mit einem halbierten Lenker sogar als Gewinner aus einem Massensprint hervorgeht.

Und die Mode des glänzenden Benotto-Lenkerbandes hätte Zoetemelk 1980 seine Tour kosten können. Dieses Band hat weniger Luftwiderstand, aber auch weniger anderen Widerstand, und als Johan van der Velde während eines Anstiegs schalten wollte, rutschte seine andere, verschwitzte Hand darauf aus. Selbst blieb er, hin- und hergeschleudert, noch gerade so im Sattel, aber Zoetemelk, der hinter ihm fuhr, stürzte. Jeder Sturz *kann* das Ende einer Karriere bedeuten, Zoetemelk kam mit dem Schrecken davon.

Ziemlich viele Stürze passieren hinter der Ziellinie. Es können sogar Fahrer im Ergebnis eines Rennens auftauchen, bei dem sie gestorben sind; so etwas ist in der Ronde van Friesland in den sechziger Jahren passiert. Und es gibt einen Radsportunfall, der nur nach dem Ziel passieren kann und nur am Anfang der Karriere eines Fahrers. Nehmen wir an, dass er zum ersten Mal unter die ersten zehn gefahren ist und dass er euphorisch zu den Umkleiden zurückfährt. Dort bremst er – und fällt um wie ein losgelassener Besen. Vergessen, die Pedalhaken zu lösen, Gefangener seines Fahrrads. (Der Unfall ist ungültig, wenn nicht wenigstens drei erfahrene Fahrer anwesend sind, um ihn auszulachen.)

Willem van Dok, zweifacher Niederländischer Seniorenmeister, ein Mann mit einer Riesenerfahrung, nahm mal nach einem der vielen Rennen, das er gewonnen hatte, seinen kleinen Sohn in der Ehrenrunde auf die Stange vor sich. Er hatte auch Blumen in der Hand. Durch all dies geriet er aus dem Gleichgewicht, schützte das Kind und schlug voll mit seinem Kiefer gegen den Bordstein. Ich glaube, dass er zwei Wochen im Krankenhaus liegen musste, und es war sein letzter Sieg. Blumensträuße haben öfter Stürze in Ehrenrunden verursacht.

Die Folgen eines Sturzes hängen kaum mit der Art des Sturzes zusammen. Rivière, das junge Talent, flog einen Abhang hinab (Tour 1960), brach sich den Rücken und war sofort kein Rennfahrer mehr. Hinault, noch jünger, flog einen Abhang hinab (Dauphiné Libéré 1977), kletterte wieder raus, gewann die Etappe und die Dauphiné Libéré. Der Belgier Rik van Linden, der angewiesen war auf Massensprints und seine Unerschrockenheit, ist verschiedene Male in vollem Tempo gestürzt, aber ihm passierte nie etwas Ernsthafteres als ein paar Schürfwunden – als Merckx in der Tour von 1975 unterwegs vom Hotel zum Start ein wenig mit Ritter quasselte, hakten sich ihre Lenker ineinander, und er stürzte und brach sich den Kiefer, was ihn die Tour kostete.

Der eine stürzt siebzig Meter tief und ihm passiert nichts (Wim van Est, 1951), der andere (Emilio Richli, Schweizer Sprinter, 1934) fällt bei einem Stehversuch um und ist tot. Es ist diese Unberechenbarkeit, die dazu führt, dass die Angst vor Stürzen bei Rennfahrern nie wirklich verschwindet.

KENNEN SIE IHRE KLASSIKER (1983)

Aus dem Radsport entspringt jede Menge Journalismus, manchmal sogar Literatur. Seit Sonntag gibt es, mit nur minimalem Forcieren der Fakten, ein Beispiel, wie Literatur einen Radchampion hervorbringen kann.*

Vor etwa zehn Jahren lernte ich einen gewissen Frans Klardie kennen, der genau wie ich in der neu geschaffenen Kategorie der Sportklasse, einer Art B-Amateure, anfing Rennen zu fahren. Er hatte, wie viele Fahrer in den Pelotons, eine echte Radsportvergangenheit. Als er neunzehn war, hatte er etliche Rennen gewonnen, war für die Militärnationalmannschaft ausgewählt worden und in der Zeit unternahm er viel mit Ab Geldermans, der in der Nähe wohnte und lange (seit 1960) der einzige niederländische Gewinner von Lüttich–Bastogne–Lüttich gewesen war. Aber ich will es nicht zu bunt treiben.

Ich fuhr manchmal zusammen mit Klardie zum Rennen. Sein Auto lag voll mit Rädern, Werkzeug und Trikots, aber auch mit *Illustrated Classics*, Comicheften, in denen *Macbeth* und *Ilias* für Zehnjährige zugänglich gemacht werden. Dafür war er Vertreter.

In unseren Rennen fiel Klardie auf jeden Fall auf durch den Flair, mit dem er in einem Fantasietrikot mit seinem eigenen Namen drauf herumfuhr. Der Flair muss ihm auch beim Geschäftemachen geholfen haben, denn ich hatte ihn als Rennfahrer kaum aus den Augen verloren, da fand ich ihn schon wieder als Eigentümer des großen Zeitschriftenladens

* Steven Rooks hatte damals Lüttich–Bastogne–Lüttich gewonnen.

Univers an der Rozengracht in Amsterdam. Die gesamte moderne niederländische Literatur ist dort vorrätig.

Das Geschäft lief wie geschmiert, in einem Gebäude nebenan wurde ein Waschsalon eröffnet (Klardinette genannt, so ist er schon), es kamen andere Filialen von Univers hinzu und der Verkauf des gedruckten Wortes lief so erfolgreich, dass Klardie bald ein eigenes Univers-Radteam für Amateure sponsern konnte. Aus Liebhaberei, nachdem er ein paar Jahre zuvor seine eigene Radsportkarriere als Profifahrer beendet hatte, in einem vom Nachtclub Piccadilly gesponserten Operettenteam.

Es war also kein Wunder, dass Steven Rooks vor zwei Monaten verzweifelt gerade bei Klardie anklopfte. Was Rooks passierte, wird, wenn die Zeichen nicht trügen, eine klassische Sportgeschichte werden. Nach einer mehr als ordentlichen Halbsaison 1982 als Profi bei Raleigh wurde er, weil er überzählig war und auch ein wenig durch sein eigensinniges Auftreten, auf die Straße gesetzt. Um eine komplizierte Geschichte abzukürzen, lief es darauf hinaus, dass er laut Regelwerk verpflichtet war, einen niederländischen Sponsor zu haben, der ihm einen Minimallohn zahlte, damit er das ihm angebotene unbezahlte Praktikum bei dem französischen Team SEM würde annehmen können.

Ganz zum Schluss zog sich der auserkorene Mäzen zurück und so saß Rooks an einem Donnerstagabend bei Klardie mit der Aussicht, entweder am nächsten Sonntag für SEM ein Rennen in Südfrankreich zu fahren oder mit dem Radsport aufhören zu müssen.

Klardie wollte ihm, zusammen mit AGU-Sport aus Alkmaar, helfen, aber ermahnte Rooks, dass er besser zu Beckers gehen konnte, einem kleinen niederländischen Team, wo es auf der gleichen Grundlage einen Platz für ihn gab. Bei dem viel stärkeren SEM-Team freilich war die Chance groß, dass es bei dem Praktikum bleiben würde, in welchem Fall es mit Rooks als Rennfahrer vorbei sein würde; die Regeln erlauben so ein Praktikum nur ein Mal pro Saison. Rooks wählte SEM, denn die fuhren die Klassiker und die Tour. Darauf richtete sich seine Ambition nun mal. Dass er das schaffen würde, stand für ihn fest, und er verkaufte sein Auto, um eine einfache Fahrt mit dem Zug in den Süden bezahlen zu können.

Es gab nur einen Tag für alle Formalitäten, zu wenig für das Entwerfen, geschweige denn das Verwirklichen eines AGU-Univers-Trikots. Weil aber eine genaue Beschreibung der Kleidung (in der Rooks dann in den Niederlanden fahren sollte) im Vertrag stehen muss, gab AGU in der Eile ein Trikot des von ihnen gesponserten Stehers Kos mit und nahm Klardie eine Hose aus dem Schrank, auf der Univers stand. In dieser Kombination landete Rooks auf seinem einsamen, hölzern posierten Werbefoto. Er erwies sich des in ihn gestellten Vertrauens mehr als würdig; schon ein paar Tage bevor er Lüttich–Bastogne–Lüttich gewann, bekam er einen richtigen Vertrag bei SEM, *mit* Gehalt.

Weil AGU das Trikot stellte, das jetzt einmal mehr ins Auge springt, wird das Unternehmen nun in allen Geschichten als Retter eines großen Talents aufgeführt und droht Klardies Anteil unterzugehen. Dass die Literatur für die Hose gesorgt hat, wollte ich hiermit nachträglich festhalten. (»Aber am besten nimmst du die Ärmel«, sagt Klardie. »Die sieht man immer, auch wenn sie nicht gewinnen.«)

HUTSEBAUT, DER TRAURIGE (1983)

Vor zehn Jahren gab es im niederländischen Fernsehen einen Krankenhaussketch, in dem eine Schwester Knetemann vorkam. Gerrie Knetemann war da noch Amateur, aber sein Name blieb scheinbar schon hängen. Es ist in der Tat ein eisenstarker Name und ein nicht auszurottender Bestandteil seines Ruhms. Die gesamte Spitze des Raleigh-Teams hat das: Jan Raas ist ein so perfekter Name für einen Radsportler, dass man es blöd finden würde, wenn er in einem Jungsroman so hieße, und ein Peter Post wird immer und überall ein tüchtiger Kerl sein.

Der traurigste Name im modernen Radsport ist unzweifelhaft Hubert Hutsebaut. Wer so heißt, kann jeden Gedanken an Stromlinienform oder Souplesse fallen lassen. Schon alleine das »baut«; »er fuhr wie ein Bügeleisen« (»strijkbout« auf Niederländisch) ist ein tief im Radsport verankerter Begriff für »er kam nicht vorwärts«. Vielleicht wäre das Elend noch überschaubar gewesen, wenn seine Eltern ihn Willem genannt hätten.

Vor kurzem sah ich in einem belgischen Sportmagazin das jahrelang vage an mir nagende Mysterium enthüllt, was Hutsebaut nun eigentlich war. Ich wusste nur, was mir ein Bekannter mal erzählt hatte: 1972 war ein völlig unbekannter Fahrer, also Hutsebaut, aus dem Nichts aufgetaucht; er hatte Merckx und alle anderen in einem großen Rennen geschlagen, um sofort, und endgültig, von der Bildfläche zu verschwinden. Ich kannte den Erzähler nicht als Radsportexperten und selbst hatte ich nie von Hutsebaut gehört, so dass ich lange dachte, dass es um einen Witz oder eine Mystifizierung ging, aber beim Blättern durch das gerade erschienene Jubiläumshandbuch von *Vélo* (alle Ergebnisse aller Rennen aller Zeiten) begegnete ich

Hutsebaut als Gewinner von sogar zwei belgischen Rennen 1972, beide mit Vergangenheiten voller illustrer Namen. In dem wichtigsten, dem E3-Preis (fast ein richtiger Klassiker), waren Merckx und Godefroot Zweiter und Dritter geworden.

Jetzt weiß ich, dass Hutsebaut damals vierundzwanzig Jahre alt war. Und dass er ein paar Monate nach seinen großen Triumphen aufhörte, nicht wegen einer Verletzung oder etwas Ähnlichem, sondern weil er keine Lust mehr auf Radsport hatte. Auf den Fotos zum Artikel ist er noch hässlicher, als sein Name vermuten lässt; ein großer knochiger Kerl mit langen Zähnen in einem großen Gesicht, Ohren, mit denen man segeln kann, und eine Brille. Jegliche Harmonie fehlt ihm.

Hutsebaut, aus einem einfachen Arbeitermilieu stammend, muss ein trübsinniger Einzelgänger gewesen sein, der, und das ist der Kern seiner Geschichte, die Gesetze der Radsportwelt, bevor er sie anwendete, erst noch an seinem Gewissen zu prüfen wünschte. Er war ein mittelmäßiger Amateur, der 1969 Profi wurde, um das auch mal miterlebt zu haben. Im ersten Jahr gab ihm sein Sponsor Flandria nur Material, im zweiten Jahr, weil er gut gefahren war, einen richtigen Vertrag mit vierhundert Gulden pro Monat. Flandria war auch das Team von Monseré, der 1970 Weltmeister wurde. Als Hutsebaut und er nicht lange danach zusammen in einer Spitzengruppe landeten und der Weltmeister ihm auftrug, den Sprint für ihn anzuziehen, verlangte Hutsebaut Geld dafür. Monseré sagte, dass er sein Gehalt schon bekam, aber Hutsebaut fand, dass Flandria für das, was man ihm zahlte, kein Recht hatte auf solcherlei Aufopferungen.

»Dann werde ich dafür sorgen, dass du zurück musst in die Fabrik«, sagte Monseré, aber das war Hutsebaut egal, der hatte neben den Rennen sowieso weitergearbeitet. Monseré hielt sein Wort und so fuhr Hutsebaut in der Saison 1971 für zweihundert Gulden pro Monat, einen Betrag, für den er zudem noch mit dem Bier seines neuen Sponsors in den Kneipen hausieren gehen musste. Stark fuhr er durchaus. Er gewann eine Etappe in der Spanien-Rundfahrt mit zehn Minuten Vorsprung, was sein Gehalt für 1972 mit einem Mal hochschnellen ließ auf sechshundert Gulden pro Monat. In der Saison gewann er also seine zwei großen Rennen kurz hintereinander. Im E3-Preis bildete er mit Merckx und Godefroot die Spitzengruppe, aus der ihn selbst ein platter Reifen nicht vertrieb. Die zwei Stars attackierten noch, aber Hutsebaut kam zurück und sie fanden sich dann halt mit seiner Anwesenheit ab, denn sprinten konnte er sowieso nicht.

Aber: »Wer stramme Beine hat, muss sich auch trauen, das zu zeigen«, sagt Hutsebaut jetzt. Während Merckx und Godefroot im Schatten einer Reihe Zuschauer in den Augen des anderen versanken, fuhr Hutsebaut, mitten auf der Straße und quer durch den Wind an ihnen vorbei und gewann. Auf dem Zielfoto guckt Merckx, zwei Längen dahinter, entsetzt in seinem Regenbogentrikot. Und Hutsebaut, aus Ungläubigkeit, oder aus Angst, dass er bei einer solchen Geschwindigkeit freihändig aus dem Gleichgewicht kommt, jubelt nur mit einem Arm.

Vier Tage später wurde Hutsebaut eine Nationalfigur, indem er schon wieder ein großes flämisches Rennen gewann, jetzt die Elfstädterundfahrt, mit Start und Ziel in Brügge. In einer Spitzengruppe von zehn Mann, voll großartiger Sprinter, fuhr er einen halben Kilometer vor dem Ziel gelassen am letzten Rad, als ein Polizist die Fahrer in die falsche Richtung schickte. Hutsebaut, auf seinem vorteilhaften Ausguckposten, konnte als Einziger den Irrtum vermeiden und gewann.

Dabei blieb es. Als er in den darauffolgenden Monaten schlechter fuhr, seinen Monatslohn nicht bekam und ein paar Mal bei Absprachen von anderen Fahrern betrogen wurde, fand Hutsebaut, gerade fünfundzwanzig Jahre alt, dass es genug war: In der Fabrik konnte er mehr und ein sicheres Gehalt verdienen.

Später ist er doch wieder seinen eigenen Weg gegangen und jetzt verdient er sein Geld mit zwei Berufen, die er sich durch »Selbstentwicklung« angeeignet hat. Er ist Kunstmaler und außerdem ein »Equilibrist, dessen Gleichgewichtstricks das Publikum begeistern«.

Ich sehe Hutsebaut vor mir auf der Bühne, balancierend auf einem Einrad.

DER MENSCH UNTER DEM FAHRER (1983)

Nie wäre es mir in den Sinn gekommen, dass die Strecke eines Etappenrennens neben der abstrakten Reihenfolge von Bergen und flachen Straßen auch eine praktische Bedeutung haben kann. Die diesjährige Italien-Rundfahrt startete im Norden. Einer der wenigen niederländischen Teilnehmer war der zweiundzwanzigjährige René Koppert, der für das italienische Team Termolan fährt. Vor dem Start der ersten Etappe, so stellt sich nun heraus, hat Koppert Kollegen und Verfolgern die Augen ausgestochen, indem er sich mit einer »bildhübschen, prächtig gekleideten italienischen Schönheit« zeigte (*Gazet van Antwerpen*). Das Rennen trennte sie voneinander. Koppert fuhr von ihr weg in den Stiefel hinein, und nach einiger Zeit stückchenweise wieder zu ihr hin. Letzten Donnerstag kam er in Parma an, nah am Startort und also auch nah bei ihr. In Parma fand ein Zeitfahren statt. Koppert, dessen Ruhm auf seinen Zeitfahren beruht, wurde Neunzehnter. Nach dem Ende wurde er vom Reporter des *Het laatste Nieuws* mit »einer hübsch gemeißelten Göre« in einem Restaurant gesehen.

Noch etwas später schaffte Koppert es mit einer Ausrede, die Schlüssel des Teamwagens zu bekommen, und damit verschwand er. Erst abends um zehn Uhr kam er wieder ins Hotel, wo er seinem Teamleiter begegnete, den er um etwas zu essen bat, denn er »schielte schon vor Hunger«. Er wurde fristlos entlassen.

Zu Recht natürlich. Sex und Sport gehen sehr gut zusammen. Aber wer sie auch kombinieren *will*, ist eindeutig nicht verrückt genug, um bei etwas Unsinnigem wie Radsport zu glänzen. Es wird hinzugekommen sein, dass der Teamleiter ein Italiener ist, also von früh an das Wort von Binda eingeflößt bekommen hat, einem der größten italienischen Champions aus der Vergangenheit. Und Binda erklärte seine Erfolge aus dem Sachverhalt heraus, dass er nur ein Mal im Jahr mit seiner Frau schlief.

Gehen Sport und *Liebe* zusammen? Durch die Geschichte von Koppert musste ich an Muriel denken, die für mich, noch gerade im letzten Monat meiner Radsportkarriere, die Antwort wurde auf diese Frage.

Das war 1980, in der Tour du Var, einem Etappenrennen für Senioren in der Gegend von Hyères. Muriel trug eine so unschmeichelhafte Brille, sie war so dick und ich war so sehr erfüllt von anderen Dingen, dass es Tage dauerte, bevor ich sah, wie lieb und wie sexy sie war.

Sie war ungefähr dreiundzwanzig, Masseuse von Beruf und vor allem: meine Teamleiterin. Über das Massieren war sie in der Tour du Var gelandet, sie war schon seit Jahren mit dabei, hatte Ahnung vom Radsport bekommen und nun war sie sogar Fahrerin des Begleitwagens des unorganisierten Häufchens »Internationale A« geworden, wo ich eingeteilt war. Weil ich dort der Einzige war, dem es gelang, sich in Spitzengruppen zu mischen, fuhr sie tagein, tagaus stundenlang hinter mir her.

»Wenn ich dich nicht hätte, müsste ich hinter dem Peloton fahren und das ist so nervig«, sagte sie. Und wenn nach der Etappe meine Beine mit Kölnisch Wasser gewaschen und wieder zur Erholung massiert werden mussten, hatte ich sie für mich allein.

Es sprach denn auch für sich, dass Muriel meine persönliche Begleiterin beim Zeitfahren wurde, das auf einer Strecke entlang des atemberaubend schönen und tiefen Gorges du Verdon stattfand, mit Start und Ziel im Ort Aiguines, hoch oben gelegen an der Wand der Schlucht.

Sie hatte sich in den Kopf gesetzt, dass mir nichts passieren würde. Weil Rennen auf dem Niveau der Tour du Var mit normalem Verkehr auf der Strecke bestritten werden, hieß das, dass sie, hinter mir fahrend, weit vor jeder Kurve ihre Hupe drückte und sie gedrückt hielt, bis nichts mehr in Sicht war, was auch nur annähernd einer Kurve ähnlich sah. Sehr effektiv, aber leider hatte es eine unangenehme Nebenwirkung. Dass man sich mit einer heulenden Sirene nicht neben einen Schachspieler stellen muss, spürt wohl jeder, aber dass man auch die Konzentration eines Radrennfahrers und damit den Rhythmus stört, indem man quer durch seinen Kopf hindurch hupt, das liegt scheinbar weniger auf der Hand.

Während des furchtbaren, sieben Kilometer langen Anstiegs zurück nach Aiguines überlegte ich, sie mit einer Geste um Stille zu bitten, aber mit einem Mal drang die Bedeutung des Geräuschs zu mir durch. Es war keine Botschaft für den Gegenverkehr, sondern für mich. Ein Urruf, wie von einem Wal an einen verwandten Artgenossen, weit weg unter dem Meeresspiegel, nur etwas lauter.

Kurz darauf lag ich auf Muriels Massagetisch, den sie für diese Gelegenheit mitten auf dem staubigen Dorfplatz aufgestellt hatte. Es war ein Nachmittag mit erfrischender Wärme und im Schatten der Platanen schaute ich über den Stausee am Ende der Felsspalte, wo, gerade so erkennbar, Segelboote und Kanus in einem diesigen Licht schaukelten.

Muriel holte das Ergebnis und teilte mir verschleiert mit, dass ich in der Gesamtwertung vom vierten auf den siebten Platz abgerutscht war. Danach begann sie mich zu massieren und das tat sie göttlich. Ich wusste, dass nie etwas zwischen uns passieren würde und dass ich mich im romantischsten Moment meiner Radrennlaufbahn befand.

EIN STOCK IN DEN SPEICHEN (1983)

»Mann mit zwei Herzen hat seinen Rasen gemäht«; »Zwei Astronauten machen erfolgreiche Notlandung mit Sportflugzeug«; »Britische Minister leugnen, mit Shirley MacLaine geschlafen zu haben«; das alles berichtet meine belgische Montagszeitung und vermisse ich in der niederländischen Zeitung.

Auch vermisse ich dort, dass durch ein »Leck« (merken Sie sich das Wort noch kurz) bekannt wurde, dass am Ende der Italien-Rundfahrt ein misslungener Anschlag verübt wurde auf den Träger des Rosa Trikots, Saronni. Ein Ober des Hotels, wo er übernachtete, wurde von einer Herrschaft (immer eine Herrschaft) angesprochen, die ihm Geld dafür bot, ein Abführmittel in Saronnis Suppe zu mischen. Der Mann »soll Verbindungen haben« zu Inoxpran, dem Sponsor von Visentini, Saronnis letztem übrig gebliebenen Rivalen.

Sofort gehen meine Gedanken dreißig Jahre zurück, als meine Kinderseele, von fairem Sport erfüllt, einen Schock verarbeiten musste. Übeltäter war Teil 2 des Comics über den Wundermittelstürmer Kick Wilstra. Kicks Club Victoria muss darin ein Entscheidungsspiel um die Niederländische Meisterschaft spielen.

Am Tag vor dem Spiel bekam Kick Besuch von einer unbekannten Herrschaft, die ihm ein verblüffendes Angebot machte.

»Wir bieten Ihnen einen Betrag von 600 Gulden, wenn Sie bereit sind, an einem Sieg von Saturnus mitzuarbeiten.«

»Waaas!??!«

Kick konnte seinen Ohren kaum glauben!!

(Hier musste der Zeitungsleser einen Tag warten.)

»Raus! Elender Bestecher!!«

So groß war seine Entrüstung, dass er den glitschigen Typen innerhalb weniger Sekunden auf die Straße geworfen hatte!

Ich war entsetzt. Es wäre mir nie in den Sinn gekommen, dass derartige Dinge möglich waren. Eine Welt brach zusammen, und dass der glitschige Typ so äußerst selten ans Tageslicht tritt, hat das nicht wiedergutmachen können. Aber *wenn* er es macht, will ich mehr von ihm erfahren, als dass er ein dummes Hütchen trägt, das runterfliegt, wenn Kick Wilstra ihn aus der Tür rausstößt. Der Saronni-Zwischenfall bot dafür eine wundervolle Chance, die dank der den italienischen Sportzeitungen innewohnenden Gründlichkeit auch genutzt wurde: *La Gazzetta dello Sport* widmete dem zwei Seiten.

Das Schlusszeitfahren des Giros führte Sonntag von Gorizia nach Udine. Am Freitagabend davor, um zehn Uhr, erschien eine in einen zweireihigen Anzug gesteckte Herrschaft in einem großen Wagen beim Hotel Internazionale an der Via Trieste in Gorizia, wo Saronni einen Tag später sein Lager aufschlagen würde. Der Herr sprach einen Ober und den Pizzabäcker des Hotels an, die draußen miteinander redeten, und machte ihnen »ein erstaunliches Angebot«: Ob sie jeder eine Million Lire (2.500 Gulden) verdienen wollten. Die zwei sagten, dass das davon abhänge. Der Mann fuhr fort: »Es ist nur eine kleine Aufgabe, ihr braucht nur ein paar Tropfen dieses Zeugs in die Suppe von Saronni zu geben.« Und er holte zwei Fläschchen Guttalax hervor.

Ein gesonderter Artikel (»Die Meinung des Arztes«) geht auf das Guttalax ein: ein starkes Abführmittel. Es erscheint mir wohl ausreichend, wenn ich aus dem italienischen Wörterbrei den Begriff *diarrea profusa* hervorhole. Bei übermäßigem Gebrauch könnte sogar eine Notaufnahme im Krankenhaus notwendig werden.

Während der Ober den Mann weiter beschäftigte, rief der Pizzabäcker einen Freund an, der Polizist ist und der, nachdem er rasch Zustimmung seiner Vorgesetzten bekommen hatte, zum Hotel kam, wo er sich als Kollege des Obers ausgab. Wenn er *auch* eine Million bekäme, sagte er, würde er mitarbeiten. Der Bestecher gab ihm tatsächlich eine Million Lire, woraufhin der Polizist seinen Ausweis zeigte und ihn festnahm. Nach einem ersten Verhör wurde er vorläufig freigelassen, aber die Million und die zwei Fläschchen Guttalax wurden beschlagnahmt.

Ein separater Artikel berichtet direkt aus dem Wohnort dieses archetypischen glitschigen Typs. Er heißt Giovanni Arrigoni und ist sechsundvierzig Jahre alt. Er hat drei Brüder, von denen einer Berufsrennfahrer war. Die Arrigonis sind Autohändler und angesehene Bürger. Aber Giovanni besitzt außer zwei Autohäusern auch eine kleine Fabrik, wo Fahrradfelgen und Speichen gefertigt werden.

Hier wird endlich das vage »jemand aus den Reihen von Inoxpran« klar. Inoxpran verwendet Fahrräder der Marke Battaglin; das Battaglin-Rad ist ausgestattet mit Speichen von Arrigoni. Und nun vor allem nicht zu schnell schlussfolgern. Auch ich dachte zuerst: Arrigoni hatte sich vorgenommen, bei Gelingen seines Plans zur Geschäftsführung von Inoxpran zu gehen und ihnen zu enthüllen, dass sie Visentinis Giro-Sieg ihm zu verdanken hatten. Und ob sie jetzt aber ein paar Speichen mehr einkaufen würden!

Aber das ist nicht logisch. Wie viele zusätzliche Speichen muss man verkaufen, bevor man das Bestechungsgeld für zwei Ober und einen Pizzabäcker wieder verdient hat? Es ist einfacher, denke ich. Auch einem glitschigen Typen kann das Recht auf eine ehrliche Sportverrücktheit nicht verweigert werden. Was Arrigoni wollte, wovon er träumte, wofür er alles geben würde, war, dass jemand den Giro mit *seinen* Speichen gewinnen würde.

STEAK CAUBERG (1981)

Es kann nur zwei Gründe geben, warum ich kein richtiger Rennfahrer gewesen sein sollte: Ich habe nie vor einem geschlossenen Bahnübergang gewartet und ich bin nie bei einer Dopingkontrolle gewesen. Bei meinen Rennen wurde manchmal kontrolliert, aber es schien, als würden diese Rennen mit mehr Einsatz bestritten werden, und ich habe mich nie für die Kontrolle qualifizieren können. Einmal wurde ich Zweiter in so einem Rennen und dann stellte sich heraus, dass die Nummern eins, drei und fünf kontrolliert wurden, so dass ich mal wieder mutterseelenallein urinieren musste.

Auch wenn ich in acht Jahren keinen einzigen nachgewiesenen Fall miterlebt habe, ich zweifle nicht daran, dass es sogar auf meinem Niveau, erst Sportklasse, später Senioren, Fahrer gab, die Doping verwendeten. Gerüchte gab es immer. So brauchte man »bei Dingsbums nur ein Streichholz dranzuhalten und er würde explodieren«, und »was fuhr X stark heute, der wird wohl die Apotheke überfallen haben«.

Rennfahrer trainieren meistens zusammen in großen Gruppen aller Kategorien durcheinander; vor allem auf diese Art und Weise muss ich zig Stunden mit allen Sorten von Fahrern gesprochen haben, und Doping nahm in diesen Gesprächen keinen wichtigen Platz ein.

Merckx, Übersetzungen, Taktik, Trainingsmethoden und vor allem die eigenen Leistungen und die von gemeinsamen Bekannten waren die vorrangigen Themen. Doping beschäftigt die Fahrer nicht, bekam ich den Eindruck. Es wird auch an mir gelegen haben, denn ich sprach lieber über Übersetzungen und Rekorde als über Diäten, und in dieser Ecke liegt auch das Interesse für Doping.

Doch wurde wiederum genug über Doping geredet, um klarzumachen, dass man mir gegenüber, jemandem, der für Zeitungen schrieb, keine Scheu oder Angst fühlte. Im Gegenteil: Als ich mal irgendwo in Brabant von ein paar mir bekannten Fahrern eingeladen wurde, mich zusammen mit ihnen in einer Privatwohnung umzuziehen, wurde dort auf einmal die Injektionsnadel herumgereicht, das einzige Mal in acht Jahren, dass ich das miterlebt habe. Ich kannte sie als gesellige Kameraden und mittelmäßige Fahrer und in diesem Rennen ließ ich sie alle hinter mir, aber das brauchte ich nicht, um ihr Gespritze im richtigen Licht zu sehen.

Dass die Funktionäre des Radsports dazu nicht in der Lage sind, stellte sich beim Odijk-Skandal heraus. Nach einem Rennen über neunundfünfzig Kilometer für Senioren in Odijk (an dem ich auch teilnahm) wurde von einem Kantinenchef im Spülkasten der Toilette einer Umkleide eine leere Injektionsspritze gefunden. Er schrieb darüber einen Brief voll aufrichtiger Empörung an die Redaktion von *Wielersport*, dem offiziellen Verbandsorgan. Statt dem Mann einen schulterklopfenden Brief für seine Sauberkeit zu schicken, druckte die Redaktion diesen Brief und leerte noch mal einen eigenen Spülkasten an Zorn darüber aus. Wie menschenunwürdig es doch war, dass sich diese Geschwulst bis in diese angeblich so sauberen Tiefen des Radsports hineingefressen hatte.

Natürlich landete dieser Zwischenfall sofort in der Zeitung *De Telegraaf*. Radsport? Doping! Der einzig wirkliche Täter war natürlich die Redaktion von *Wielersport*, die den Radsport hätte beschützen müssen gegen ungerechte und dreckige Beschuldigungen von außen. War es denn so schwierig einzusehen, dass ein etwas in die Jahre gekommener Junge ganz allein auf der Toilette gespielt hatte, er wäre ein richtiger Rennfahrer?

Man kann sich ansonsten höchstens fragen, was der Nutzen von Doping bei solchen kurzen Rennen sein kann. Ich kenne dazu nur ein Experiment und das wurde vor mehr als zehn Jahren von Jean Nelissen und Trino Flothuis unternommen, die in der *Haagse Post* darüber schrieben.

Sie fuhren den Cauberg hoch, notierten ihre Zeit, ruhten sich aus, verzehrten ein Steak, setzten sich eine Spritze Pervetin und machten das danach noch mal. Sie waren beide schneller!

Man braucht kaum wissenschaftlich geschult zu sein, um sofort zu erkennen, dass es das Steak war, das diesen Effekt verursachte. Nelissen und Flothuis hätten sich die Mühe sparen können, denn alle wissen auch so, dass man mit leerem Magen schlecht Sport treiben kann. Ohne dieses Steak wären sie den Cauberg gar nicht mehr hochgekommen! Das Pervetin kann als Faktor vernachlässigt werden, denn jeder mittelmäßig bis untrainierte Radfahrer (was Nelissen und Flothuis damals waren) fährt so einen Hügel nach einer Stunde Ruhe wesentlich schneller hoch als beim ersten Mal.

COL D'UGLAS (1983)

Ich fühlte einen bekannten bittersüßen Schmerz, als ich Freitag in *L'Équipe* eine Buchstabenkombination erkannte, die ich so oft am Rande der Bewusstlosigkeit gelesen hatte: Uglas. »Er ist nicht wirklich Angst einflößend, dieser Uglas«, stand da. Doch hatte Bernaudeau auf dem Col d'Uglas die Gelegenheit gesehen, um, auf den Fersen gefolgt von Zoetemelk, auszureißen, wodurch er zum vierten Mal in Serie den Midi Libre gewann.

Wenn ich versuche, herauszufinden, wie ich dazu kommen konnte, acht Jahre lang mit Herz und Seele Radrennfahrer zu sein, erinnere ich mich vor allem an einen Moment aus dem Sommer 1971. Eine Freundin hatte mich zum ersten Mal mitgenommen nach Anduze, einen Ort in den Cevennen in Südfrankreich. Bei einer Rundfahrt landeten wir zwischen St. Jean-du-Gard und Alès auf einem kleinen Berg, wo wir ein wenig in der Sonne saßen und die Aussicht genossen. Ich konnte den Fuß des Berges sehen und dort erschien ein Radrennfahrer, in einem roten Trikot. Er verschwand wieder, tauchte ein paar Mal in immer höheren Schleifen hinter den Tannen auf und nach einiger Zeit fuhr er an uns vorbei. Die Hände auf dem Lenker, stark und ruhig; alles, was man in dieser stehenden, versengenden Hitze hörte, war der Kies unter seinen Rädern, und das Einzige, was er zurückließ, war die plötzliche, überwältigende Sicherheit, dass ich auch Radrennfahrer werden würde.

Als ich anderthalb Jahre später mit meinem Fahrrad nach Anduze zog, war denn auch das Erste, was ich tat, zu diesem kleinen Berg zu fahren. Ich versuchte, mein Tempo abzustimmen auf die Zeit, die ich es würde durchhalten müssen, aber nach einer viertel Stunde brauchte ich meinen letzten

Rest Kraft, um die Pedalhaken zu lösen. Halb liegend, halb sitzend, am Rande des Abgrunds erlebte ich zum ersten Mal, was für ein Genuss es ist, Stück für Stück aus dem Tod aufzuerstehen. Als ich nach etwa fünf Minuten wieder auf meinen Beinen stehen konnte, markierte ich die Stelle, indem ich einen halb verkohlten Ast gegen einen Hundertmeterpfosten stellte und einen Tannenzapfen drauflegte. Der Tannenzapfen hat dort zwei Jahre gelegen, der Stock ist vier Jahre stehen geblieben.

Es stellte sich heraus, dass der Anstieg nach meinem Zusammenbruch noch anderthalb Kilometer dauerte, die ich überraschend frisch zurücklegte – eine Demonstration im Kleinen, dass Leiden, wenn es wirklich tief geht, das beste Training ist. Oben sah ich, dass der Berg, den ich erklommen hatte, Col d'Uglas hieß (Alt. 539 m).

Der Col d'Uglas liegt an der D160 und wird in Richtung Alès erklommen. Vom Fuß (die Stoppuhr wird an der Kreuzung mit der D50 in der Höhe des Wegweisers gedrückt) bis zum Gipfel (dort ist ein Strich) ist er 5,615 km lang und 322 Meter hoch, was eine Durchschnittssteigung von 5,7 Prozent bedeutet. Der Anstieg ist sehr gleichmäßig. Na dann, keiner, der Angst einflößt.

Ich habe ihn im Laufe der elf Jahre neunundsechzig Mal erklommen. In meinen Listen mit Zeiten und Zwischenzeiten spiegeln sich ein paar Geheimnisse des Sports wider. Monatelanges Gefeilsche mit dir selbst um Sekunden, dann unbemerkt und unerwartet eine Rekordsteigerung um eine Minute und ein paar Tage später noch mal. So kam ich, nachdem ich um die 21 Minuten begonnen hatte, in meinem zweiten Jahr auf einmal auf 15:32. Es ist eine eigenartige Freude, die man dann fühlt, halb tot und völlig allein. Meine Stoppuhr war wochenlang unbrauchbar, denn es verstand sich von selbst, dass ich die Zeit stehen ließ.

»Fünfzehn zweiunddreißig«, so lauteten auch die Worte, mit denen ich ein paar Tage später Kléber begrüßte, als ich ihn bei einem Rennen traf. Kléber wohnte in Alès, war mein Trainingskumpel und ich wusste, dass auch er ein Uglas-Fanatiker war und dass sein Rekord 15:46 betrug.

Das war im April. Im Oktober, ich war da wieder in Amsterdam, bekam ich einen Brief von Kléber, der den Eindruck erweckte, nur deshalb sieben

Seiten lang zu sein, damit er so beiläufig wie möglich anmerken konnte, dass er den Uglas-Rekord jetzt auf 15:11 geschraubt hatte. Jahre später, als wir uns gut kannten, hat er mir mal sein Uglas-Archiv gezeigt, eine Zigarrenkiste mit Karteikarten, auf denen die Daten, Zeiten, Zwischenzeiten, verwendeten Übersetzungen und viele andere Angaben seiner Uglas-Fahrten standen. Auf Nachfrage hat er mir einen Auszug geschickt, mit allen seinen Zeiten unter sechzehn Minuten.

Mit den 15:11 war definitiv ein Geltungsstreit entfacht, in dem wir beide ehrlich blieben; für die Zulassung eines Rekords war Anwesenheit des Urhebers ausreichend. Viele, viele Versuche misslangen, auch seine; vier Jahre blieb Klébers 15:11 bestehen. Aber am 30. Juni 1978, fünf Jahre nach meiner ersten Uglas-Fahrt, kam ich auf 14:56. Darauf hatte Kléber nie eine Antwort.

Was ich nun natürlich wissen will: Fuhr Bernaudeau schneller? Wahrscheinlich schon, obwohl er und Zoetemelk schon hundertfünfzig Kilometer hinter sich hatten. Wie viel schneller denn? L'*Équipe* gewährt diesen Service nicht. Meine einzige Vergleichsmöglichkeit ist ein stark besetztes Amateurrennen, das ich einmal über den Uglas habe kommen sehen und dessen Spitzengruppe (mit Patrick Bonnet, der kurz darauf eine gestandene Profikarriere beginnen sollte – in diesem Midi Libre wurde er Siebter) ich bei 16:00 stoppte. Aber auch sie hatten da schon viele Stunden auf dem Rad gesessen.

Ich will viel mehr wissen. Wie schnell würden die größten Profis einen solchen Anstieg als Zeitfahren bestreiten? Ist meine Schätzung von 12:15 realistisch? Wievielter würde ich, bei hundert Teilnehmern, mit meiner besten Zeit werden?

Ich werde warten müssen, bis ich The Great Gatsby bin. Dann bezahle ich der Tour de France was nötig ist, um den Col d'Uglas als Bergzeitfahren auftreten zu lassen. Ich werde Kléber nicht warnen, er wird die Werbung rund um den Uglas bemerken und von selbst begreifen, dass ich dafür verantwortlich bin. Wir begegnen uns dann von ganz allein auf unserem Berg.

LISTENLIEBE (1982, 2015)

Ich habe mal einen unfassbaren Stapel Kassenbücher zugeschickt bekommen, in denen ein verstorbener Radsportliebhaber eine »Weltgesamtwertung Aller Zeiten« berechnet hatte. In einem Moment der Unachtsamkeit muss er sich vorgenommen haben, alle Rundfahrten, Klassiker, Etappenrennen, Meisterschaften und Kirmesrennen mit einer ausgewogenen Punktwertung zu versehen und die von jedem Rennfahrer gesammelten Punkte zu berechnen – ein Vorhaben, dem er sich den Rest seines Lebens verpflichtet hatte und woraus, wenn ich mich gut erinnere, hervorging, dass Merckx der Beste von allen gewesen war.

Ich finde das eine legitime Form der Radsportliebe. Seit dreißig Jahren kennt die Radsportwelt die Handbücher *Vélo* des Belgiers René Jacobs, die jährlich erscheinen und in denen Tausende Listen stehen, mit Rennfahrern, Ergebnissen, Daten und Rekorden. Wer wissen will, wer 1926 Dritter bei der Coppa Placci wurde, findet das darin (es war Mario Pomposi). In der Seniorenmeisterschaft von Portugal 1982 wurde der neunte Platz von T. Timoteo erreicht. Ich kann mir diese Listen stundenlang ansehen, obwohl ich bezweifle, dass das viel Gutes über mich enthüllt.

Die Tour de France liefert jeden Tag ein paar neue Listen, aber als ich ungefähr zwölf war, ging mir das zu langsam. Ich machte mir ein Spielbrett mit genauso vielen Spielfeldern, wie die erste Etappe Kilometer zählte, schnitt Zettel mit den Namen aller Rennfahrer darauf aus und begann meine Würfel zu werfen. Den Sogeffekt im Peloton ahmte ich nach, indem ich immer, wenn ein Rennfahrer ein offenes Feld vor sich hatte, ihn um dieses Feld nach vorne rücken ließ, damit er direkt hinter dem Fahrer davor stand: So kam er ans Hinterrad.

Wenn jemand die Tür meines Zimmers etwas kräftig aufzog, wurde der Effekt des Windes auf die Fahrer noch überzeugender demonstriert und das war auch gut so, denn es begann mir klar zu werden, dass ich wesentlich länger für die Tour brauchen würde als die Fahrer.

Die Listenliebe, habe ich zu meiner Freude entdeckt, kommt häufig vor in der Radsportwelt. In der Leserbrief-Rubrik der französischen Zeitschriften stehen regelmäßig Bitten junger Fans, dass sie ein Referendum möchten. Sie nennen fünf, zehn oder zwanzig Namen von Fahrern und bitten Einsender, diese in der Reihenfolge ihrer Wahl zu ordnen. Meistens wird dann ein paar Monate später, auch in den Kleinanzeigen, ein Ergebnis veröffentlicht.

Auch die Redaktionen selbst halten ständig Punktwertungen ab. Eine ganz nette Liste veröffentlichte die Zeitschrift *Miroir du Cyclisme* 1980 zu Ehren ihres zwanzigjährigen Bestehens. Das war eine Gesamtwertung dieser zwanzig Jahre und Merckx war der Beste. Ansonsten standen, in dieser Reihenfolge, in der Top Ten: Anquetil, Gimondi, Poulidor, Zoetemelk, Van Looy, Hinault, De Vlaeminck, Van Springel und Moser. Weil die Anzahl der Dienstjahre einseitig vom Jubiläum des *Miroir* festgelegt wurde, erstellte man eine einzelne Liste für den Durchschnitt pro Saison, und dabei waren die ersten fünf: Merckx, Hinault, Anquetil, Moser, Gimondi.

Nun ist das Witzige dieser Listen, dass sie, statt mit hunderten Stunden Rechenarbeit auch in einer Minute über den Daumen gepeilt werden können. Wer sind, um mal etwas zu nennen, die drei besten Sportler des gesamten Jahrhunderts? Aller Sportarten und aller Geschlechter? Ich stellte diese Frage Nico Scheepmaker, der fünf Sekunden überlegte und dann sagte: »Owens, Pelé, Merckx.« 1980 stellte *L'Équipe* die Frage 186 Sportredaktionen in der ganzen Welt. Ein Riesenaufwand und daraus gingen hervor: 1. Pelé, 2. Owens, 3. Merckx. (Der einzige andere Radrennfahrer in der Top Ten war Coppi auf dem achten Platz.)

Natürlich habe ich selbst auch solche Listen erstellt. Zum Beispiel, als es 1982 so eine Diskussion gab über den Wert von Hinaults Tour-Sieg. Die

Polemik wurde mit Worten geführt, obwohl beim Sport die Zahlen doch über dem Wort stehen müssten. Deshalb erstellte ich damals eine Formel, um alle sechsunddreißig Toursiege nach dem Krieg miteinander zu vergleichen.

Das erste Kriterium war natürlich der Vorsprung. Ich nahm nicht den Vorsprung auf Nummer 2, der oft die Folge von Berechnung ist, sondern den auf Nummer 5 – in dieser Zahl, V5, wird die Überlegenheit eher laut der Normalverteilung widergespiegelt. Als zweites Kriterium rechnete ich den Elan des Toursiegers mit, seine Schneidigkeit, seinen Schwung, seine Bravour. Wie sollte ich das anders ausdrücken als in der Anzahl der erzielten Etappensiege, E? Um den Zufallsfaktor, den das mit sich bringt, zu unterdrücken, zählte ich immer 1 dazu; dadurch würde auch das Endprodukt für Jahre, in denen der Sieger keine einzige Etappe gewann (Walkowiak, Nencini, Aimar), nicht 0 werden.

Dann war noch eine Korrektur für die Nivellierung notwendig, die im Laufe der Jahre stattgefunden hat. Es ist bekannt: Je schneller die Tour gefahren wird, desto leichter ist es für die Rennfahrer. Aber eben auch: Umso schwieriger für die Herausragenden, herauszuragen. (Und umgekehrt, je schwieriger, umso einfacher.) Gut, früher war die Tour viel schwerer durch schlechtere, schwerere Räder, schlechtere Straßen, längere Etappen, lästigere Regeln (bis 1955 mussten die Fahrer selbst einen platten Reifen wechseln). Die Schwere der Tour drückte ich in der durchschnittlichen Geschwindigkeit des Gewinners aus, DG. Je höher DG, umso wertvoller ist ein Sieg, also kann diese Zahl einfach mitmultipliziert werden.

Zu guter Letzt musste auch eine Korrektur eingeführt werden für die Unterschiede von Tour zu Tour; Strecken, Witterungsverhältnisse, Entfernung. Das drückte ich aus im Prozentsatz der gestarteten Fahrer, die es bis Paris schafften, PP. Für diese Zahl galt das gleiche Paradox wie für DG, also landete PP auch geradewegs im Zähler.

Im Ganzen lautete meine Leistungsformel für Toursiege: V5 x (E+1) x DG x PP.

Nach einigen Stunden Suchen und Rechnen gelangte ich zu einer Rangliste der 36 Toursiege von 1947 bis 1982 – die ich natürlich 2015 ergänzte mit den 32 Austragungen der Tour de France, die danach hinzukamen.

1. Hinault (1979)
2. Merckx (1969)
3. Merckx (1970)
4. Coppi (1952)
5. Ocaña (1973)
6. Hinault (1981)
7. Bartali (1948)
8. Koblet (1951)
9. Merckx (1972)
10. Merckx (1974)
11. Merckx (1971)
12. Armstrong (2004)
13. Bobet (1954)
14. Fignon (1984)
15. Armstrong (1999)
16. Coppi (1949)
17. Armstrong (2002)
18. Armstrong (2001)
19. Kübler (1950)
20. Nibali (2014)
21. Hinault (1982)
22. Ullrich (1997)
23. Anquetil (1963)
24. Gaul (1958)
25. Anquetil (1957)
26. Indurain (1992)
27. Indurain (1993)
28. Gimondi (1965)
29. Hinault (1978)
30. Bobet (1953)

31. Anquetil (1964)
32. LeMond (1986)
33. Zoetemelk (1980)
34. Robic (1947)
35. Froome (2013)
36. Wiggins (2012)
37. LeMond (1989)
38. Anquetil (1962)
39. Anquetil (1961)
40. Indurain (1991)
41. Thévenet (1975)
42. Delgado (1988)
43. Indurain (1995)
44. Armstrong (2005)
45. Bobet (1955)
46. Pantani (1998)
47. Hinault (1985)
48. Armstrong (2000)
49. Van Impe (1976)
50. Riis (1996)
51. Contador (2009)
52. Landis (2006)
53. Indurain (1994)
54. Contador (2007)
55. Thévenet (1977)
56. Pingeon (1967)
57. Roche (1987)
58. Fignon (1983)
59. Armstrong (2003)
60. Bahamontes (1959)
61. Nencini (1960)
62. Sastre (2008)
63. Walkowiak (1956)

64. Evans (2011)
65. Janssen (1968)
66. LeMond (1990)
67. Aimar (1966)
68. Contador (2010)

Der Unterschied zwischen 1 und 2 war klein und ihr Vorsprung auf Nummer 3 groß.

Natürlich steht oder fällt auch diese Liste mit der Daumenpeilung, und ich glaube, dass meine Formel den Segen ihres eigenen Ergebnisses erhält, vor allem bei den Extremen. Das verleiht Entdeckungen, die mittendrin versteckt sind, Bedeutung.

Nachschrift: Man sieht, dass ich mich nicht am Vogel-Strauß-Verhalten beteilige, dass bestimmte Tour-Ausgaben von anderen gewonnen würden als von demjenigen, der auf dem Siegertreppchen stand, oder sogar von überhaupt niemandem.

Auffällig war, dass die Top 11 in den dazwischenliegenden einunddreißig Jahren unverändert geblieben war, dass Armstrong auch bei seinen einzelnen Tour-Siegen ein starker Sieger war und dass viele andere aktuelle Sieger unten stehen. Das scheint darauf hinzudeuten, dass ich Etappensiege zu stark mitgerechnet habe. Und die sind durch die größeren Pelotons immer schwieriger zu schaffen. Anfang der achtziger Jahre gab es ungefähr hundertfünfzig Fahrer am Start; in den letzten Jahren sind es fast zweihundert. Ich könnte meine Formel anpassen – aber dann würde ich sie zu ernst nehmen.

SEINE LINIE VERLASSEN (1983)

Als ich noch in Kneipen damit prahlte, dass ich Radrennfahrer werden würde, bekam ich manchmal eine warnende Meinung zu hören. Jemand, der im Besitz einer echten Anfänger-Lizenz gewesen war, hatte in seinem ersten Rennen, in der ersten Kurve, so einen Stoß bekommen, dass er den Bordstein hochgeflogen und in einer Hecke stecken geblieben war. Ein anderer erzählte, dass man, wenn man es überhaupt zu einem Sprint schaffte, unwiderruflich in die Enge gefahren wurde, gegen die Absperrung. Und wenn das nicht half, wurde man am Trikot gezogen. Es waren raue Typen, die Radrennfahrer, und der Neuling, der sich in ihre Affären einmischte, war seines Lebens nicht sicher.

Als Lubberding in der sechzehnten Touretappe von 1983 seinen Mit-Ausreißer Laurent gegen die Absperrung fuhr, wodurch dieser stürzte, war das französische Publikum schwer empört, wenn es auch nur dieses Vorurteil in der Praxis gesehen hatte. *L'Équipe* bekam Leserzuschriften, in denen der Ausschluss Lubberdings aus der Tour de France verlangt wurde. Zum Glück war da Anquetil, der in seiner immer interessanten und vernünftigen Antwortrubrik auf Seite 2 zur Ruhe mahnte: Lubberding hatte seinen Etappensieg verloren und so war es genug – und Laurent hatte wohl sehr auf seinen eigenen Sturz gedrängt.

Einige wenige Tage zuvor hatte Anquetil diese beruhigenden Worte auch schon aussprechen müssen über den Sturz, dessen Opfer der Träger des Gelben Trikots, Simon, geworden war und der ihn den Toursieg kosten würde. Es gab Verdächtigungen, dass dieser Sturz mutwillig herbeigeführt worden war vom Amerikaner Boyer, Teamkollege von Simons Rivalen

Bernaudeau. Die Leichtgläubigkeit, die dafür nötig ist und die sich selbst für das Umgekehrte hält! Anquetil schrieb dann, dass er in den sechzehn Jahren seiner Karriere nie einen derartigen Anschlag miterlebt hatte.

Meine Erfahrung schließt daran an. Radrennfahrer stellten sich als überraschend fair heraus. Streit und Fehden genug, mit dem dazugehörigen hinderlichen Fahren, dem Drohen, den Weg abzuschneiden, aber das überstieg nie die Lenkfertigkeit, die nötig war, um dem zu entgehen. Einen absichtlich verursachten Sturz habe ich nie miterlebt. Ich kannte nur einen Fahrer, der so etwas auf dem Gewissen hatte, der Wiederholungstäter G. Das kann man in der *Wielersport* nachschlagen, in der am 20. Januar 1977 das Urteil der Protestkommission in der Berufung des ersten Falls G. veröffentlicht wurde. Es ging um einen Ausschluss, ihm auferlegt wegen eines Vorfalls im Kriterium von Hoogkarspel am 25. Juli 1976. »Festgestellt wurde, dass Berufungskläger während des Rennens den Fahrer D. Baas ins Gesicht geschlagen hat«, und, als er deshalb von der Jury aus dem Rennen gezogen wurde, »dass Kläger bei der Durchfahrt einer oder mehrerer Runden fahrend der Jury ›Scheiße, Arschloch, Idiot‹ zurief, beziehungsweise Wörter ähnlicher Tendenzen.«

G. behielt seine Strafe, den Ausschluss von drei Monaten. In der *Wielersport* vom 8. Dezember 1977 war er wieder da. Jetzt beschäftigte sich die Protestkommission mit den Geschehnissen im Rennen vom 3. April 1977 in Weesp. Dort war G. in einer Spitzengruppe von etwa zwölf Mann gefahren, die ihm, er war ein sehr guter Fahrer, zu groß war. Aber die anderen hatten nicht vor, ihn einfach ziehen zu lassen: »Berufungskläger platzierte verschiedene Attacken, aber behielt immer einen oder mehrere Fahrer an seinem Hinterrad. Im Zusammenhang damit entstand ein Wortwechsel zwischen Kläger und Ko Zomer, wobei Kläger einer Anzahl Mitfahrer, zumindest dem zuletzt genannten, ›lutschen‹ vorwarf und Kläger schlussendlich an die Adresse von Ko Zomer (laut Klägers eigener Aussage) hinzufügte: ›Dann fliegst du auf die Fresse.‹«

Eine schriftliche Zeugenaussage von Ko Zomer verdeutlichte das. »Er fing an zu fluchen: ›Fahrt los, ihr Hinterradlutscher‹, und weil es nicht das erste Mal war, dass er rumschimpfte, fuhr ich neben ihn und sagte, dass er seine große Klappe mal halten sollte, weil ich davon sowieso nicht beeindruckt war. Er sah mich an und sagte: ›Ach Mann, hau ab, du bist eh nur ein wertloser Misthaufen.‹ Woraufhin ich wiederum sagte: ›Guck dir mal an, was der Misthaufen noch kann, jetzt kommst du gar nicht mehr weg.‹ Woraufhin G. sofort sagte: ›Dann sorg ich nachher dafür, dass du stürzt.‹ Und noch keine drei Runden später tat er das auch, und nicht versehentlich.«

G. schnitt der gesamten Spitzengruppe den Weg ab, wodurch zwei Fahrer stürzten, unter anderem der beabsichtigte Ko Zomer. Jan Zomer, der auch in der Spitzengruppe fuhr (der Autor des immer mitreißenden Jahrbuches *Wielerexpress*), »fuhr während des Sturzes kurz hinter Ko Zomer, seinem Bruder, schaffte es, dem gestürzten Fahrer auszuweichen, und geriet dann in Rückstand. Er wich von der Strecke ab, nahm (bei einer Baustelle) ein Stück Holz mit, mit der Absicht (laut eigener Aussage), Berufungskläger damit ›von seinem Rad zu schlagen‹, was durch Umstehende verhindert wurde.«

In der Umkleide schließlich »kam es zu einem Handgemenge zwischen Kläger und dem verletzten Ko Zomer, während gegenseitig Drohungen geäußert wurden, wobei Ko Zomer vom Kläger (laut seiner eigenen Aussage) zu hören bekam: ›Du hättest zu Tode stürzen sollen, dann hätten wir nächstes Jahr noch ein Pokalrennen austragen können.‹« (Das Rennen war eine Gedenkveranstaltung für einen umgekommenen Fahrer.)

G. wurde erneut drei Monate ausgeschlossen, Jan Zomer vierzehn Tage.

Es klingt sensationell, ich weiß es, aber solche Affären sind seltene Ausnahmen. Das einzige größere Wellenfahren, an dem ich jemals beteiligt war, wurde von mir selbst ausgeteilt. In einer Spitzengruppe von sieben Mann, in der ich mich selbst als stärkster Sprinter wähnte, fuhr ich am 27. August 1978 in Gemonde zur Ziellinie. Ich strotzte vor Selbstvertrauen. Ich war in Topform, ich hatte mein letztes Rennen gewonnen, dieses nach meinem Willen lenken können und schon Runden vor dem Ende dachte ich mir Antworten auf die Huldigungsfragen des Mannes mit dem Mikro aus. Alles ging gut, Attacken ereigneten sich nicht mehr und an der lange vorher ausgemessenen Stelle setzte ich meinen Sprint an. Mit ein paar Tritten war ich Erster. Ich gab alles, aber hundert Meter vor dem Ziel fühlte ich etwas rechts hinter mir, das näher kam und das mich, wenn das so weiterging, überholen würde. Die Lubberding-Situation. Was tun?

Ein wirklich bis aufs Letzte ausgefochtener Sprint lässt keinen Platz für eine nuancierte Herangehensweise. Du willst gewinnen; es sind noch andere Männer da; du drohst zu verlieren. Das sind insgesamt drei Überlegungen, was für einen Rausch wie den Sprint schon das Maximum ist. Regelwerke, Ehrlichkeit, Kameradschaft, das sind Dinge der Zivilisation, die sind in so einem Moment zu hoch gegriffen. Droht ein Sprint verloren zu gehen, dann ist nichts selbstverständlicher, als dass man seinen Rivalen in die Enge treibt oder an seinem Trikot zieht.

Aber der Rennfahrer macht das nicht. Er beherrscht sich, es ist unglaublich.

Ein ganz seltenes Mal beherrscht er sich eben nicht. Auf einmal hörte ich einen Schrei. Im folgenden Moment fühlte ich eine Hand auf meinem rechten Oberschenkel, es wurde mit einem Ruck daran gezogen und ein kleiner Fahrer flog an mir vorbei, in dem ich sofort meinen Spitzengruppenkollegen erkannte, den gewieften Ex-Profi Bart Solaro. Triumphierend ging er über die Ziellinie, er hatte mir so viel Tempo geraubt, dass ich nur Dritter wurde.

In der Umkleide nahm Solaro mich zur Seite und sagte, dass ich solche Dinge doch nicht tun sollte. Seine Linie verlassen gehörte dazu, aber in Maßen. So wie ich das getan hatte, war es gefährlich. Er hatte recht, das sprach für sich. Ich entschuldigte mich.

DIE ROMANFIGUR (1983)

Genau wie vor zehn Jahren saß ich in einem Café in Anduze und las die *Midi Libre*. Damals wurde auf den Lokalseiten ein Rennen angekündigt mit Start und Ziel in Anduze selbst, und es stand eine Aufzählung der Favoriten daneben: Ginoux, Loubier, Conrozier, Canonges, Bazal, Gette, Fava… Stück für Stück Namen, die zum Tagträumen einluden; vor allem bei Gette stellte ich mir einen geschliffenen, stilvollen Fahrer vor. Ich machte mit bei diesem Rennen, dem ersten meines Lebens, und darauf waren acht Jahre kompromisslosen Rennenfahrens gefolgt, zu einem Großteil in dieser Gegend.

Nun hatte ich schon seit ein paar Jahren aufgehört, war als Tourist in den Cevennen und las in der *Midi Libre*, dass es ein Rennen in St. Géniès de Malgoire geben sollte, einem Dorf in der Nähe. Ich ging hin, in der Hoffnung, viele alte Gegner zu treffen. Natürlich bekam ich von allen Seiten die gefürchtete Geschichte zu hören: Die drei Jahre, die ich nicht mehr gekommen war, hatten ihren Tribut gefordert. Vom Peloton, wie ich es gekannt hatte, waren nur noch zwei Fahrer im Rennen: Melgarès, ein Stümper, und *ein* echter Rivale: Bazalgette. (Bazal und Gette hatten sich zusammen als ein Rennfahrer herausgestellt; in französischen Zeitungen wird oft schludrig mit Namen umgegangen.)

Aber Bazalgette, das war denn nun auch die Hauptfigur meines französischen Radsportlebens. Mindestens fünfzig Rennen sind wir zusammen gefahren, hundert Stunden verteilt über acht Jahre haben wir in der Nähe voneinander verbracht: beide für immer eine wichtige Nebenfigur im Leben des anderen. Nun war mit Bazalgette noch etwas Spezielles: Er war, ohne es zu wissen, eine Romanfigur von mir. In meinem Buch *Das Rennen* ist die Figur Barthélémy (erst mein großes Vorbild, später mein Erzfeind) eine ziemlich unmittelbare Darstellung von Bazalgette. Vor allem sein Sprint, seine Brille und seine bereits in Gette vermutete Launigkeit hatte ich verwendet.

Diese verzehrende Angst von Bazalgette, dass man von ihm profitieren würde! Die alten Fehden waren beigelegt und wir sprachen zwar wieder miteinander, aber er hatte sich wenig verändert, denn als ich nach seinen Erfolgen der laufenden Saison fragte, begann er, nach dem lässigen Fallenlassen der Zahl »Elf«, mit einem heftigen und gekränkten Bericht über das schandhafte, durch und durch verdorbene Verhalten eines bestimmten Fahrers, der damit im vorigen Rennen einem vielversprechenden Ausreißversuch den Todesstoß versetzt hatte.

Guter Baza! (sein Kosename). Es wird wohl keinen Rennfahrer geben, den ich so viel und so aus ganzem Herzen beschimpft habe. Bazalgette war eine radelnde Musterkarte mit Ausflüchten, nie bot er einem mal was von seiner Kraft an, und wenn es in der Hoffnung wäre, dass man ihm mehr zurückgeben würde. Aber wenn wir trotz seines sich Sträubens zusammen einen Ausreißversuch zu einem guten Ende gebracht hatten (der Dummkopf, er wusste, dass er mir im Sprint überlegen war) und ich zu ihm sagte: »Gut zusammen gefahren, he?«, dann beantwortete er das mit einem warmen Lachen und sagte, dass es stimmte. Sportkameraden.

»Ich hoffe, dass er nicht gewinnt heute«, sagte ich zu Beginn des Rennens zu meiner Freundin, aber als mir der fleischgewordene Widerwille ein paar Mal ein Augenzwinkern aus dem Peloton geschickt hatte, erkannte ich diesen Wunsch als engstirnig. Bazalgette verteidigte die Farben unserer Vergangenheit, natürlich hoffte ich, dass er gewinnen würde.

Er, Zulieferer des besten Sprints meines Buches, steckte viele Prämien in die Tasche. Aber auch ansonsten blieb er meinem Buch treu: Die wenigen Male, die er in einer Ausreißergruppe fuhr, schaute er, wenn ich ihn an der Spitze sah, immer gerade nach hinten, um zu sehen, ob die anderen nicht auch mal etwas Führungsarbeit übernehmen konnten. Dieses Verhalten war einer der Gründe, dass der Grand Prix von St. Géniès de Malgoire 1983 in einem Massensprint endete. Was ihm natürlich in seinen Kram passte. Aber ohne viel Widerstand und zu meiner aufrichtigen Enttäuschung wurde Bazalgette Neunter.

»Wollen wir uns noch ein wenig mediterranes Genörgel anhören?«, schlug ich vor. Wir liefen zu Bazalgette, der auf einem Klappstühlchen bei seinem Auto saß und sich erholte, sein Gesicht gezeichnet von den Anstrengungen und dem Matsch, denn es hatte anfangs geregnet.

»Was denn nun?«, sagte ich. »Setze ich all mein Geld auf deinen berühmten Sprint und dann lässt du mich auffliegen, indem du Neunter wirst?«

»Oh, Tiem, ich ging zu spät nach vorne. Dumm! Jetzt wurde ich eingeschlossen. Aber um ehrlich zu sein, ich hatte schon so viel bei den Prämien gemacht, ich war ein bisschen am Ende. Ich bin auch schon zweiunddreißig!«

SERENDIPITÄT (1983)

Sehr stark erinnere ich mich an eine Wochenschau um 1960 rum, über eine Erfindermesse. Es gab dort jemanden, der eine elektrisch angetriebene Spaghettigabel demonstrierte: Man brauchte nicht länger selbst seine Gabel gegen den Löffel zu drehen, sondern nach einem Druck auf den Knopf geschah das automatisch. Die Gabel wurde mit einem Löffel in eine bereitstehende Schüssel Spaghetti gesteckt, und nach einem einfachen Druck auf den Knopf hingen die Schlieren allen Umstehenden über den Ohren.

Dieses Bild kam mir in den Sinn, als ich Kenntnis nahm von den Abenteuern des gerade erst gebauten Wundertandems, auf dem das niederländische Duo Pieters-Vrolijk bei den Weltmeisterschaften auf der Bahn fuhr. Jan Legrand, der Meisterrahmenbauer, hatte schier aus Liebe und aus eigener Tasche ein revolutionäres Tandem gebaut, das unter anderem sechs Zentimeter kürzer war als jegliche Tandems aus der Vergangenheit, und das so teuer war, dass weder die Benutzer noch der Radsportverband auch nur die Miete dafür bezahlen konnten. Aber in dem Moment, wo es wirklich drum ging, im Halbfinale, rissen Pieters und Vrolijk darauf hintereinander drei nigelnagelneue Ketten – jedes Mal, wenn sie zum eigentlichen Sprint ansetzten. Das kostete sie eine Medaille.

Unterschätze nicht die Kraft einer Fahrradkette! Dieses war denn auch ein schönes Beispiel für Serendipität, wie das Phänomen heißt, dass manchmal etwas versehentlich erfunden wird. Fleming entdeckte das Penizillin, als er einen Tropfen Schnodder in eine Bakterienkultur fallen ließ, und so hat also Legrand einen Apparat konstruiert, mit dem zwei Personen, die dafür nicht speziell geübt haben, eine Fahrradkette entzweiziehen können.

Beim Anblick all dieser kleinen Vorderräder, umgedrehten Lenker und tropfenförmigen Rahmenrohre denke ich oft: Ihr Herren Rennfahrer, das funktioniert andersherum! Wie wahr das ist, wurde vom jungen Russen Kupovets demonstriert. Der fuhr auf einem Rad, das jeglichen aerodynamischen Unfug entbehrte, und er wurde darauf Verfolgungsweltmeister in, um ein Haar, einer neuen Weltrekordzeit. Ich bin davon überzeugt, dass er mit einem Bidon an seinem Rad und mit einem russischen Fähnchen an seinem Lenker auch Weltmeister geworden wäre.

(Was Accessoires an Bahnrädern betrifft, las ich den vor kurzem erschienenen *Tina Topstrip* Nr. 52, mit dem Titel *Hinter dem stillen Vorhang*. Es geht darin um radrennfahrende Mädchen. Bei Bahnrennen sind ihre Räder mit Bremsen ausgestattet und mit Bidons, die am Lenker montiert sind. Ein Straßenrennen kommt auch in dem Buch vor – das fahren sie auf Rädern *ohne* Bremsen und *ohne* Bidons. Es ist deutlich, dass der Zeichner sich die Mühe gemacht hat, seine Arbeit zu dokumentieren, daran fehlt es nur allzu oft.)

Jede Zeit hat ihre eigenen Tricks. Vor zehn Jahren war Ausbohren die große Mode. Viele Räder schienen in dieser Zeit im Kampf um Gewichtsverminderung von den Pocken befallen.

Dass die Moral der Besitzer nicht wegsackte, allein schon bei der Idee, dass sie solche Mittel brauchen würden! Wenn ich Sportpsychologe wäre, würde ich meinen Fahrern all diese Erfindungen verbieten und ich würde Kupovetse aus ihnen machen, denn der Vorteil des Ballasts wirkt doppelt. Erstens strotzte Kupovets natürlich vor Selbstvertrauen, weil sein Trainer dachte, dass er auch so gewinnen würde. Außerdem demoralisierte er die Gegner. Das liegt auf der Ebene von Fahrern, die versuchen, vor dem Rennen von ihren Gegnern mit einer Zigarette oder einem Glas Pils in ihren Händen gesehen zu werden.

Wenn an meinem Rad etwas quietschte oder knackte und ich fühlte mich in Form, dann startete ich damit am liebsten ins Rennen, um den Gegnern das Gefühl zu geben, dass ich mir dieses kleine Gebrechen zusätzlich prima leisten konnte. In dieser Hinsicht muss auch die nie wirklich in Mode gekommene Sitte einiger Amsterdamer Fahrer gesehen werden, die mit einem kleinen Vorhängeschloss unter ihrem Sattel fuhren. Das waren Bekannte von Knetemann. Knetemann selbst hat in seinen Anfangsjahren in Clubrennen auch mal einen Lachsack in seine Rückentasche gestopft; ein kleines Kassettengerät, das zu den gewünschten Momenten ein brüllendes Lachen hervorbrachte, dass man mitlachen musste. Das lähmte einen, und weil er selbst resistent war, holte Knetemann das Gewicht dieses Dings tausendfach wieder raus. Aber das ist schon keine psychologische Kriegsführung mehr, das ist ein ganz einfacher Stock in den Speichen.

ROT-WEISS-BLAU (1983)

Die Niederländische Meisterschaft für Senioren 1983, dem dritten Jahr, in dem ich keine Rennen mehr fahre, endete vorige Woche in einem Massensprint. Im Ergebnis standen lauter Bekannte. Ich hebe zwei hervor: den neuen Champion, den vierzigjährigen Henk Kuiper aus Nieuw-Amsterdam, und die Nr. 11, den vierzigjährigen Jan van der Horst aus Haarlem.

1966 ging ich einmal mit einem lieben Mädchen aus, das Furore als Popsängerin machte. In dieser Rolle war sie nachmittags Hostess gewesen bei der Olympia's Tour durch die Niederlande. Sie hatte dem neuen Träger des orangen Trikots einen Strauß Blumen überreicht und einen Gewinnerkuss. Er war blond, sagte sie, und ein netter Junge. Ich fragte, wie er hieß: »Van der Horst, glaube ich.« Der Name sagte mir vage etwas, ich verfolgte den Radsport oberflächlich. Van der Horst gewann die Olympia's Tour, einen Monat später wurde er auch Niederländischer Meister und danach wurde er Profi.

Als ich 1978 anfing, bei den Senioren mitzufahren, begegnete ich Van der Horst persönlich – wir sind gleichaltrig. Er fuhr wieder im Rot-Weiß-Blau, er war jetzt Niederländischer Meister bei den Senioren. Er war einer der besten Fahrer, mit denen ich jemals zu tun bekam: Als Profi hatte er vielleicht keine großen Erfolge eingefahren, aber er konnte sich trotzdem damit rühmen, Merckx an seinem Hinterrad gehabt zu haben und einst in einem Rennen ein finanzielles Angebot von Van Looy erhalten zu haben. Weil wir nah beieinander wohnten, begegneten wir uns viele Male pro Saison.

Alles, was man für den Radsport können muss, konnte er besser als ich, außer sprinten. Darin war er auch nicht schlecht, aber ich darf sagen, dass ich besser war. Nicht viel, ich verlor genügend Sprints gegen ihn, aber was unsere Beziehung ziemlich speziell machte, war, dass unsere Sprints ideal aufeinander abgestimmt waren. Wäre er konsequent als Anfahrer meines Sprints aufgetreten, dann hätte ich zwanzig Rennen pro Jahr gewonnen statt zwei. Nicht, dass von so einer Zusammenarbeit jemals die Rede war; Van der Horst fuhr, um selbst zu gewinnen, was ihm sehr oft gelang, er war eine Art Herrscher in diesen Rennen und ein absoluter Individualist. Und obwohl wir uns außerhalb und im Rennen gegenseitig schätzten, gab es nie *mehr* Combine zwischen uns als bei einigen Prämiensprints, deren Ertrag wir uns teilten.

Wie weit reichte seine Anerkennung für mich? Das war die Frage, die mich plagte, als die Seniorenmeisterschaft von 1980 näher rückte. Das war meine letzte Chance, ich hatte beschlossen, am Ende dieser Saison aufzuhören. Bei einer Radtour durch Island, ein Jahr zuvor, war ich an einem kleinen Berg vorbeigekommen, von dem der Reiseführer behauptete, dass man, wenn man ihn bestieg, ohne nach hinten zu schauen und ohne zu reden, drei Wünsche frei hatte. Weil die Aussicht schön sein sollte und die Erfüllung der Bedingungen wenig Mühe kostete, aber vor allem weil man nie wissen konnte, ergriff ich die Gelegenheit. Um dem Berg eine ehrliche Chance zu geben, war mein erster Wunsch, dass meine Erkältung sich nicht durchsetzen würde. Weil dieser erhört wurde, habe ich lange Hoffnung gehabt, dass die anderen zwei das auch werden würden. Mein dritter Wunsch bezog sich auf die Liebe und der zweite war, dass ich 1980 Niederländischer Radsportmeister auf der Straße bei den Senioren werden würde.

Ich bin immer noch verwundert über die Heftigkeit dieses Verlangens, vor allem weil es nicht so sehr den Sieg eines wichtigen, großen Rennens betraf, sondern das Tragen des Meistertrikots. Radsport ist der einzige Sport, der so etwas Königliches wie ein Ehrentrikot kennt. Ein Jahr lang (denn mit diesem Trikot hängte ich natürlich noch ein Jahr dran) würde ich im Rot-Weiß-Blau fahren dürfen, sofort erkannt in den Pelotons und beneidet von den anderen Fahrern. Aber der schönste Moment würde in den Umkleiden sein, wenn ich mein rot-weiß-blaues Trikot mit bis ans Ordinäre grenzender Lässigkeit aus meiner Tasche holen würde.

Eine wichtige Tatsache für diese Meisterschaft von 1980 war, dass sie auf einer Strecke ausgetragen wurde, die nahezu zwangsmäßig zu einem Massensprint führen würde. In dem würde Van der Horst nur eine kleine Chance haben und ich eine etwas größere. Aber wenn er mir helfen würde – *dann* wäre meine Chance kaum zu verfehlen.

In meinem rot-weiß-blauen Fiebertraum entstand nun die folgende Abmachung. Bis zur letzten Runde machte Van der Horst, was er wollte. Stellte sich der Massensprint als definitiv unvermeidbar heraus, dann fuhr er für mich. Er schloss Lücken und lancierte meinen Sprint. Dafür bezahlte ich ihm zweihundertfünfzig Gulden. Würde ich Landesmeister, dann würden das tausend.

Wie allerdings an ihn herantreten? Zwar war er 1979 als Landesmeister entthront worden (er wurde Zweiter), aber er war immer noch der anerkannt Stärkste und somit Besitzer eines hohen Ansehens. Das Herz klopfte mir im Hals, wenn ich nur daran dachte, an ihn mit meinem Vorschlag heranzutreten – als wenn ich ein Mädchen in einem vollen Zugabteil ansprechen wollte. Und dies war schlimmer: Ich machte mir keine Illusionen darüber, dass mein Vorschlag unanständig war.

Van der Horst war ein langsamer Anzieher. Eine Woche vor der Meisterschaft gelang es mir, allein mit ihm als Letzter in der Umkleide übrig zu bleiben. Er hatte seine Finger schon am Reißverschluss seiner Sporttasche. Fünf Sekunden blieben übrig, in denen entschieden wurde über die einzige Meisterschaft, die ich in meinem Leben würde gewinnen können. Ein Anfangssatz stieg aus meinem Magen empor, aber blieb in meinem Rachen stecken. Van der Horst hob seine Tasche auf und grüßte mich freundlich.

Die Seniorenmeisterschaft 1980 endete wie vorhergesehen in einem Massensprint. Hin- und hergeschwappt in der hundert Mann starken Brandung kam ich kurz vor der letzten Kurve ideal raus: am Hinterrad von Van der Horst, der aus voller Macht den mit zehn Metern Vorsprung allein an der Spitze fahrenden Kuiper jagte. So schön hätte ich es für keine zehntausend Gulden arrangieren können. Aber Kuiper stürzte, Van der Horst musste bremsen und ich auch. Die 53x12, die ich geschaltet hatte, kriegte ich nicht mehr in Gang und ich wurde Fünfter; Van der Horst Dritter.

Nach dem Rennen redete ich mit Kuiper darüber. Um ihn zu trösten, sagte ich:

»Wenn du nicht gestürzt wärest, hättest du auch nicht gewonnen.«

»Nein, dann hättest du sicher gewonnen«, sagte seine Frau; das peinlichste Missverständnis, das ich beim Radsport jemals zu verarbeiten bekam.

Im Jahr danach wurde Jan van der Horst zum zweiten Mal in seiner Karriere Niederländischer Meister bei den Senioren und 1982 wurde er noch einmal Zweiter. Nun hat also auch der starke Kuiper endlich seinen wohlverdienten Titel abbekommen.

DIE JAGD (1980)

Eine schöne Quizfrage: Welche zwei Tour-de-France-Gewinner sind mal zusammen außerhalb des Zeitlimits ins Ziel gekommen? Die Frage ist nicht hundert Prozent ehrlich formuliert: Einer der gemeinten Rennfahrer sollte die Tour erst Jahre später gewinnen. Ein Tipp ist, dass es in der Tour von 1951 passierte. Es war ein einzigartiger Vorfall, der außerdem auf so bizarre Weise zustande kam, dass die Antwort es verdient, auf umständliche Art und Weise gegeben zu werden.

Einer der zwei war Coppi. Er galt in diesen Jahren als der größte Fahrer aller Zeiten und immer noch hat er fast genauso viel Recht auf diese Beschreibung wie Merckx. Was den Radsport angeht, heißt das; in der Legendenbildung überragt er Merckx. Coppi hatte ein kompliziertes Liebesleben von einer Sorte, die sich zu dieser Zeit nicht gehörte und die auf nachvollziehbare Weise seine Ergebnisse beeinflusste. Und in der Presse wurde ihm eine derartige Rivalität mit seinem Vorgänger Bartali aufgezwungen, dass die zwei manchmal selbst aus den Augen verloren, dass sie sich sehr liebten. Ich sehe mir gerne Fotos von Coppi an: Er war hässlich und schön zugleich. Er hatte magere Beine, einen knochigen Körper, etwas, was man einen kleinen Buckel nennen könnte, und ein scharfes, aristokratisches Gesicht.

Er hatte in den Rundfahrten größere Gegner als Merckx, und er war verletzlicher und erlebte mehr Miseren. Dem fügte er selbst hinzu, dass er viel zu lange weitermachte mit seiner Karriere. Nicht ein oder zwei Jahre, so wie Merckx, Bartali und andere Champions, sondern mindestens fünf Jahre. Er hatte schon lange keine Ergebnisse mehr, aber trotzdem stand er bereit, seine zweiundzwanzigste Saison als Berufsfahrer zu starten, als er

1960 starb. Er hatte sich Malaria eingefangen bei einem Demonstrationsrennen (mit ebenfalls Anquetil, Rivière, Géminiani) in Ouagadougou in Obervolta.* Bartali wäre in dieser Saison sein neuer Teamleiter gewesen.

Ohne den Krieg und ohne sein Pech hätte Coppi statt zwei Mal sechs oder sieben Mal die Tour de France gewonnen, aber gesagt werden muss, dass sein Pech aufrichtiges Pech war. Denn zu einem Teil verdankte Coppi seine Erfolge seinem außergewöhnlichen Körperbau: sehr kräftige Muskeln, die an sehr leichten Knochen befestigt waren. Aber dadurch waren diese Knochen auch besonders zerbrechlich, so dass Coppi nach den unvermeidlichen Stürzen oft lange außer Gefecht gesetzt war.

1949 hatte er nach einem faszinierenden Kampf mit Bartali die Tour zum ersten Mal gewonnen. 1950 musste Coppi überspringen, weil er kurz vor dem Start gestürzt war. Im Jahr, um das es nun geht, 1951, fuhr Coppi die Tour schon, aber aus tragischen Gründen wurde er nicht zu den Favoriten gezählt. Weniger als eine Woche vor dem Start war sein Bruder Serse Coppi, auch ein Berufsrennfahrer, aber ein mittelmäßiger, bei einem kleinen Rennen in Italien ums Leben gekommen. Dieses Rennen wurde gewonnen von Bartali und das Unglück war die Vollendung eines Schicksals: Auch Bartali hatte, fünfzehn Jahre zuvor, einen radfahrenden Bruder in einem Rennen verloren.

Serse Coppi ist eine Geschichte für sich. Er muss Fausto täuschend ähnlich gesehen und alle Hände voll zu tun gehabt haben, die Verehrer von sich wegzuhalten. »Aber mein Herr, ich bin sein Bruder!«

Coppi liebte Serse sehr, trieb ihn an, wo er konnte, und ist zusammen mit ihm den Trofeo Baracchi gefahren. Sie wurden Zweiter, was Coppi öfter wurde in diesem Rennen, obwohl er es mit anderen Partnern vier Mal gewann. Serses schönstes Ergebnis war ein vierter Platz bei Paris–Roubaix 1949, aber auf groteske Weise verkehrte sich dieser Erfolg in ein Gespött. Es war eine Dreier-Spitzengruppe in Roubaix angekommen, mit Mahé, Moujica und Leenen. Bei der Einfahrt ins Stadion wurden sie von einem

* Ab 1984 hieß das Land Burkina Faso.

Polizeibeamten in die falsche Richtung geschickt, und wie in einem Traum landeten sie in den Katakomben.

Durch die Gänge erreichten sie die Tribüne, kletterten über die Balustrade und Mahé blieb bei all dem vor den anderen. Serse Coppi gewann kurz darauf den Sprint des Pelotons und nach einem Protest von Fausto und einem halben Jahr Diskussionen wurde entschieden, dass Mahé und er zusammen das Rennen gewonnen hatten. So wurde er, statt verdienstvoll Vierter, ein Eindringling auf der Ehrenliste von Paris–Roubaix.

Die Tour de France 1951 ist jetzt bekannt als eine der spannendsten und streitlustigsten der Geschichte. Während unter anderem Van Est das Gelbe Trikot eroberte und in seinen Abgrund stürzte, demnach das erste Tourfieber in den Niederlanden erzeugend, überstand Coppi seinen Kummer sehr gut. In der Etappe von Tarbes nach Luchon, durch die Pyrenäen, riss er sogar zusammen mit Koblet aus und sie erreichten das Ziel mit zwei Minuten Vorsprung vor Bartali und sechs vor den meisten anderen Favoriten. Coppi verlor den Sprint, aber er war Vierter in der Gesamtwertung, fünf Minuten hinter Koblet. Er war noch vollauf im Rennen.

Aber zwei Tage später kam die Etappe, um die es hier geht. Es war die sechzehnte, von Carcassonne nach Montpellier über 192 Kilometer. Alles wies darauf hin, dass es so eine typische Überführungsetappe werden würde: flache Straßen, versengende Hitze, Wandertempo, Bestürmungen von Dorfpumpen, Plünderungen von Cafés und Tourdirektoren, die mit Bußgeldern drohen, wenn der Schnitt unter dreißig Kilometer pro Stunde sinkt.

Wie um Coppis Demütigung zu betonen, wurde diese eingeläutet von der skurrilsten Figur aus der Tourlegende, dem Algerier Zaaf. Im Jahr zuvor war Zaaf bei einem Solo in einer ähnlichen Etappe auf einen Vorsprung von mehr als zwanzig Minuten gekommen, aber dann hatte er sich an einen Baum gesetzt und war eingeschlafen. Und, als er aufwachte, in die falsche Richtung gefahren. In den vielen Versionen dieser Geschichte kommen oft auch Wein und Trunkenheit vor. Aber der Soigneur Gerrit Visser, der damals Zaafs Team unter seiner Obhut hatte (und später das von Coppi), hat mir versichert, dass Zaaf »einfach zu tief in den Tablettenschrank geschaut hatte«. Dieser Zaaf konnte absolut Rad fahren, sagte Visser auch, aber er war ein ungeschliffener Diamant, oft wendete er seine Kräfte im falschen Moment an.

Auch ob Zaaf wirklich in die falsche Richtung gefahren war, ist die Frage, aber fest steht, dass sein Vorsprung vollständig verloren ging. Man brachte ihn in ein Krankenhaus, wo er, als er zu sich kam, verlangte, dass man ihn zurückbringen sollte, damit er zumindest die Etappe beenden konnte. Die war aber schon vorbei und gewonnen von einem anderen Algerier, Molinès. Der ist vergessen; Zaaf ist eine Legende.

So wie es Spezialisten gibt im Zeitfahren, Sprinten, Klettern, in der Abfahrt und was nicht alles, so meinte Zaaf, dass es auch einen Bereich gab, dessen Herr er war: Hitze. Deshalb sollte 1951 Carcassonne–Montpellier die Chance sein, seinen Fehler vom Jahr davor wiedergutzumachen. Taktische Bedenken gegen eine Attacke von ihm konnte es nicht geben, denn in der Gesamtwertung war er Letzter, mit einem Rückstand von 3 Stunden und 12 Minuten auf Koblet.

Nach fünfzig Kilometern kamen die Fahrer zur einzigen Schwierigkeit des Tages: dem Col des Usclats, einem Anstieg der vierten Kategorie. Kurz vor dem Pass stand ein Lastwagen voll beladen mit Erfrischungsgetränken. Hier sah Zaaf seine Chance. Während ein Großteil der Fahrer abstieg, um den Wagen zu plündern, attackierte er. Aber zu seinem Entsetzen und dem von vielen anderen wurde die Verfolgung augenblicklich aufgenommen von niemand Geringerem als Koblet, zusammen mit Géminiani und einigen anderen Mitgliedern des französischen Nationalteams. Und das war sofort das Ende von Zaafs Auftritt in dieser Etappe und in der Radsportgeschichte.

Es entstand Panik und als die Verwirrung von fünfzig gleichzeitig nach ihrem Rad suchenden Fahrern vorbei war, waren insgesamt sieben einander hetzende Pelotons entstanden. Coppi, der natürlich nie selbst absteigen brauchte, um Getränkewagen zu plündern, war in der zweiten Gruppe. Er war sich der Gefahr bewusst und nahm sofort die Verfolgung der Koblet-Gruppe auf. Er bekam die Gruppe nach der Abfahrt zu Gesicht, aber auch dort wurde alles gegeben und Coppi blieb bei zweihundert

Metern hängen. Es ist im Prinzip sehr angenehm, einen Zielpunkt vor dir zu haben, aber wenn du nicht näher kommst, ist das eher umgekehrt: Du musst alles geben, aber die Erkenntnis, dass du scheiterst, ist ständig sichtbar. Trotzdem musste Coppi weitermachen, er wollte die Tour gewinnen, er musste zu Koblet.

Aber es gelang nicht, der Rückstand wurde wieder größer, und Coppis Gruppe wurde von Peloton Nummer drei eingeholt, in dem unter anderem Bartali fuhr. Coppi verkroch sich zwischen den Rädern für eine kleine Atempause und nach einiger Zeit, nun mit Hilfe von Bartali, versuchte er nochmals den Anschluss herzustellen. Dieses Mal kamen sie bis auf hundert Meter an Koblets Spitzengruppe heran. Aber auch nach Kilometern Verfolgung bekamen sie diese absurde Lücke nicht zu. Coppi konnte nicht mehr, und die Lücke wurde wieder größer. Während er im Schatten der Gruppe versuchte, neue Kraft zu sammeln, setzte niemand seinen Kampf für ihn fort und der Rückstand wuchs nun auf zweieinhalb Minuten an.

Schließlich versuchte Coppi es ein drittes Mal. Allein, die anderen fühlten sich nicht mehr dazu in der Lage. Dass es ihm gelang, bis auf fünfzig Sekunden zurückzukommen, war, alles berücksichtigend, vielleicht eine der schönsten Leistungen seiner Karriere. Er bekam sogar die sieben Fahrer der Spitzengruppe wieder in Sichtweite. Aber umgekehrt jagte natürlich Coppis erneutes Erscheinen das Tempo in dieser Gruppe hoch. Fuhr Coppi schneller, fuhren sie schneller; sahen sie Coppi nicht mehr, dann fuhren sie wieder ruhiger.

Die Jagd dauerte schon fünfzig Kilometer und nun erreichte Coppi doch echt das Ende seiner Kräfte. Er hielt seine Beine kurz still, trank etwas, vielleicht würde er sich gleich dazu in der Lage fühlen, diese Lücke dann endlich doch mal zu schließen. Aber stattdessen brach er ein. Coppi verwandelte sich in einen hilflosen Mann auf einem Fahrrad. Die Jagd war vorbei, die Tour verloren.

Er wurde von verschiedenen Grüppchen eingeholt; so war er auf jeden Fall wieder umringt von seinen Helfern. Sie schoben und sie zogen ihn, aber nichts half. Bei einer kleinen Brücke stieg Coppi ab, er sank an einer Mauer zusammen und übergab sich. Minutenlang blieb er liegen. Wie schrecklich er in diesem Moment aussah, weiß ich nicht. Ich habe davon nie Fotos gesehen und es würde mich nicht überraschen, wenn es die auch nicht gibt, weil sich niemand traute, sie zu machen.

Nach einiger Zeit war Coppi so weit erholt, dass er wieder auf sein Rad klettern und mit einer Geschwindigkeit von ungefähr zwanzig Kilometern pro Stunde weiterfahren konnte. Viele zurückgefallene Fahrer fuhren an ihm und seinem Gefolge vorbei. Die allgemeine Erwartung war, dass Coppi aufgeben würde. Auf seinem Niveau war die Tour für ihn vorbei, und abgesehen davon: Es waren noch fast hundert Kilometer bis Montpellier, wie sollte er das in seinem Zustand schaffen?

Aber nach einiger Zeit kam er doch ein bisschen darüber hinweg, und es entspann sich eine neue Jagd: Würde die Gruppe mit etwa zehn Mann, die um Coppi herum entstanden war, es schaffen, pünktlich ins Ziel zu kommen und so der Eliminierung zu entgehen? Sie hatten eine Chance, denn wegen der Hitze hatte die Tourdirektion die zehn Prozent, um die die Zeit des Gewinners überschritten werden durfte, erhöht auf fünfzehn.

Als Koblet als Gewinner in Montpellier über die Ziellinie kam, drückten viele Journalisten und Zuschauer auf ihre Stoppuhren. Sie stellten fest, dass Coppi 33 Minuten und 22 Sekunden später eintraf, und damit drei Sekunden außerhalb des Zeitlimits. Unter den Fahrern, die ihn bis zuletzt begleiteten, war Walkowiak, der 1956 die Tour gewinnen würde. Die gesamte Gruppe wurde begnadigt und durfte am nächsten Tag wieder starten, wahrscheinlich weil man eine Figur wie Coppi nicht missen wollte. Die Jury schrieb einfach eine andere Zeit auf: ein paar Sekunden weniger.

So hat Coppi sich noch revanchieren können. Ein paar Tage später gewann er die große Alpenetappe über den Izoard, Gap–Briançon, mit vier Minuten Vorsprung auf Koblet. Im wüsten Teil des Izoard erinnert eine Plakette an diese Fahrt und an Coppis mutiges Verhalten in der Tour 1951. In der Gesamtwertung wurde er Zehnter, eine dreiviertel Stunde hinter Koblet, aber ohne die eigentlich jenseits der Ordnung fallende Etappe Carcassonne–Montpellier wäre er mit Abstand Zweiter geworden. 1952 kam er zurück, und da gewann er die Tour mit einer halben Stunde Vorsprung.

ICH FUHR MIT DUCROT (1983)

Ein Unterschied zwischen Jan Mulder und mir ist wohl, dass er mit allen Großen der Erde Fußball gespielt hat, während ich mich rühme, weil ich, in seinen späteren Jahren, mit Van der Horst gefahren bin, der noch mit Van Looy gefahren ist.

Mein persönlicher Rekord ist Roger de Vlaeminck. Ihn bekämpfte ich am 1. Januar 1975 bei einem Cyclocross für Profis und Amateure in Den Haag. Er wird sich nicht daran erinnern. Meine einzige Berührung mit dem Ruhm ist er nicht; die Struktur des Radsports ist so, dass es nach 1963 keine Tour de France gab, von der ich nicht mindestens einen Teilnehmer selbst in einem Rennen getroffen habe. Damals gewann der Belgier De Breuker zwei Etappen mit einem gepfefferten Sprint, den er mir siebzehn Jahre später in Seniorenrennen persönlich demonstriert hat.

1980 war mein Topjahr mit einundzwanzig Renngefährten in der Tour. Danach ist das etwas weniger geworden, eine Alterserscheinung. Doch kommen auch posthum (ich fahre schon drei Jahre keine Rennen mehr) noch neue Gesichter dazu: Wenn die Zeichen nicht trügen, kann ich mich noch jahrelang an Maarten Ducrot erfreuen, dem Psychologiestudenten aus Utrecht, der gestern Dritter wurde in der Tour de l'Avenir und der zweifellos nächstes Jahr als Profi die echte Tour fahren wird.

Von Ducrot hörte ich das erste Mal, *während* ich mit ihm fuhr. Das war 1979, in einem Rennen für Senioren und Sportklasse in Putten. Während ich im Peloton blind vor Müdigkeit einem in meiner Erinnerung teuflischen Tempo trotzte, hörte ich bei jeder Durchfahrt den Sprecher kreischen, dass eine Minute uns voraus eine Zweimannspitzengruppe fuhr, bestehend aus Bakker (einem anerkannten Tempohenker, der viele dieser Rennen gewann) und Ducrot, einem neuen Namen, für den die Achtung sofort in mir gemeißelt stand. Kurz darauf *sah* ich Ducrot auch zum ersten Mal: Er stand verschwitzt an der Seite, ein magerer Junge mit weit abstehendem Kraushaar, alles andere als ein Rennfahrertyp, eher ein Friedensdemonstrant. Er hatte sich kaputt gefahren und war sofort abgestiegen, er dachte gar nicht daran, wieder zum Peloton zu gehören.

In der Umkleide wurde mit Respekt über ihn gesprochen. Ducrot war einundzwanzig, fuhr in dem Jahr zum ersten Mal und sprang ungehobelt mit seinem Talent um, von dem er noch nicht die leiseste Ahnung hatte, wie groß es war. Er dachte eigentlich in keinem einzigen Rennen daran, sehr lange zum Peloton zu gehören, hatte mit seinen prinzipiellen mörderischen Ausreißversuchen auch schon mal gewonnen, aber auch schon öfter dadurch aufgeben müssen.

Im Jahr darauf wechselte er zu den Amateuren, allmählich bekam er doch etwas Rennverstand, begann Furore zu machen auf nationalem Niveau, und 1982 wurde er mit dem niederländischen Team Weltmeister beim Zeitfahren über hundert Kilometer.

Manche überkommt der Ruhm, von dem ich hier spreche, einfach. Im Winter 1978 nahm ich einmal einen befreundeten Hobbyfahrer mit zum »Molenploeg«, wie das gemeinsame Training Amsterdamer Fahrer schon mehrere Jahrzehnte nach dem ursprünglichen Treffpunkt heißt. Knetemann, damals Weltmeister, war gerade dieses Mal kurz in Amsterdam und trainierte mit. »Was ihr hier kostenlos zu sehen bekommt, dafür müssen normale Leute ein Vermögen zahlen«, sagte er. So viel zu Verlegenheit.

Meinem Freund, der noch nie einen echten Rennfahrer von nahem gesehen hatte, fielen die Augen raus. Mit dem Weltmeister in einem Peloton, für alle anderen Hobbyfahrer in den Niederlanden war das ein unerreichbarer Traum. Er konnte dem Tempo gut folgen, aber der Traum drohte schnell zu enden, denn irgendwo entlang der Ringvaart bekam Knetemann einen Platten. Eigenartigerweise wurde nicht auf ihn gewartet; vielleicht dachten alle, dass es beleidigend sein würde, ihm Hilfe anzubieten, oder man hatte Angst, danach sofort abgehängt zu werden.

Ich hatte die Entschuldigung, dass ich bei meinem Freund bleiben musste, aber kurz darauf hatte der einen Platten. Es ergab sich so, dass, gerade als wir fertig waren mit seinem Reifenwechsel, Knetemann vorbeigefahren kam. Zu dritt fuhren wir weiter. Erst blieben wir verblüfft am Hinterrad, aber schnell machte der Weltmeister deutlich, dass ein paar Ablösungen willkommen wären. Ich denke, dass er gerade seine Winterpause hinter sich hatte; sogar mein Freund konnte einen Beitrag leisten. Aber es wurde eine lange Jagd, und kurz bevor wir zurück im Peloton waren, wurde mein Freund abgehängt.

Als er das sah, ließ Knetemann sich zurückfallen, nahm ihn ans Hinterrad und brachte ihn wieder nach vorne.

Nachschrift 2015: In seinem Buch von 2010, *Wie de trui past, trekke hem aan*, erzählt Ducrot seine Version des Rennens von Putten. Er war auf dem Fahrrad von Utrecht nach Putten gefahren, sechzig Kilometer gegen den Wind. Fast unmittelbar nach dem Start war er mit Bakker ausgerissen, aber etwa zehn Runden vor dem Ende begann bei ihm das Licht auszugehen; er hatte zu wenig gegessen. Er konnte nicht mehr nicht mehr die Führung übernehmen und bekam darüber Gewissensbisse: *Jeder Meter am Hinterrad ist profitieren, also unfair.* Und er stieg ab – und nahm *die totale Verwunderung des Publikums* auf sich. [...] *Ein Fahrer aus der Spitzengruppe, der ohne abgehängt zu werden aus dem Rennen aussteigt.*

Nach dem Rennen machen andere Fahrer ihn rasch schlauer: Wenn er drangeblieben wäre, wäre er Zweiter geworden. Oder warum nicht, womöglich hätte er Bakker auch noch geschlagen. Ein paar Zeilen weiter hat Ducrot seine Lektion schon gelernt: *Absteigen macht man nur, wenn jemand mit einem Gewehr kommt und droht, dich von deinem Fahrrad zu schießen.*

SPRINTEN LERNEN (1983)

Nächsten Freitag ist es zehn Jahre her, dass ich entdeckte, dass ich sprinten konnte. Ich machte meine Entdeckung in Enschede, wo noch etwas anderes passierte, was man als vorgeformte Erinnerung sehen kann: Zusammen mit einem Freund, auf dem Rad unterwegs von der Umkleidegelegenheit auf dem Gelände der Technischen Fachhochschule zur Strecke, die im Hafen lag, verirrte ich mich. Nirgendwo eine Absperrung zu sehen, und zwischen den rosigen Kirchgängern niemand mit Reserverädern in seiner Hand. Und niemand, der wusste, wo wir hinmussten, man bekam nicht den Eindruck, dass die Stadt wochenlang gebrummt hatte wegen unseres Rennens. Wir verloren denn auch unser Rennen gegen die Zeit, aber zu unserem großen Glück war der Start um eine viertel Stunde verschoben worden.

Auch abgesehen davon ist an Enschede zu sehen, wie mein Radrennfahren alles drumherum in Flammen gesetzt hat. Ich erinnere mich an den Geruch dieses Tages, an den Witz, den mein Freund unterwegs erzählte (er wollte fortan nur noch mit einer Übersetzung von 47x11 fahren), an meinen Gedanken »nicht schlecht von dem Krabbé«, als ich eine Lücke auf dem Vlaardinger Onck schloss, an das Löffelchen mit dem Emblem von Enschede, das ich bei einem Prämiensprint gewann, daran, wie ich nach dem Rennen mein Rad gegen die Mauer der Umkleidegelegenheit stellte.

Ich lese in letzter Zeit viel über die morphinartigen Stoffe, die der Körper bei schweren Anstrengungen ans Gehirn sendet und die dann das bekannte Wonnegefühl verursachen; sind das vielleicht dieselben Stoffe, die dafür sorgen, dass das Zeitgefühl bei Rennen anders ist? Enschede fühlt sich an, als wäre es zwei Monate her.

Aber gut, die Entdeckung. Sprinten wird meist gesehen als ein im Prinzip radsportfremdes Vermögen, das aufs Geratewohl über die Fahrer unterschiedlichster Typen verstreut wird: Man hat es oder man hat es nicht und man kann es kaum erlangen. In meinem ersten Jahr als Rennfahrer ging ich davon aus, dass ich es nicht hatte, und es gab wenig, das auf das Gegenteil hinwies. In Massensprints wurde ich Zwanzigster, in kleinen Gruppen Siebter von neun. Ich krümmte meinen Rücken jedoch brav und ich zog eine Gewichthebergrimasse, aber immer fuhren die Fahrer vor mir schon zu schnell und ich endete auf dem Rang, auf dem ich meinen Sprint begonnen hatte.

Dass ich in Enschede dieses Löffelchen gewann, steht dazu nicht im Widerspruch. Was ich schon gut konnte, war am Hinterrad bleiben, wie schnell es auch ging, und ich war stark genug, um mich in den richtigen Augenblicken nach vorne zu drängen, bis ich ungefähr auf der erwartbar zu erreichenden Position fuhr.

Trotz eines spannenden Rennverlaufs lief es in Enschede auf einen Massensprint hinaus. Das Ziel war auf einer langen, geraden Asphaltstraße. Mit noch fünfhundert zu fahrenden Metern hatte sich das Peloton über die gesamte Breite der Straße verteilt. Ich fuhr in der zweiten Reihe, ungefähr auf dem Platz, den ich mir selbst zugedacht hatte, dem fünfzehnten. Aber irgendwann entstand in der Reihe vor mir eine Lücke.

Ich dachte: Ich kann da durch, aber das mach ich nicht, denn es ist an den Sprintern, das zu tun, und das bin ich nicht. Doch musste blitzartig das Rollenverfestigende dieses Gedankens zu mir durchgedrungen sein, denn bevor ich es wusste, setzte ich an, flog durch die Lücke, fuhr allein an der Spitze und begann so schnell zu fahren, wie ich konnte. Erst zwanzig Meter vor der Ziellinie wurde mein Weltbild einigermaßen wiederhergestellt, als mich zwei Fahrer überholten. Ich wurde Dritter, mein schönstes Ergebnis bisher.

Übrigens war *das* nicht die Entdeckung, die ich meinte; ich sah mich selbst als einen letzten Ausreißer, der im Ziel eingeholt wurde. Eine Woche später, bei einem nächsten Rennen, traf ich den Mann, der in Enschede gewonnen hatte. »He, Sprinterlein«, begrüßte er mich. Ich wusste nicht, was ich hörte. Ich ließ es ihn erklären, es war nicht als Scherz gedacht. Was ich getan hatte, sagte er, das *war* einfach sprinten. Nach vorne kommen und vorne bleiben, das war neunzig Prozent der Sprintarbeit. Und dann einfach so schnell fahren, wie man konnte, und gucken, wie viele noch an einem vorbeikamen. Plötzliche Kraftanstrengungen, wie ein Wirbelwind an einem halben Peloton vorbeifliegen, das war mehr das Bild, das Außenstehende vom Sprinten hatten.

Nach Qualitäten verlangen und entdecken, dass man schon von ihnen Gebrauch macht, das ist wohltuend. Als ich demzufolge erfahren hatte, dass ich ein Sprinter war, mischte ich mich in den Kampf um die Plätze, die für die Sprinter bestimmt waren, und das hat mir jede Menge Vorteil eingebracht.

FLASCHE (1983)

Im Juli brachte das amerikanische Wochenblatt *Time* eine Geschichte über die Tour de France. Eine gute Gelegenheit für Radsportliebhaber, sich einmal von der anderen Seite des Fernglases zu betrachten. »Bei den häufigen Sprints und den halsbrecherischen Abfahrten kann die Geschwindigkeit hundert Kilometer pro Stunde erreichen.« Und so weiter, ähnlich der Samstagsbeilage über Klootschießen. Woraufhin übrigens ein standardgemäßer Leserbrief folgt. »Ihr Berichterstatter behauptet, dass C. Klein Riekerink von 1927 bis 1932 sechs Jahre hintereinander Meister wurde. Dabei begeht er aber einen viel gemachten Fehler: Der Gewinner 1928 war H. Klein Riekerink, sein Bruder!«

So auch hier. *L'Equipe* ist ein Wochenblatt; Christophe wurde 1913 von wilden Bären attackiert; Merckx hatte 1971 schon fünf Mal die Tour gewonnen; es war sehr heiß, aber dass die Geschwindigkeit manchmal bis auf dreißig Kilometer pro Stunde sank, da rieben sich sogar die alten Hasen ihre Augen; Hinault machte dieses Jahr nicht mit, weil die Organisatoren ihm in die Quere kommen wollten und die Tour zu schwer für ihn gemacht hatten. Hinaults Schwäche sind nämlich lange Etappen, und davon gab es zu viele. Auflage sechs Millionen.

Simon, der Senior, brach sich bei einem Zusammenstoß seine Schulter, aber verzagte nicht. *Lurking back in the pack* pflegte er seine Verletzung so gut es ging und mit Erfolg, denn später, während der peinigenden Fahrt durch die Pyrenäen, eroberte er die Führung, demzufolge die alte Tourweisheit wiederentdeckend, dass auch das Üben von Geduld ein gelungenes Unternehmen sein kann. (Der achtundzwanzigjährige Simon brach sich nicht die Schulter, sondern erlitt einen Riss in seinem Schulterblatt. Das passierte *nach* den Pyrenäen; er kam keinen Berg mehr hoch. Das sind nur die nettesten Fehler von den mehr als zwanzig, in einem kleinen Artikel.)

Auf der anderen Seite des Spektrums befindet sich der belgische Radsportjournalismus. »Hoffentlich gewinnt nächsten Sonntag ein Belgier«, schrieb vor ein paar Monaten eine flämische Zeitung in einer Vorschau auf die Belgische Meisterschaft. Die Schmähung des Radsportchauvinismus unserer Nachbarn im Süden war diese Saison in der Tat kolossal. Wahrscheinlich hat der Sieg von Ludo Peeters im Großen Herbstpreis nur Sand ins Getriebe gestreut. All das köstliche Selbstmitleid, das parat lag. Seit 1951 zum ersten Mal kein einziger Sieg bei den Klassikern! Auch das wird ihnen nun vor der Nase weggeschnappt.

Aber die Presse in Belgien ist fachkundig und wird das immer bleiben, und nach einem Klassiker kaufe ich immer die belgischen Zeitungen. *Auf den Vesten zu Geraardsbergen haben zwei junge Kerle, die sich mit einem Moped fortbewegten, einen anderen Mopedfahrer überfallen und geschlagen.* Das stand gestern auf der Seite »Dinge des Tages« der *Gazet van Antwerpen.* Warum begann ich diese kleine Nachricht zu lesen auf dieser Seite, auf der ich nichts zu suchen hatte? Hatte ich unbewusst den nächsten Satz schon gesehen? *Das Opfer ist Lemond aus Geraardsbergen.*

Endlich Antwort auf die Frage, die mich schon vage beschäftigte, seit der Amerikaner Greg LeMond Furore als Rennfahrer zu machen begann, und die sich mit Nachdruck aufdrängte, als er Weltmeister wurde: die Frage nach seinem Namen. Was ist der Hintergrund dieses Namens? Welche der drei durcheinander verwendeten Schreibweisen ist die richtige: Lemond, LeMond oder Le Mond? Heißen mehr Leute so?

Der Name Lemond (die meist verwendete Schreibweise) ist auf den ersten Blick gewöhnlich, ein Name, den man sich kein zweites Mal anschaut, aber es begann mir aufzufallen, dass ich ihn auch kein zweites Mal sah. Hatte LeMond (die richtige Schreibweise) Namensvettern? Dieses kleine Mysterium ist nun also gelöst, danach sucht man in einer niederländischen Zeitung vergeblich.

Über den Hintergrund des Namens habe ich zwei Theorien. Die erste wurde (schon lange bevor er Weltmeister war) suggeriert von LeMond selbst. Wenn er in Europa gebeten wurde, seinen Namen zu buchstabieren, sagte er aus Bequemlichkeit: »Wie die französische Zeitung, aber ohne e am Ende.« Und ohne Leerzeichen, hätte er dann eigentlich noch dazu sagen müssen. Diese Ähnlichkeit scheint darauf hinzuweisen, dass das M tatsächlich groß geschrieben werden muss und dass der Name französischen Ursprungs ist. Den einigermaßen schicken Eindruck, den so ein Großbuchstabe mitten in einem Namen macht, erweckt er zu Unrecht. In Amerika werden viele ursprünglich ausländische Namen mit einem Artikel zusammengeschrieben, mit Beibehaltung ihres zweiten Großbuchstabens. Beispiele sind DeLorean (Autos und Kokain) und DeSalvo (der Würger von Boston).

Wenn es stimmt mit dem französischen Hintergrund, dann ist LeMond ein prachtvoller Name für einen Weltmeister. Aber wenn der Name rein amerikanisch ist, dann ist das Umgekehrte der Fall. Lemond, *lemon*, denkt man dann. Dass das Zitrone bedeutet, ist Nebensache, es ist ein häufig verwendetes *Slang*-Wort mit einer wohl sehr ungünstigen Bedeutung: Schwächling, Trottel, Flasche, Katze im Sack, im Allgemeinen: *something or someone that is or proves to be defective or unsuitable.*

Genügend um zu emigrieren, auch ohne die Aussicht, Weltmeister im Radsport zu werden. Aber ist man definitiv sicher? *Der Zweisitzer zog Lemond den Helm vom Kopf und schlug ihn bewusstlos.*

Ob es Verwandtschaft ist? Dann doch ein Zweig, der es schon viel früher satt hatte, *defective or unsuitable* zu sein – ich sehe zumindest einen in erster Generation nach Europa emigrierten Amerikaner nicht so schnell auf einem Moped landen und schon gar nicht am Sonntagmorgen um etwa 2:30 Uhr angegriffen werden in Geraardsbergen.

Ja, Geraardsbergen, der Kenner spitzte seine Ohren schon, sobald dieser Ortsname genannt wurde. Die Mauer! Ich war schon mal in Geraardsbergen und Op *de Vesten*, das ist die Mauer, ein etwas offiziellerer Name dafür. Die Mauer von Geraardsbergen, ein Heiligtum des Radsports, der schwierigste Scharfrichter der flämischen Klassiker, und der Ort, wo der entfernte amerikanische Cousin noch viele Triumphe schmieden wird. *Lemond wurde am Tatort zurückgelassen, nachdem er seines Geldes beraubt wurde.*

RADRENNFAHRER AUF DEM FAHRRAD (1983)

Letztens fand ich bei meiner Mutter einen Korkenzieher, mit dem etwas war. An einem Ende des Handgriffs befand sich ein hohles Mundstück mit gleich daneben einer Einkerbung im Holz. Ich blies darauf und es erklang ein Flötenton. Mein Gott! Ein Korkenzieher, der auch eine Flöte war!

Dinge, die auch ein anderes Ding sind, finde ich ein Vergnügen der bedrückenden Sorte.

Aber wie abfällig ich meine Frage auch klingen ließ, auf welche Art und Weise dieses Ding in der Familie gelandet war, natürlich fühlte ich die Antwort schon kommen: Ich hatte es meiner Mutter selbst geschenkt, vor langer Zeit, zu ihrem Geburtstag.

Es waren denn auch nicht ausschließlich Scham und Rührung, die ich fühlte, weil ich vor fünfundzwanzig Jahren den Korkenzieher für sie ausgesucht hatte. Ich stehe noch hinter mir selbst. Es war meine erste Konfrontation mit einem Ding, das auch ein anderes Ding ist, und im Prinzip ist so etwas überraschend und witzig; dass das Prinzip zu oft und zu wahllos angewendet wird, konnte ich da noch nicht wissen.

Es muss irgendwann angefangen haben mit dem Bleistift, der gleichzeitig Radiergummi war, und als dieser Erfolg hatte, kamen unzählbare kombinierte Gebrauchsgegenstände hinzu, die gemeinsam haben, dass nie jemand sie für sich selbst kauft: das Radio, das gleichzeitig eine Wasserwaage ist, der Flaschenöffner mit einem Kamm als Handgriff, der Zauberwürfel von Rubik, der ein Anspitzer ist, die Taschenlampe, die auch als Zigarettenanzünder dient. Alles schön, aber zu oft gemacht.

Auch außerhalb des Basars funktioniert das Prinzip. Reagan hat dem seine Präsidentschaft zu verdanken. Ein Politiker, der Präsident ist, das interessiert nicht, aber ein Schauspieler, der auch Präsident ist, das ist eine witzige und aufregende Idee, für die man durchaus seine unbedeutende Stimme übrighat. Spasski hinterm Billard, Karpov im Tenniskostüm, ich kann nicht genug davon bekommen.

Das spektakulärste Beispiel, das ich miterlebt habe, ist das von Ton Olthof, einem Amsterdamer Rennfahrer, mit dem ich oft zu Rennen in Belgien fuhr. Vor achteinhalb Jahren, an einem Tag, von dem ich wusste, dass er nachmittags einen Klassiker fahren musste, traf ich ihn morgens auf dem Markt. Er saß auf einem Fahrrad, seinem normalen Fahrrad, mit einer Tasche am Lenker. Es war, als ob ich noch nie so etwas Verrücktes gesehen hätte – wäre er als Indianer verkleidet gewesen, ich hätte es einfacher verarbeiten können.

Natürlich sah ich schon öfter Rennfahrer, die etwas anderes taten, sie fuhren Auto oder saßen auf ihrer Couch und guckten Fernsehen; dass der Anblick von Olthof mich so frappierte, muss dadurch verursacht worden sein, dass das, was er tun sollte (Radrennen fahren) und was er tat (zum Markt fahren, um einzukaufen), mit demselben Wort beschrieben werden konnte: Fahrradfahren. Ein Radrennfahrer auf einem Fahrrad, wie findet man so was.

Olthof machte dort auf dem Markt uneigentlich Gebrauch von der Idee »Fahrradfahren«, etwas womit ich oft konfrontiert wurde, wenn Menschen »Komm doch mal vorbei« sagten, wenn sie hörten, dass ich auf Trainingstouren manchmal in der Gegend war. Davon abgesehen, dass verschwitzt eine Tasse Tee zu trinken ungemütlich und sogar gefährlich ist, musste ich ständig erneut den Gedanken kurz verarbeiten, dass mein Fahrrad ein Transportmittel sein sollte. Das ist es nicht. Der trainierende Radsportler fährt nicht irgendwohin, er fährt Rad. Jede Art und Weise, auf die er sein Fahrrad anders verwenden würde statt als Trainingsapparat, wäre unangebracht.

Das gleiche Gefühl der Ungereimtheit beschlich mich, als Kelly die Lombardei-Rundfahrt gewann. Ein Ire, der ein Radrennen gewinnt! Meine gesamte Erziehung sträubt sich dagegen. Radrennen werden von Belgiern, Franzosen und Italienern gewonnen und wenn schon etwas Außergewöhnliches passieren muss, von einem Niederländer. Dieses Jahr dagegen gab es *acht* Premieren der Sorte »erster Ire gewinnt Klassiker«. Das ist zu viel des Guten.

Ein Rennrad ist kein Transportmittel und ein Ire gehört nicht aufs Radsportpodium. Korkenzieher, bleib bei deinen Leisten.

Nachschrift 2015: Jetzt muss ich in einem Ergebnis manchmal über die ersten zehn hinausschauen, bevor ich einem Rennfahrer aus einem der traditionellen Radsportländer begegne.

TRAUER (1981)

Was mache ich am Sonntagnachmittag in Liechtenstein? Ich sollte meine Beine mit Muskelsalbe einreiben, auf dem Rand eines Kinderbetts in Sint Pancras, Oene oder Ouwegem sitzend, im Haus des Streckenanwohners, bei dem ich mich umziehen durfte, denn für Umkleiden sorgten die Rennorganisatoren selten.

Hier ist nirgendwo ein Rennfahrer zu sehen und deshalb schreibe ich jetzt diesen Text, um mir selbst klarzumachen, dass ich keine Rennen mehr fahre. Acht Jahre habe ich das gemacht, bis vor ein paar Monaten. Aber vielleicht hätte ich einen anderen Moment auswählen müssen als Moment der Trauer. Denn es gab genügend Rennen an anderen Tagen, um das Radsportgefühl nicht speziell mit dem Sonntag zu verbinden. Es gab einen anderen wöchentlichen Radsportmoment – Donnerstagmorgen, wenn der *Wielersport* mit der Post kam, das Magazin des Radsportverbandes mit den Ausschreibungen für die kommenden Rennen. Das hastige Abreißen der Hülle, das erste flüchtige Durchsehen der Ausschreibungen war wie das Auspacken von Geschenken. Man konnte in Krommenie fahren, in Haarle, in Rijswijk, in Hilvarenbeek, in Grouw – Abenteuer mit unbekanntem Ausgang, aus denen man wählen konnte, fast als ob es Lebensläufe waren. Was sollte man jetzt mal werden; Goldsucher in Costa Rica, Aufständischer in Russland, Blackjackträumer in Liechtenstein, man brauchte sich nur anzumelden.

In den Ausschreibungen stehen Datum, Ort und Name des Rennens. Manchmal heißen sie einfach »Ronde van Beltrum« oder »Ronde van Sint Oedenrode«, aber die meisten haben Namen wie: »31. Ronde van de Paasberg in Arnhem«, »5e Groot Internationaal Bergcriterium van

Voerendaal«, »Ronde van de Baarzen«, »Omloop van de Kleine Hein«. All diese Namen habe ich aus einer Ausgabe von *Wielersport*, der vom 7. Mai, die ich bei mir habe, hier in Liechtenstein.

Ein seltenes Mal steht in so einer Ausschreibung ein Radrennfoto, aber nie eins vom Jahr davor – ein Peloton Berühmtheiten will dich zur »Schlacht von Ambacht« oder zur »Ronde van de Generaal Spoor-Kazerne van Ermelo« locken. Verborgene Verführer; man kann das Gefühl nicht ganz unterdrücken, dass man dort mit Hinault und Zoetemelk am Start stehen wird.

In jeder Ausschreibung sind die Kategorien aufgelistet, die fahren können, die Entfernungen, die Startzeiten, die Preisverteilung. Über die Strecke steht selten was drin, obwohl das doch wichtige Informationen wären. Wie lang ist der Rundkurs, wie scharf sind die Kurven, sind es Pflastersteine oder ist es Asphalt, ist ein Anstieg oder eine falsche Ebene dabei, wie breit ist die Zieleinfahrt, wie lang die letzte Gerade? Manchmal weiß man das von vorigen Jahren, manchmal hat man was von anderen gehört.

Mit den Daten, einer Karte der Niederlande und deiner Administration von schon angenommenen oder abgewiesenen Anmeldungen beginnt dann eine herrliche Stunde des Abwägens und Auswählens zwischen den Rennen, manchmal sechs oder sieben für den gleichen Tag. Schwierig ist, dass die Ausschreibungen sechs Wochen vor dem Renndatum in *Wielersport* stehen müssen, aber dass nicht jeder sich daran hält. Wenn man sich nun für ein bestimmtes Rennen anmeldet, dann sieht man vielleicht nächste Woche etwas Schöneres für diesen Tag. Das ist Pech, denn für mehrere Rennen am gleichen Tag anmelden und daraus dann später eins auswählen, geht nicht: Es werden harte Sanktionen verhängt auf das, was in der Rubrik Auferlegte Strafen »doppelt anmelden« heißt.

In Belgien geht es weniger bürokratisch zu. Vorher anmelden existiert dort nicht mal. Das Blatt *Cyclo-Sprint*, das ich abonniert hatte, veröffentlicht jede Woche eine schlichte Liste mit Rennen, die anderthalb Wochen später gefahren werden. Ortsname, Anzahl Kilometer, Café für die Startnummern. Nicht »Fünfte Große Silberne Adlerrunde von Baardegem«, sondern: »Baardegem«. Man kann auch auf gut Glück nach Belgien fahren, die

Zeitung kaufen, nachschauen, wo an dem Nachmittag gefahren wird, und da dann hingehen. Man kann immer starten. Man kommt einfach eine Stunde vor dem Start, zeigt seine Lizenz, bezahlt die Anmeldegebühr und die Kaution für seine Startnummer. Eine Minute vor dem Start ist mir übrigens auch mal gelungen, da haben sie kurz gewartet.

Eine maximale Anzahl Teilnehmer gibt es nicht in Belgien, was am Anfang der Saison, wenn jeder fahren will, es aber noch wenige Rennen gibt, manchmal zu Pelotons mit mehr als zweihundert Mann führt. Wenn die Startnummern alle sind, holt jemand ein Laken aus einem Wäschekorb und es werden weitere Nummern ausgeschnitten.

Aber in den Niederlanden ist der Donnerstag, mehr als einen Monat vor dem Rennen, der entscheidende Tag. Dann kommt es auf Schlagfertigkeit an. Hier gilt sehr wohl eine maximale Anzahl Teilnehmer, abhängig von der Breite und der Kurvigkeit der Strecke. Und weil es oft etwa tausend potenzielle Anmelder gibt, muss man auf die Leerungszeiten des nächsten Briefkastens achten, denn die Organisatoren geben das Startrecht außer an Freunde und lokale Vedetten an die ersten Einsender. Ich hatte den Vorteil eines freien Berufs und indem ich am Donnerstag, in der Stunde zwischen der Zustellung des *Wielersport* und der ersten Leerung, meine Wahl traf, die Startkarten ausfüllte, die Umschläge adressierte und meine Anmeldungen in den Briefkasten warf, hatte ich mindestens zwei Leerungen Vorsprung auf die Rennfahrer, die den *Wielersport* erst vorfanden, wenn sie um halb sechs von ihrer Arbeit nach Hause kamen. Einwohner von weit entlegenen Provinzorten bekamen die Zeitschrift manchmal erst am Freitag – die hatten einen nicht zu überbrückenden Rückstand.

Nach dem Einwerfen in den Briefkasten folgte eine Zeit der Unsicherheit, bis die Startkarte gut zurückgekommen war, meistens in Kinderhandschrift ausgefüllt, um welche Uhrzeit und in welcher Kantine oder in welchem Café man seine Startnummer abholen konnte. Das Finden von so einer Karte in der Post war ein Moment des Glücks; das Abenteuer lag nun wirklich bereit, um erlebt zu werden.

Aber manchmal blieb die Karte gruselig lang aus. Wenn es um ein wichtiges Rennen ging, informierte man sich während des Abendtrainings unter der Woche oder bei den Clubrennen beieinander: »Hast du den Omloop van de Goudvallei schon gut zurück?« Und dann gab es manchmal das nervige Gerücht, dass Dingsbums ihn schon gut zurückhatte, zwei Tage schon. Und manchmal gab es den widerlichen Moment, dass man die Startkarte, die man in seinem Briefkasten fand, umdrehte und unter hoffnungsvollen selbst geschriebenen Worten »Kirmesrennen von Haarle« den unerbittlichen Stempel vorfand: AUSGEBUCHT.

Das war erst Trauer.

DIE STRECKENFÜHRUNG (1981, 2015)

In Amerika wurde rund um das Jahr 1900 ein Flussschiffer vors Gericht gezerrt, weil er eine Brücke, unter der sein Schiff nicht hindurchkonnte, in die Luft gesprengt hatte. Als Verteidigung führte er an, dass der Fluss früher da war und dass er das Recht hatte, Hindernisse von der Route zu entfernen.

Bei Bahnübergängen ist oft weniger deutlich, was zuerst da war, die Straße oder das Gleis – aber dass Züge dort Vorfahrt haben, auch bei unbewachten Übergängen, spürt man auch ohne Kenntnisse von Verkehrsregeln. Für eine Art von Verkehr verursachen Bahnübergänge dagegen ein spezielles Problem: Radrennen. »Die Tour wartet nie«, aber dort muss sie doch kurz warten. Runtergelassene Schranken gehören zum Radsport wie platte Reifen, aber die schönen Fotos von Rennfahrern, die mit ihrem Rad und allem über die Schranken klettern, sind lange her. Jetzt ist das nicht mehr erlaubt und gibt es Regeln. Wird die Spitzengruppe aufgehalten, dann darf sie mit Beibehaltung des Vorsprungs weiterfahren – muss das Peloton warten, dann hat es Pech.

Aber in manchen Gegenden ist die Bahnübergangsdichte so groß, dass diese Regeln zu kurz greifen. Ein befreundeter Fahrer hat mal in einer Etappe der Vier Tage von Dünkirchen (einem Profirennen) bei drei geschlossenen Bahnübergängen warten müssen – und das war das Zeitfahren. In kleinen Pelotons mit zehn und zwanzig Mann, angesammelt in diesen Stau-Becken, kamen die Fahrer bei ihrem Rennen der Wahrheit über die Ziellinie.

Eine normale Etappe dieses Rennens führte über einen Rangierbahnhof, mit vielen unbewachten Übergängen, von denen an einem ein Zug stillstand. Als mein Bekannter dann eben pinkeln ging, sah er, dass das Peloton dabei war, unter dem Zug hindurchzukriechen, die Räder mit sich mitschleppend. Da warf er sich auch auf den Boden und kroch mit. Er wurde nicht abgehängt, »ich hatte gute Knie an diesem Tag«.

In den Niederlanden hat ein Rennen existiert, das die »Sechs von Sprundel« hieß, wahrscheinlich als Nachahmung der berühmten »Acht von Chaam«. Eine Sechs ist schwieriger; in Sprundel war deren Strich eine Straße ohne Mittelstreifen, wo das Peloton, sobald es sich zu einer Schnur formte, mit sich selbst drohte zusammenzustoßen. In Frankreich bin ich auch mal so ein Rennen gefahren, in einem Ort in einem schmalen Tal, wo man vielleicht keine andere Wahl hatte: Die Strecke bestand aus einer Minirunde mit einem letzten geraden Stück von fünfundzwanzig Metern, mit gleich daran anschließend einem kilometerlangen Stück Straße entlang des Flusses, wo auf einer Erweiterung ein Punkt aufgemalt war, den wir wie eine Boje umrunden mussten. Und dann wieder über die gleiche Straße zurück.

In den Tagen vor meinem ersten Rennen in den Niederlanden, einem Sportklasserennen in Raalte, stellte ich mir Renndirektorwagen vor mit heulenden Sirenen, Straßen, die vollständig für uns freigeräumt waren, über alle Veluwe-Pässe. Es war ein Traum, den ich später erkannte, als ich meinen sechsjährigen Sohn mitnahm, um sein erstes Fußballspiel zu sehen: das unseres Campingplatzes in Frankreich gegen das Dorf. Es stellte sich heraus, dass er ein Stadion erwartet hatte mit hunderttausend Zuschauern; das Knollenfeld mit fünfzehn Familienmitgliedern am Rand nahm er ohne Meckern hin. So wie ich in Raalte hinnahm, dass wir fünfzig Mal die gleiche Runde von einem Kilometer fuhren, die teils entlang einer vollen Kirmes führte und auf der stillen Seite über das Lager von dem, was ein Zwiebelverarbeitungsbetrieb zu sein schien.

In Belgien bin ich zwei Mal ein Rennen gefahren, das zum Zeitpunkt des Starts noch keine Ziellinie hatte. Ein Mal hörte ich später, dass zwei Cafés sich nicht einigen konnten, wer die Ziellinie vor der Tür bekommen sollte. Bei unserer Durchfahrt durch die Zielstraße (die stand schon fest) sah ich einen Mann mit einem Eimer Tünche, aber bei der Glocke für die letzte Runde stand er immer noch da, auf Anweisungen wartend. Die Kompromisslinie, bei der wir schließlich sprinteten, bekam vier oder fünf parallele gestrichelte Ziellinien mit abnehmender Helligkeit dazu, im gegenseitigen Abstand von 2,10 Meter.

Der schönste Rundkurs, den ich in den Niederlanden fuhr, war der von Huisduinen, wo in den siebziger Jahren ein paar Mal die Meisterschaft von Noord-Holland abgehalten wurde. Sie bestand aus zwei geraden Straßen, jede etwa zwei Kilometer, getrennt voneinander durch einen mit Felsbrocken besetzten Dünenrücken. Für die Zuschauer war das toll, denn oben auf dem Rücken konnte man das ganze Rennen verfolgen. Und für die Fahrer war es auch toll, denn wir konnten endlich mal richtig Rad fahren, über die langen, geraden Stücke.

Auf der Landseite hatten wir links Grasland und rechts diese Düne. Hinter dem Ziel war eine Kurve, die 180 Grad rechts hoch auf die Düne ging, und sofort wieder rechts runter zur Seeseite, wo eine Art Dienstweg verlief. Rechts hatten wir dort wieder die Düne und nun links das Meer. Auf dieser Seite ging die Straße über in ein Gefälle bis hin zum Wasser. Das war befahrbar und von der richtigen Straße nur durch einen weißen Streifen getrennt, aber beim Start war uns gesagt worden, dass wir nicht über diesen Streifen drüber durften.

Es blies aber ein starker Nordostwind, und es entstanden dort Windstaffeln. Die Starken, vorneweg, versuchten die Gruppe zu sprengen, indem sie auf dem Streifen fuhren und die anderen auf die Kante setzten. Nur gab es jetzt keine richtige Kante; statt eines Bordsteins, über den man nicht drüber *konnte*, hatten wir diesen Streifen, über den wir nicht drüber *durften*.

Es gab wenig dagegen auszurichten, dass wir das doch taten – einem Rennfahrer verbieten, im Windschatten zu fahren, nur weil sich irgendwo ein Streifen befindet, wäre unmenschlich. Die Windstaffeln von Hoffnungslosen links des Streifens reichten bis zur Brandung; Muscheln und kleines Treibholz knisterten unter den Rädern, und ein Knall konnte statt eines Plattens auch poffende Seealgen sein. Die Stärksten stachen bestimmt zwei Meter raus über den Schwächeren.

Aber ich erinnere mich nicht daran, dass in diesen Rennen jemals jemand aus dem Wettkampf gezogen wurde – weder von der Jury noch vom Meer.

SITTEN BEIBRINGEN (1982, 2015)

Goodwood 1982 wird weiterleben als die Geschichte von zwei Amerikanern: Mit den großen Favoriten Saronni und Kelly am Hinterrad fuhr LeMond, weniger als einen halben Kilometer vor der Ziellinie, die Lücke zu Boyer zu, der auf dem Weg schien, Weltmeister zu werden. »Die zwei Amerikaner spielen das Spiel vorzüglich«, rief unser Kommentator, aber ich begriff nichts davon. In dem Moment, in dem LeMond zu Boyer ranfuhr, sprang Saronni von seinem Hinterrad und wurde Weltmeister.

Die Tat von LeMond hatte so etwas Offensichtliches, dass ich sogar kurz dachte: Tja, Amerikaner, wohl schon stark, aber noch sehr dumm. Aber das ist natürlich Unsinn: LeMond, auch wenn er gerade erst einundzwanzig ist, wurde 1979 Weltmeister bei den Junioren und fährt seitdem ausgiebig in Europa – aber auch einem erfahrenen Profi* passieren in der Hitze des Gefechts Aussetzer.

Oder war da was zwischen LeMond und Boyer?

Einige Zeitungen sahen es als einen Aussetzer, die meisten als einen absichtlichen Todesstoß. Die Freude, mit der LeMond mit seinem Silber auf dem Podium stand, ließ das bereits vermuten, und was er zu den Journalisten sagte, lüftete sofort den ganzen Schleier: Wenn es einen Fahrer gab, dem er die Weltmeisterschaft nicht gönnte, dann Boyer.

* Immer noch, auch 2015, muss ich bei so ziemlich jeder Radtour ein paar Mal an LeMond (und an Knetemann) denken – wenn ich kurz auf den Pedalen gestanden habe und mich wieder hinsetze. Knetemann erzählte mir damals, dass er den sehr jungen LeMond, wenn *der* sich hinsetzte, immer seine Beine stillhalten sah. Da hatte er ihm den Tipp gegeben, dass man auch weitertreten kann, wenn man das macht.

Das lag auch auf der Hand: Nicht Boyer, sondern LeMond ist dazu vorbestimmt, die große amerikanische Vedette zu werden; eine Weltmeisterschaft von Boyer würde LeMonds Leumund schädigen, bevor er einen Leumund hätte. Wenn er durch seine Aktion selbst Weltmeister geworden wäre, dann wäre das ein Pluspunkt gewesen, mehr nicht.* Aber es ging weiter als das, es war rein persönlich: »I can't stand him.«

Ich hätte es Boyer gegönnt, auch rein persönlich, denn ich bin mal mit ihm in einer entscheidenden Spitzengruppe gefahren. Das war irgendwo tief in Belgien, 1975. Zwei Stunden lang fuhren Boyer und ich, und vier andere, damals Runden über die Pflastersteine und die Landstraßen einer kleinen Geisterstadt am Sambre. Ich erinnere mich an einen Steinbruch entlang des Flusses, den geduldigen Blick eines Mannes in der Hauptstraße, der mit dem Öffnen seiner Autotür wartete, bis wir vorbei waren, das sprunghafte Fortschreiten einer Eheschließung in einer kleinen Kirche, an der wir alle acht Minuten vorbeikamen.

Aber ich habe keine Erinnerung an Boyer. Eigenartig, denn ich schaute immer auf der Startliste nach bekannten Namen und als Amerikaner und starker Fahrer war er damals schon eine Koryphäe. Dass er der »junge Bursche, fuhr mühelos« aus meinem Tagebuch sein musste, begriff ich erst, als ich das Ergebnis unseres Rennens in der Zeitung sah. Er hatte gewonnen, aber davon war ich kein Zeuge gewesen, denn kurz vor Schluss war unsere Spitzengruppe in zwei Hälften zerbrochen und das hatte Boyer und mich für immer voneinander getrennt.

Jonathan Boyer war damals neunzehn und er fuhr für den altbekannten Pariser Club Boulogne-Billancourt, aber den französischen Hintergrund, den das und sein Name vermuten ließen, gab es nicht; er war geboren in Utah und aufgewachsen in Kalifornien, und er nannte sich Jock Boier, nicht Bwajeh. Als Siebzehnjähriger war er eigenmächtig nach Europa gekommen, um ein richtiger Radsportler zu werden, er gewann viel, und 1977 wurde er der erste Amerikaner bei einem europäischen Profiteam, Lejeune-BP. Aber seine Saison misslang und er ging zurück nach Amerika.

* Im Jahr darauf, 1983, wurde LeMond Weltmeister.

1980 begann er wieder, er gewann die Coors Classic (ein Etappenrennen in Colorado) und war im August der erste Amerikaner, der die Weltmeisterschaft fuhr; in diesem sehr schweren Rennen, gewonnen von Hinault, wurde er guter Fünfter. Das brachte ihm, zusammen mit LeMond, einen Vertrag ein bei Hinaults Team, Renault-Gitane. Das unvermeidliche Foto stand in den Radsportmagazinen: Boyer und LeMond lachend, jeder mit einem Glas Wein in der Hand, einem Baguette unter dem Arm und einem Barett auf dem Kopf.

In den dazugehörigen Geschichten sprach Boyer über seinen Traum, ein vollständig amerikanisches Team zu gründen, mit LeMond, George Mount, der in Italien fuhr, und Eric Heiden, dem Eisschnelllaufchampion – und er ließ durchschimmern, dass er auch ins Profipeloton zurückgekehrt war, um LeMond ein wenig zu helfen. Der war 1981 noch zu jung, um die Tour zu fahren, und so wurde Boyer der erste Amerikaner, der das tat* – er wurde Zweiunddreißigster.

Aber am Ende dieser Saison blieb LeMond bei Renault und ging Boyer zu einem anderen Team. Über die Hintergründe dieses Bruchs waren schon Anzeichen zu finden in den Radsportmagazinen. Zum Beispiel in einem Interview mit Mount: »Ich glaube, dass Boyer mich als Fahrer nicht gut genug findet, um das Wort an mich zu richten. In Amerika ist er nicht sehr beliebt bei den Fahrern.« Boyers Teamleiter Guimard nannte ihn »un marginal« – einen Außenseiter. Eine Rolle spielte vielleicht auch, dass Boyer die Tour nicht in seinem Teamtrikot gefahren war, sondern in einem *Stars and Stripes*-Trikot, das suggerierte, dass er US-Meister war. Eine amerikanische Meisterschaft war gar nicht abgehalten worden, aber als Fünfter der Weltmeisterschaften betrachtete Boyer sich doch als solchen.**

In einer anderen Geschichte ist die Rede von einem großen Mercedes, mit dem er als zwanzigjähriger Amateur zu den Rennen kam – der wurde

* Mount war der erste Amerikaner, der eine große Rundfahrt fuhr – kurz bevor Boyer das in der Tour tat, war er den Giro bis zum Ende gefahren.

** Boyers amerikanisches Meistertrikot soll animiert, vielleicht sogar ausgedacht worden sein von Lévitan, einem der Tourdirektoren. Der sah darin Werbung, um die Tour in Amerika bekannter zu machen.

vom Vorsitzenden seines französischen Clubs schnell in eine Garage gesteckt, um den Frieden mit den Teamkollegen zu wahren.

Über die Tour von 1981 wurde auch erzählt, dass Boyer als Vegetarier nicht am gemeinschaftlichen Tisch aß, viel in der Bibel las, eine koreanische Akupunkturistin mithatte und nicht nachließ, seine Teamkollegen darauf hinzuweisen, dass seine Seealgen und Nüsse weit ihren Steaks und Vitamin-Injektionen vorzuziehen waren.

Kurzum, Boyer war die Art von Fahrer, die Fahrer sich zielsicher raussuchen, um sie zu schikanieren. Das war es, was wir in Goodwood sahen: Jemandem wurden Sitten beigebracht.

Wer jetzt Jock Boyer im Internet sucht, findet vier Dinge: Goodwood; amerikanische Radsportlegende; Kindesmissbrauch; Ruanda.

Es ist ein attraktiver Gedanke, dass LeMond Boyer in Goodwood der Weltmeisterschaft beraubte, aber die alten Bilder* zeigen anderes.

Die Ankunft war ein schwieriger Anstieg von etwa zwei Kilometern. Gerade innerhalb des letzten Kilometers attackiert Boyer, aber sein Vorsprung auf die ungefähr dreißig Mann hinter ihm wird nie größer als fünf oder sechs Sekunden. LeMond ist in der Gruppe auf dem dritten Platz, an seinem Hinterrad Saronni und Kelly. Fünfhundert Meter vor dem Ziel (Entfernungsschilder sind nicht zu sehen, genauso wenig wie der Teufelslappen) zieht LeMond an; Saronni und Kelly ziehen mit. Dann folgt die Kamera sekundenlang dem allein fahrenden, alles gebenden Boyer, aber bei zweihundertfünfzig Metern ist Saronni bei ihm und zieht sofort an ihm vorbei, so schnell, dass LeMond nicht folgen kann und Boyer stillzustehen scheint. Trotz ausführlichen Jubels auf den letzten hundert Metern gewinnt Saronni mit vier Sekunden Vorsprung vor LeMond und einer mehr vor Kelly; Boyer wird Zehnter mit dreizehn Sekunden.

Die Zeitunterschiede suggerieren, dass, auch wenn LeMond nichts unternommen hätte, Boyer überholt worden wäre, sogar wenn der Sprint erst hundert Meter vor dem Ziel eingesetzt hätte. Kelly (der Kapitän von

* https://www.youtube.com/watch?v=jjZ4pXZ9MP4

SEM, Boyers Team) war später einer der wenigen, die dachten, dass Boyer wirklich eine Chance gehabt hatte. »Er hielt sein Tempo, er hatte eine gute Lücke. Dass LeMond ihn wieder einholte, war das Eigenartigste, was ich je in einem Rennen gesehen habe.«

Boyer fand, dass LeMond ihn bestohlen hatte. Nach der Zieleinfahrt ging er zu ihm, um zu fragen, warum er das getan hatte, und LeMond soll da gesagt haben, dass es ihm egal war, wer gewann, »solange du es eben nicht warst, denn du verdientest es nicht zu gewinnen«. Zu anderen hat LeMond gesagt: »Der Boyer ist so ein *jerk*. Ich verachte ihn, ich wollte nicht, dass er Weltmeister wird.«

Später wurde auch bekannt, dass das Fehlen von Teamgeist Boyers eigene Schuld genannt werden konnte: Bei der Besprechung vor dem Rennen hatte er darauf gedrängt, dass die Amerikaner, als Rennen-im-Rennen, um die nationale Meisterschaft fahren sollten. LeMond fand das Unsinn, denn dann würden sie gegeneinander fahren. Man wurde sich nicht einig und so fuhren die sechs Amerikaner jeder für sich – und konnte Boyer sich nicht berufen auf Verpflichtungen, die er selbst nicht gewollt hatte.

Laut LeMond hatte Boyer sowieso keine Chance gehabt. Wie hätte er ihm auf den letzten vierhundert Metern auch helfen *können*? »Das Einzige, was ich hätte machen können, war, an der Spitze der Gruppe bremsen, zu Boden stürzen und hoffen, dass Saronni nicht vorbeikonnte.«

Als in der Tour von 1983 der Träger des Gelben Trikots, Simon, sich bei einem Sturz einen Riss im Schulterblatt zuzog, wodurch er später aufgeben musste, summte es im Peloton, dass Boyer diesen Sturz mit Absicht verursacht hatte, um seinem Kapitän und Favoriten Bernaudeau zu helfen. Eine manifeste Quatschgeschichte, aber dass mit dem Finger auf Boyer gezeigt wurde, wird kein Zufall gewesen sein. Das Peloton mochte ihn nicht.

In dieser Tour wurde Boyer Zwölfter – seine beste Platzierung bei fünf (allesamt zu Ende gefahrenen) Frankreich-Rundfahrten. Nach seiner letzten Tour 1987 (99.) hörte er auf; 1998 wurde er aufgenommen in die amerikanische *Cycling Hall of Fame*. Ein Wegbereiter war er sicher – mit ihm begannen die glorreichen Jahre des amerikanischen Radsports.

Boyer reagierte außergewöhnlich nett, als ich 2006 seine E-Mail-Adresse irgendwo fand und ihm eine E-Mail schrieb, in der ich fragte, ob er sich an ein Amateurrennen wie Moustiers-sur-Sambre 1975 nun noch erinnerte.

Ja doch, diese Art von Rennen waren ihm noch ein Begriff, »ein paar dieser belgischen Rennen aus meiner Anfangszeit lassen sich nicht so einfach aus dem Gedächtnis vertreiben«. Er sah den Ort noch vor sich, aber über das Rennen selbst würde er erst noch mal tief nachdenken müssen, dann käme davon wohl auch noch was zurück. Von meinem Buch (»Das Rennen«, »The Rider« auf Englisch) hatte er nicht gehört, aber sollte es ihm begegnen, dann würde er es sicher lesen. Genau wie ich fuhr er noch Rennen, und wenn ich zufällig mal in Kalifornien wäre, dann sollte ich ganz bestimmt vorbeikommen, dann würden wir zusammen zu ein paar Rennen fahren. Aber er selbst, auch wenn er manches Mal »OT« genannt wurde (für Old Timer), fuhr am liebsten bei den 30+. Oder er käme wieder mal nach Europa, dann würden wir dort zusammen zu Masters-Rennen gehen; in Europa gab es viel mehr gute ältere Rennfahrer als in Amerika. In ein paar Tagen würde er das RAAM fahren; das *Race Across America*. »Ich bin verrückt, dass ich das mache, aber es wird ein interessantes und schweres Rennen.«

Er sagte es nicht dazu, aber dieses Rennen hatte er schon mal gewonnen, 1985, als er die Tour de France dafür ausgelassen hatte. Für dieses Rennen (5.000 Kilometer in einer Strecke; 30.000 Höhenmeter) von Küste zu Küste hatte er damals 9 Tage, 2 Stunden und 6 Minuten gebraucht. Und auch jetzt, wo er fünfzig war, gewann er, sah ich später im Internet – in der »Solo enduro«-Kategorie, und das war keine Altersklasse.

Eine Mail zurück blieb leider unbeantwortet.

Was ich nicht wusste (nicht, dass ich es zur Sprache gebracht hätte), war, dass er 2002 verhaftet und verurteilt wurde wegen unsittlicher Handlungen mit einem Mädchen, zwischen ihrem zwölften und sechzehnten Lebensjahr. Die zwanzig Jahre auf Bewährung, die er bekam, wurden umgewandelt in ein Jahr, von dem er neun Monate im Gefängnis saß. Darüber, was nun genau los war, ist natürlich wenig zu finden, aber Boyers Freunde, darunter auch Eric Heiden, schreien am lautesten, dass sie kein Problem damit haben, ihn mit ihren jungen Kindern alleine zu lassen – man bekommt den Eindruck, dass nach den Maßstäben von Clinton kein Sex stattgefunden hatte. Darüber, was Boyer dann schon mit *Jane Doe* tat, steht im Urteil, dass er »dabei ein Mal Französisch sprach«.

Mit so etwas ist man natürlich für viele das, was man einst getan hat. »Vor den Augen der Welt wäre ich besser dran gewesen, wenn ich einen Mord verübt hätte«, sagte Boyer später – aber er muss natürlich furchtbar aufpassen, was er über den Fall sagt. Am liebsten nichts, aber manchmal doch etwas. Seine Ehe scheiterte zu dieser Zeit, und mit dem Mädchen, einer Tochter von Freunden, verstand er sich gut. »Wir wurden eine Art Busenfreunde, wir machten viel zusammen, normale Dinge. Wir hatten immer all unsere Kleider an. Ich habe meine Rolle vollkommen überschritten, es war eine Zuwiderhandlung meines ganzen Wesens.«

Ein alter Freund: »Er schloss eine enge Freundschaft mit einem dreizehnjährigen Mädchen, das sich furchtbar in ihn verliebte. Sie war frühreif und er ging damit nicht gut um. Als er aufhören wollte und zu ihr sagte: ›Es ist unangebracht für uns, auf diese Art und Weise befreundet zu sein‹, schlug sie zurück und ging zur Polizei. [...] Er hätte nicht mal einen Tag im Gefängnis sitzen dürfen.«

Ich fühle einen Haufen weniger Abneigung gegen Boyer als gegen den Interviewer, der ein Zeitschriftenporträt lang, wenn er die Wiederholung von »Boyer« vermeiden will, nicht »der Ex-Radsportler« oder etwas Ähnliches schreibt, sondern: der *child molester*. »Der *child molester* betet vor jeder Mahlzeit.« »Der *child molester* und ich sprechen einander vier Tage im Frühling 2007.« »Der *child molester* denkt nach über sein Ziel im Leben.« »Wir sprechen viel über Radsport und wie der *child molester* der erste Amerikaner wurde, der die Tour de France fuhr.«

Der Autor fügt hinzu, dass es vielleicht ungerecht ist, Boyer »child molester« zu nennen, weil er so ein großer Sportler gewesen ist und jetzt solche guten Taten vollbringt. Aber: Viele finden nun einmal, dass so jemand das Recht verspielt hat, für einen guten Menschen gehalten zu werden. Es gibt »Menschen, die finden, dass ich Unrecht tue, indem ich mit etwas anderem als Empörung über dieses Verbrechen schreibe. Über diesen Verbrecher. [...] So geht das mit *child molesters*. Das ist ihr Schicksal. Das ist, wie viele Menschen denken. Das ist, wie ich dachte, als ich nach Kalifornien flog, um mit Jonathan Boyer zu sprechen. Und dann beteten wir zusammen.«

Der fünfzigjährige Boyer in diesem Stück, aktueller Gewinner des Race Across America, ist Siebenter-Tags-Adventist, fährt jeden Tag Rad, hat seinen Pilotenschein, schaut kein Fernsehen, hört kein Radio, liest keine Zeitungen, trinkt keinen Alkohol und nur alkalisiertes und mit ultraviolettem Licht desinfiziertes Wasser, schläft auf einer elektromagnetischen Matte und glaubt, dass die Fluoridierung des Trinkwassers ein Regierungskomplott ist, um die Freisetzung von Giftstoffen durch Atomwaffen zu verschleiern.

Boyer muss sich noch jedes Jahr als Sexualstraftäter registrieren lassen in Kalifornien, und das ist schwierig für ihn, denn er wohnt seit 2007 in Ruanda. »Das war keine Flucht oder Buße«, sagt er »pikiert«, als der *New Yorker* ihn das fragt. Er ließ sich einverleiben, erst zögernd, aber schon bald mit dem Einsatz von allem, was er ist, von einem Projekt eines alten kalifornischen Radsportfreunds, um das Radfahren und den Radsport in Ruanda zu entwickeln und so einen Beitrag zu leisten für die Wiederauferstehung dieses Landes nach dem Genozid 1994. Jetzt ist er Trainer vom Team Ruanda, und er träumt davon, vielleicht zusammen mit Äthiopien und Eritrea, mit einem vollständig schwarzen afrikanischen Team die Tour zu fahren. Einer seiner Fahrer, Niyonshuti, hat es schon als Mountainbiker zu den Olympischen Spielen in London geschafft und fährt für das südafrikanische Pro Continental Team MTN-Qhubeka, neben Fahrern wie Boasson-Hagen, Ciolek und Theo Bos.*

Vorläufig geht Boyer nicht mehr weg aus Ruanda. Über Team Ruanda schreibt er regelmäßig einen Blog** und 2012 wurde eine Dokumentation

* MTN-Qhubeka hat eine Wildcard für die Tour 2015 bekommen. Ob dann Ruander in dem Team sind, wird sich erst später herausstellen.

** https://teamrwandacycling.org/blogs/jock-boyer

gedreht, *Rising from Ashes* – ein Titel, der vermuten lässt, dass darin zwei Wiederauferstehungen auf eine Stufe gestellt werden, die von Ruanda und die meines alten Spitzengruppenkollegens.

RUNDFAHRTEN (1987)

Rein:

»Mein Bruder und ich sammelten Rennfahrer, die beim Kaugummi mit drin waren. Damit spielten wir, was wir ›Rennfahrerschießen‹ nannten. Wir legten die Bilder auf den Boden und schossen sie eins nach dem anderen mit dem Zeigefinger weg. Wie sie landeten, war das Etappen-Ergebnis.

Wir wechselten uns ab, denn man bekam einen lahmen Finger davon. Der eine schoss die Fahrer, der andere notierte die Ergebnisse. Wir fuhren auf diese Weise die Tour, den Giro und die Ronde van Nederland. Das Fertigstellen aller Wertungen war viel Arbeit, aber davon lernten wir gut rechnen.

Wenn die Bilder anfingen, sich auf der Rückseite abzunutzen, dann klebten wir ein durchsichtiges Stück Klebeband oder ein Stückchen Leukoplast drauf. Sie wurden dadurch viel härter und schossen weiter weg als die anderen. Bei wichtigen Rennen gaben wir den Niederländern also extra oft so ein Klebeband. Aber wir versuchten auch ehrlich zu bleiben, so hat einmal ein total unbekannter Belgier, Rik Evens, mit so einem nigelnagelneuen Leukoplastbändchen die Tour und den Giro gewonnen, und das sogar an einem Tag.

Nach ein paar Jahren gab es den Kaugummi nicht mehr, wir schnitten dann unsere Fahrer selbst, aus alten Schuhkartons: Darrigade, Gaul, Nencini, Anquetil. Mein Favorit war Martin van den Borgh. Ich schoss seine Karte immer ein bisschen extra doll. Dadurch hob er manchmal vom Boden ab und segelte wie ein Bumerang zurück. Wenn das mit Van den Borgh passierte, dann durfte er noch mal geschossen werden.«

Max:

»Im Urlaub in Frankreich hatte ich kleine Fahrer gekauft. Ich klapperte alle Spielzeugläden ab, bis ich hundert verschiedene hatte, und damit bildete ich zehn Teams von zehn Mann. Ihre Namen schrieb ich nicht drauf, ich erkannte sie so. Für das Gelbe und das Grüne Trikot hatte ich einzelne, gelb und grün angemalte Fahrer. Also wenn Nencini das Gelbe Trikot hatte, dann stand der echte Nencini vorübergehend an der Seite. Anquetil und Rivière waren schön, Gummifiguren, die auch von ihrem Rad herunterkonnten. Nencini sehe ich noch so vor mir, er war aus Eisen. Er hat ein paar Mal meine Tour gewonnen.

Meine Tour bestand aus ungefähr dreißig Etappen. Eine Etappe war eine Anzahl hintereinander gelegte Spielkarten, eine für jeweils fünf Kilometer. Ich warf mit einem Würfel, die Zeit eines Fahrers war die Anzahl Würfe, die er für die Strecke brauchte, mit einem Bonus für die Anzahl Augen, die er über die Ziellinie schaffte. Ich war ehrlich, aber ich versuchte doch bewusst, den großen Fahrern mit Gedankenkraft zu helfen.

Das Berechnen der Wertungen war natürlich furchtbar viel Arbeit, aber darum ging es gerade. Ich hatte große karierte Hefte voll mit diesen Wertungen, es war ein herrlicher Anblick, sich das anzugucken.«

Herman:

»Ich machte das mit einem Damespielbrett und einem Strategobrett, die ich nebeneinander gelegt hatte. Eine Etappe war eine Runde darauf, achtunddreißig Felder. Es gab vier Teams, die zwei an zwei gegeneinander fuhren; ich war immer Italien plus Frankreich; mein Freund die Niederlande plus Belgien.

Aber ich spielte es auch oft allein. Die Fahrer waren Strategofiguren, später hatte ich dafür echte Plastikfahrer. Wenn man auf ein besetztes Spielfeld kam, dann durfte man die geworfene Anzahl Augen noch einmal. So wurden alle Felder ziemlich gefüllt, wodurch man ein Peloton bekam, das zusammenblieb. Weil das Peloton einander also half, war Ausreißen schwierig. Aber manchmal bekam man Spitzengruppen, die einander schön als Sprungbrett benutzten.

Die Berge in den Bergetappen waren Damespielsteine. Je mehr Spielsteine hintereinander, desto höher die Kategorie des Berges. Da kam man nur weiter mit einer Eins; für einen Pass der ersten Kategorie musste man vier Einsen werfen, das hielt also unglaublich auf. Aber in der Abfahrt zählten alle Würfe doppelt. Bei Zeitfahren fuhren die Rennfahrer alleine um das Spielbrett, das waren ein bisschen langweilige Etappen.

Wir hatten auch Bahnrennen, aber wie wir das Steherrennen simulierten, führt vielleicht zu weit. Auf jeden Fall waren die Bomben von Stratego die Motorräder.«

Bert:

»Die Regeln meiner Tour waren dieselben wie die der normalen Tour, und es fuhren dieselben Fahrer. Ich habe angefangen mit Streichholzschachteln, aber die nahmen zu viel Platz weg. Dann bin ich umgestiegen auf Wäscheklammern. Darauf schrieb ich Namen und Land des Fahrers. Ich legte sie auf einen Berg und dort griff ich dann immer blindlings hinein, um eine Spitzengruppe zusammenzustellen. Eine Etappe war, dass die Wäscheklammern auf diese Art im Zimmer herumfuhren, das Ziel war auf einem Stück Plane. Wenn dann noch eine Gruppe zusammen war, dann gab ich mit meiner flachen Hand einen Stoß dagegen, für den Zielsprint. Es landeten dann manchmal Fahrer unter dem Schrank, aber ich verlor sie nie wirklich.

Ich gönnte den starken Jungs ein wenig einen Vorteil, eine Spitzengruppe einiger kompletter Außenseiter in einer schweren Bergetappe wurde schon wieder eingeholt. Es durfte nicht lächerlich werden. Meine Tour hat immer starke Gewinner gehabt. Nencini gewann sie bei mir, *bevor* er die normale Tour gewann.

So eine Etappe ging schon schnell, aber das Berechnen der Wertungen kostete viel Zeit. Aber das war auch das Schönste und ganz spannend, denn die Konsequenzen einer Etappe konnte ich nie sofort überblicken. Nach ein paar Etappen ging es etwas schneller, denn meine Mutter benötigte manchmal Wäscheklammern, dann brauchte ich auf einmal eine beträchtliche Anzahl ausgestiegener Fahrer. Nie die Großen, darauf achtete ich wohl. Wenn ich aus der Schule kam, schaute ich immer sofort bei der Wäscheleine. Ich fühlte doch etwas dabei, wenn eine meiner Unterhosen an Bahamontes und Nencini zum Trocknen hing.«

DER BLICK VON BERNARD (1987)

Bei John Kennedy und John Lennon weiß ich es nicht mehr – dass Tom Simpson tot war, sah ich beim Frühstück in der Zeitung, in einem Hotel in Zierikzee, während der niederländischen Schachmeisterschaften 1967. Ich weiß noch, wo ich saß, wo die Nachricht auf der ersten Seite stand und dass in der Überschrift so ein milderndes Wort stand wie »umgekommen«. Simpson war gestorben während der Auffahrt zum Mont Ventoux; es war dort fünfundfünfzig Grad gewesen und er war erstickt. Es ergriff mich zutiefst: Dass man auf dem Rad einen tödlichen Unfall haben konnte, in einen Abgrund stürzen konnte zum Beispiel, war eine Sache, aber dass man sterben konnte vom Radfahren selbst… das war gruselig.

Ich stelle mir vor, dass er während seiner letzten Kilometer diese Vision hatte: Überall auf der Straße stehen Pfeile mit den Buchstaben TS. Er denkt: TS, soll das für mich sein, ist es eine Anfeuerung? Warum nicht einfach Allez Tommy? Oder Go Tom? Einen Kilometer vor dem Pass, andere Fahrer und Zuschauer sind ihm immer weniger klar erschienen, er weiß nur noch, dass er hochmuss, steht über die gesamte Breite der Straße: *14 juillet*, LA TOM SIMPSON. La Tom Simpson? denkt er, was ist denn *la* an mir? Ich bin *Le* Tom, Major Tom. Und der 14. Juli ist doch erst morgen? Dann begreift er es, und ihm wird angst und bange.

Diesen Sommer war ich ein paar Tage in Bédoin, am Fuße des Ventoux, und an einem dieser Tage, zwanzig Jahre und einen Tag nach Simpsons Tod, machte ich mit bei einem Cyclosportive: hundertsiebzig Kilometer von Carpentras nach Carpentras, zwei Mal über den Ventoux und zwei Mal am Simpson-Denkmal vorbei. Die Fahrt hieß LA TOM SIMPSON und es gab vierhundertdreißig Teilnehmer. Es gibt viele dieser Radmarathons, die meisten größer, aber das war die erste Ausgabe dieses Tom Simpsons, und für mich war es neu, in einem Peloton mit mehr als vierhundert Mann durch die schlafenden Dörfer zu stieben, bis wir bei dem ersten Anstieg, irgendwo hinter dem Ventoux, auseinanderplatzten.

Unter den Teilnehmern waren auch Barry Hoban und Vin Denson, Engländer und Teamkameraden von Tom an dem fatalen Tag. Um ihn zu ehren, hatte Hoban damals die nächste Etappe gewinnen dürfen, nachdem Denson, mit dem Tom echt befreundet war, sich geweigert hatte. Wurde jahrelang erzählt, aber in einer aktuellen *Sport International* sagte Denson, dass er für dieses Ritual auserwählt war, aber dass, während er sich im Peloton vorbereitete, um den traurigen Sieg zu erringen, Hoban attackiert hatte. Und er hätte schwer die Verfolgung aufnehmen können.

Denson hat jahrelang nicht mit Hoban sprechen wollen, aber nun standen sie beim Start zusammen und machten Witze. Denson hatte ein Trikot an, auf dem auf der Brust BONJOUR stand und auf dem Rücken POUSSEZ. Hoban, der wie bekannt nicht lange nach dem Drama die Witwe Simpson heiratete, hielt eine kleine Rede vor den englischsprachigen Teilnehmern: Es gab gefährliche Kurven in den Abfahrten und er mahnte uns zur Vorsicht – wir wollten doch nicht, dass jemand im Krankenhaus landete. Anfangs fuhr ich eine Weile in seiner Nähe: ein die Morgensonne und das Gratistempo im Peloton genießender grauer Herr. Später hörte ich, dass er den Tom Simpson nicht beendet hatte.

Ein paar Tage später, am 19. Juli, kam das Tourzeitfahren Carpentras–Ventoux durch Bédoin – das erste Mal nach 1958, dass es in der Tour auf dem Ventoux ein Zeitfahren geben sollte. Schon Tage vorher standen auf dem Berg Wohnmobile und Zelte und wurden Schanktische gezimmert; die Straße wurde fast eine Zeitungsspalte, mit wenigen weißen Zeilen und als Text Namen von Fahrern, vor allem dem von Caritoux, dem lokalen Favoriten.

Als wir am letzten Abend mit dem Auto noch mal gucken gehen wollten, stießen wir auf eine Straßenabsperrung, wo Männer in orangen Verkehrswesten hundert Franc für die Durchfahrt verlangten. Das erschien mir eigenartig; eine öffentliche Straße ist offen oder abgesperrt, aber nicht auf einmal eine gebührenpflichtige Straße. Karten verkauften sie nicht und es gelang mir, an ihnen vorbeizuschlüpfen und kostenlos zu sehen, wie der Berg eine biertrinkende, kartenspielende, Parolen kalkende, Radio-mit-Lautstärke-auf-Anschlag-einstellende Stadt geworden war. (Ein paar Tage später stand in der Zeitung, dass Unbekannte illegal Maut erhoben hatten auf dem Ventoux. Es wurde nach ihnen gesucht, Informationen waren willkommen. Ich fand es ziemlich geistreich: die vollste Straße Frankreichs zu deiner eigenen gebührenpflichtigen Straße erklären, ohne dass die Polizei es merkt.)

Als wir am nächsten Morgen um sechs Uhr, drei Stunden bevor der erste Fahrer aus Carpentras losfahren sollte, nach oben zu radeln begannen, liefen über die jetzt wirklich autofreie Straße tausende Menschen nach oben, wie eine Prozession von Flüchtlingen, die von ihren Besitztümern nur ihre Kühlbox gerettet hatten.

Einen Tag lang, nahe des Gipfels, waren wir ein Teil des sich teilenden Meeres von Zuschauern, von denen man sich, wenn man sie im Fernsehen sieht, nie vorstellen kann, dass dort Fahrer hindurchkönnen. Nur bei den ersten drei oder vier und den letzten zehn oder zwanzig versuchten die Gendarmen, etwas dagegen zu unternehmen, aber die anderen hundertfünfzig Fahrer müssen den ganzen Berg lang eine Menschenmauer gesehen haben, die sich erst im letzten Moment teilte.

Ich stellte mich zum Simpson-Denkmal; ich war neugierig, ob die Fahrer ihm die Ehre erweisen würden. Selbst bin ich dort nie vorbeigefahren, ohne »Hello Tom« zu murmeln, und jeder Ventoux-Fahrer, den ich danach fragte, hatte an diesem Ort auch so etwas getan. Auch Merckx, auf dem Weg zum Etappensieg 1970, hatte dort sein Käppi abgesetzt – welche Hommage würden die Rennfahrer Tom heute bringen?

Sie schienen alle was anderes im Kopf zu haben; sie waren während dieser Schachmeisterschaft in Zierikzee ja auch erst etwa fünf Jahre alt gewesen. Sie hatten eine Ausrede: Durch die Spaliere an Zuschauern war das Denkmal schwer zu sehen. Nur der Amerikaner Boyer drehte seinen Kopf kurz zur Bergseite. Als auch der englische Meister Timmis mit dem Blick auf unendlich daran vorbeigefahren war, stellte ich mich woanders hin. Es machte nichts; Simpson hat doch schon den ganzen Ventoux zu seinem Gedenkstein gemacht.

Für jeden ist der Ventoux schwer: erst recht für Fahrer, die etwas zu gewinnen haben, aber auch für diejenigen, die es etwas einfacher angehen lassen können. Wenn ich ihnen hinterhersah, erinnerten die Hinterleiber mich an Grabwespen und ich bekam das Gefühl, etwas Obszönes gesehen zu haben, das verborgen hatte bleiben sollen. Die meisten Gesichter waren nahezu engelhaft jung und ungezeichnet, es waren Vierzehn- und Siebzehnjährige dabei. Aber ich sah auch Fignon, der das Klettern verlernt hatte und der wie siebzig wirkte; es überraschte mich nicht, als ich am nächsten Tag las, dass er hatte absteigen wollen. Maarten Ducrot, mein eigener Favorit, schaute, als ich ihn anfeuerte, kurz in meine Richtung, aber er schien mich nicht zu sehen.

Nie habe ich jemanden so prachtvoll leiden sehen wie den vorletzten Fahrer, der vorbeikam, die Nummer zwei der Gesamtwertung: Jean-François Bernard. Er stand auf den Pedalen, seinen Blick weit am Gipfel vorbeigerichtet, wie ein Gefolterter, der nie seine Kameraden verraten wird. Wahrscheinlich wusste er, genau wie der ganze Berg, dass er eine sensationelle Zeit hinlegte; er hatte anderthalb Minuten Vorsprung vor Herrera.

Er gewann dieses Zeitfahren und eroberte das Gelbe Trikot. Dass er das am nächsten Tag schon wieder verlor, durch einen platten Reifen zu einem schlechten Zeitpunkt, und dass er die Tour nicht gewann und Dritter wurde hinter Roche und Delgado, das war kein Desaster – er war erst fünfundzwanzig; *Il gagnera son Tour*, wie die Zeitungen schrieben. Er war der Nachfolger von Hinault und Fignon.

Ein paar Monate später veröffentlichte Maarten Ducrot sein Büchlein *Berichten uit de Tour de France* über diese Tour. Er schockierte mich darin, indem er lakonisch war über sein Aufgeben durch Krankheit, ein paar Tage vor Paris, und vor allem mit dem, was er über das Ventoux-Zeitfahren schrieb. Dass er darin tat, als ob er vor allem darauf aus gewesen war, *meine*

Zeit aus Das Rennen zu verbessern, und ausruft: »Gewonnen!«, als er mich, nach Abzug des flachen Anlaufs, mit einer viertel Stunde Unterschied geschlagen hat, das war natürlich ein schmeichelnder Witz, aber dass er auch schreibt, entspannt hochgefahren zu sein, Ducrot-Sprechchöre genießend und Bekannten winkend – das enttäuschte mich.

Der zweite Teamleiter Hilaire van der Schuren, der hinter mir fuhr, fand es weniger toll. Oben sagte er verärgert: »Du hättest schon sechs Minuten schneller fahren können.« Ja, aber dann hätte ich leiden müssen und wäre Zwanzigster geworden oder so. Das hätte mir auch nichts genützt, und jetzt habe ich es zum ersten Mal ein bisschen genießen können: einen historischen Berg hoch unter lauten Zurufen. Ich bleibe doch irgendwo ein bisschen Tourist.

Ich schrieb ihm:

Ich hätte gedacht, dass du in ein schwarzes Loch gefallen wärst, als du aufgeben musstest – stellt sich heraus, dass es dir völlig gleichgültig ist! Sollte ich dann doch unrecht haben mit meiner Meinung, dass der wahre Profi in seinem Herzen Amateur ist, genau wie der wahre Künstler? Dieser Hilaire hatte recht. Zumindest, mit dem »böse sein«. Ob du wirklich Zwanzigster hättest werden können, hättest du selbst halt beweisen müssen. Anderthalb Stunden leiden, um in den Köpfen der paar hundert oder tausend Menschen, die dir speziell folgen, kurz den Gedanken zu verursachen: »Verdammt noch mal, der Ducrot, ZWANZIGSTER!«, wäre das echt so schlimm gewesen? Das Geheimnis des »professionell sein« ist doch nicht, dass man seine Jugendträume relativiert? Oder bin ich zu naiv und idealistisch?

Maarten antwortete:

Du konntest nur schwer glauben, Tim, dass ich augenscheinlich keinen Wert legte auf eine schnelle Zeit auf dem Ventoux und darauf, mit den anderen in Paris anzukommen. Echte Professionalität nannte ich das und für dich war damit ein Teil des Heldentums verloren gegangen. Hinterher sage ich, dass ich dumm daherschwätzte. Alles Schönfärberei, etwas, was fast alle Sportmenschen machen, wenn sie eine schlechte Leistung abliefern. Natürlich hatte ich auf dem Ventoux nicht die Einstellung, die Bernard hatte (du hast sicher das tolle Foto gesehen, das nur so strotzt vor enormem Leiden), aber ich bezweifle, ob ich viel mehr als 2' bis 3' schneller können würde als die ± 1 Stunde 7', die ich jetzt ab Bédoin brauchte, etwas, was ich wohl suggeriere mit »ohne Schmerzen nach oben fahren«. Genug davon, ich wollte das nur noch erwähnen, damit du deinen romantischen Blick auf den Radsport nicht sausen lassen würdest.

DER LÄUFER (1987)

Als ich mit dreißig mit dem Radsport begann, überragte der Ventoux in meinen Träumen die anderen Tourberge um Längen. Nicht nur durch den Tod von Tom Simpson 1967, einen Kilometer vor dem Gipfel, sondern auch weil der Ventoux ein Berg war, auf dem man sich mit den Champions vergleichen konnte – er war 1958 Zeitfahren in der Tour gewesen. Der Luxemburger Gaul gewann damals in einer Stunde und zwei; es ist ein Berg, über den man nicht in Sekunden spricht.

Noch bevor ich jemals einen Berg mit dem Rad hinaufgefahren war, fragte ich mich, wie tief ich in diese Wertung von 1958 eindringen könnte; es war mein Wunsch, irgendwann mal genauso gut zu sein wie Wim van Est, der eine Stunde und vierzehn für seinen Ventoux gebraucht hatte und der damit 55. der 93 geworden war.

Bei meinem ersten Versuch landete ich bei einer Stunde und zweiundfünfzig Minuten. Ich war zutiefst enttäuscht; die Verhältnisse im Radsport lagen anscheinend anders, als ich gedacht hatte. Aber nach sehr viel Training schaffte ich in meinem zweiten Jahr eine Stunde einundzwanzig, mit der ich 91. war in der Wertung von 1958. Aber es muss Zweifel geben an dieser schönen Zeit, denn auf halbem Wege war mir die größte Katastrophe passiert, die einen sportlichen Zahlenfanatiker treffen kann: Meine Uhr war stehengeblieben. Es war eine billige Kaufhausuhr, bei der, aber das entdeckte ich halt zu spät, im Extremfall die Enden des kleinen und des Sekundenzeigers einander berühren konnten, woraufhin das ganze Räderwerk stehenblieb. Ich versetzte ihr einen Schlag, wonach sie sofort wieder ging, und eine ehrliche Analyse meiner Zwischenzeiten ergab die eine Stunde einundzwanzig, aber als Rekord kann ich das nicht anerkennen; das Warenhaus hat meinen besten Ventoux vermasselt.

Mein Rekord ist nun eine Stunde zweiundzwanzig, eine halbe Minute vor Maurice Moucheraud, der 93. und Letzter wurde im Ventoux-Zeitfahren von 1958.

Vor ein paar Wochen wurde diese Wertung auf den Kopf gestellt in dem Zeitfahren dieser Tour de France, Carpentras–Ventoux. Der Gewinner, Jean-François Bernard, brauchte etwas mehr als achtundfünfzig Minuten für den Ventoux, und auch Delgado, Herrera, Parra und Acevedo blieben unter der Stunde – insgesamt verbesserten elf Fahrer Gauls Zeit von 1958.* Alle hundertvierundsechzig Fahrer blieben fünf Minuten oder mehr unter meiner einen Stunde zweiundzwanzig. Und das, obwohl sie vor Beginn des Anstiegs schon fünfzehn Kilometer lang, von Carpentras nach Bédoin, alle Register hatten ziehen müssen. Und die 1:22 war mein persönlicher Rekord, ich habe es verschiedene Male schlechter gemacht, und wenn ich die letzten Jahre durch den Wald des Ventoux fuhr und fantasierte, dass ich überholt wurde vom Ich meines Rekords, dann war dies zwei Kurven weiter schon wieder außer Sichtweite.

Dieses Jahr war es bitterer als sonst. Kinder, Trunkenbolde und der Ventoux sagen die Wahrheit. Ich habe schon seit ungefähr sieben Jahren aufgehört, Radrennen zu fahren, aber letztes Jahr gewann ich noch ein freundschaftliches Rennen auf dem Ventoux mit ein paar befreundeten Hobbyfahrern, von denen ich bei weitem der Älteste war. In eins dreiundvierzig, was freilich noch einen Schulterklopfer wert war. Dieses Jahr aber kehrten die Zeiten von einst zurück: eine Stunde fünfundfünfzig! Obwohl ich gerade etwas mehr trainiert hatte als in den letzten Jahren. Fast eine Dreiviertelstunde hatte Wim van Est auf dem Gipfel auf mich warten müssen, davon mehr als eine halbe Stunde in Gesellschaft dieser Rekord-

* Natürlich wurden die Zeiten von 1987 schon längst verbessert. Vaughters schaffte es in der Dauphiné Libéré 1999 in 56:50 (ich muss nun doch die Sekunden nennen) und das wurde 2004, auch in der Dauphiné, verbessert von Mayo auf 55:51. Soweit ich das nachprüfen konnte, ist das immer noch der Rekord.

version meines Ichs. Damit konnte ich leben, aber nicht mit meiner Niederlage, mit zwei Minuten Rückstand, gegen einen gleichaltrigen Freund, der erst seit kurzem etwas ernsthafter Rad fährt. Darum entschied ich mich, noch einmal den Ventoux hinaufzufahren, das letzte Mal in meinem Leben, in der Hoffnung, wenigstens meine allererste Zeit zu erreichen und so auch diesen Freund noch zu schlagen.

Ich fuhr allein. Kurz nach dem Beginn des Anstiegs sah ich einen Läufer vor mir, trottend und mühsam. Man sieht sie öfter in den Bergen, es gibt Kletterwettkämpfe für sie, an einem Lauf hinauf nach Alpe d'Huez scheinen hunderte Läufer mitzumachen. Ich überholte ihn, aber als ich mich etwas später auf einem geraden Stück umschaute, sah ich ihn zu meiner Verwunderung immer noch. Und ich sah ihn weiterhin, obwohl er auch ab und zu ein Stückchen wanderte. Es war sogar nicht zu leugnen: Er kam wieder etwas näher. Und das Schreckliche, aber auch Unabwendbare geschah: Ich hörte seinen schlurfenden Schritt wieder hinter mir, und auf halber Strecke des Bergs zog er an mir vorbei. Als ich zur Seite schaute, sah ich, dass er ein alter Mann war, mindestens fünfundfünfzig, vielleicht sogar sechzig. »C'est dur, hein?«, sagte er mit einem freundlichen Lachen.

Obwohl man im Fernsehen manchmal dicke Verrückte dutzende Meter bergaufwärts mit einem Radrennchampion mitrennen sieht und ich erst noch sehen will, wie viele Radfahrer mit dem Laufchampion von Alpe d'Huez mithalten könnten, wusste ich, dass hier ein vernichtender Schlag ausgeteilt wurde. Nicht umsonst ist der Ausdruck für einen Rennfahrer, der wirklich gar nichts mehr kann: Er ging zu Fuß.

Die Straßenrandtouristen, von denen viele immer am Ventoux sitzen und picknicken, und die immer ein fröhliches, gut gemeintes Anfeuern für einen sich abmühenden Radfahrer übrighaben, runzelten nun doch die Stirn. Dass der alte Verrückte ein Bravo verdiente, war klar, aber wie dann den Radfahrer hinter ihm, der nicht schneller fuhr, behandeln? Als ich vorbeifuhr, schaute man mich schweigend und unsicher an.

Ehrlich ist ehrlich: Ich fiel nicht weit zurück und kam sogar wieder etwas näher an den alten Renner ohne Rad heran. Aber gerade als ich an ihm vorbeifahren würde, kehrte er um und fing an, wieder runterzurennen, er hatte seine tägliche Dosis wahrscheinlich geschafft.

Meine Zeit wurde zwei Stunden eins, niemals vorher hatte ich mehr als zwei Stunden für den Ventoux gebraucht. Ich werde ihn nie wieder hinauffahren; die Anwesenheit dieses Läufers betrachte ich als ein Zeichen dafür – aber auch als einen Abschiedsgruß und eine Hommage des Ventoux an mich.

NICHT GESEHEN (1988)

Mein erstes Rennen in den Niederlanden, die Ronde van Raalte für Sportklassefahrer am 30. April 1973, endete mit einem Massensprint hinter zwei Spitzenfahrern. Ich kam nicht zum Zuge und sah zu meiner Verwunderung vor mir, dass nicht nur der Fahrer, der gewann und somit Dritter wurde, seinen Arm hochstreckte, sondern dass auch mindestens zehn andere Rennfahrer das taten. Relativieren ist der Erzfeind des Sports, aber musste man nun wirklich jubelnd ins Ziel fahren wegen seines dritten, sechsten, vierzehnten Platzes im Sportklasserennen von Raalte?

In der Umkleide wurde das Arm-Hochstrecken aufgeklärt. Die Fahrer taten es, um die Aufmerksamkeit der Jury zu wecken; Fotofinish-Geräte gibt es nur bei großen Rennen. Wo die Besorgnis herrührte, entdeckte ich ein paar Wochen später, als ich mich, in Oss, in einen Massensprint um den ersten Platz mischen konnte. Ich ließ mich zum ersten Mal nicht wegdrängen, es lief ganz gut, ich zählte mich selbst auf Platz elf. Aber als ich bei der Preisverleihung, die von hinten nach vorne vorgenommen wurde, nicht als Zwölfter oder Elfter nach vorne gerufen wurde, und auch noch nicht als Achter, begriff ich, was passiert war: nicht gesehen. Es war kurz, als ob ich nicht existierte, der Schmerz war stärker, als wenn ich nach einem Ausreißversuch auf dem letzten Meter überholt worden wäre.

Ich kam auch in Schwierigkeiten mit meinem Renntagebuch. Ich habe doch »11« in die Ergebnisliste eingetragen, nicht mit einem Ring drumherum, wie sonst, wenn ich ins Preisgeld gefahren war, sondern mit einem gestrichelten Kreis.

Ich befürworte es nicht, jubelnd als Elfter ins Ziel zu fahren, aber das ist doch vernünftig, um Irrtümer der Jury zu verhindern. Eine feste Frage in der Umkleide vor dem Rennen war denn auch: »Wo sitzt die Jury?« Es gab immer jemanden, der den Standardwitz kannte und rief: »In der Mitte!« – aber man musste dafür sorgen, dass seine Startnummer gut sichtbar auf der guten Seite angesteckt war, und wenn es irgendwie ging, sprintete man nicht zu nah am Jurywagen; dort übersahen sie einen leicht.

Ich bin der Düpierte etlicher Juryfehler gewesen, aber ich habe auch knallhart mit einem Blumenstrauß gewunken, während der Mann, der eine halbe Radlänge vor mir wirklich Dritter geworden war, gekränkt dastand und zuschaute. Es ist Geben und Nehmen im Radsport. Ich kannte einen Fahrer, der nicht spezialisiert war auf Klettern, Zeitfahren oder Sprinten, aber auf Sich-nach-dem-Ende-in-das-Ergebnis-Quatschen. Er endete meistens in der Nachhut, aber nach Schluss konnte man ihn oft beim Jurytisch finden. »Ich war bestimmt Neunter! Oder Achter, das weiß ich nicht genau. Okay, setz mich dann mal auf den zehnten. Da steht doch 23? Das muss 73 sein, meine Nummer.« So ist er oft, während seine Räder schon längst stillstanden, noch an halben Pelotons vorbeigeflogen.

Vor kurzem bekam ich ein paar Runden vor Schluss, in einem der Hobbyfahrerrennen, die ich noch manchmal fahre, einen platten Reifen. So spät bekommt man keine Runde mehr erstattet, aber als ich mich ans Ziel stellte, um mir dann halt den Sprint anzusehen, wurde ich auf den Jurywagen gerufen. Ob ich helfen wollte mit der Aufnahme der Ergebnisse; es würde ein Massensprint um den ersten Platz werden. Weil ich noch nie so etwas getan hatte, bekam ich die leichteste Aufgabe: Ich musste die ersten drei aufschreiben.

Eins und zwei hatte ich richtig, drei hatte ich nicht gesehen. Erst nach langen Diskussionen zwischen Rennfahrern, Jury und Zuschauern, bei denen ich nicht mitmachen durfte, konnte ein Name vor meinem Fragezeichen eingetragen werden. Nun weiß ich, dass ich früher weniger gekränkt hätte sein dürfen, wenn die Jury mich nicht gesehen hatte.

DER WAHRE PROFI IST AMATEUR (1988)

Am Ruhetag sagte Steven Rooks im Fernsehen, dass er mehr oder weniger durch Zufall zu diesem Radsport gekommen war. Weil er »aber ein bisschen Supertalent« dafür hatte, machte er halt vorläufig erst mal damit weiter. Aber er mochte alle Sportarten; wer weiß, vielleicht würden wir ihn in einiger Zeit beim Triathlon sehen.

Indem er den Zufall als entscheidenden Faktor in seiner Karriere kennzeichnete, sprach Rooks ein wahres Wort. Gleichzeitig rief er damit ein bitteres Bild hervor. Man braucht nur aus der Tür zu gehen und man sieht, mit einer Aktentasche unter dem Arm, einen Champion, der das aber nicht ist, weil er nie in Berührung gekommen ist mit dem Sport, der ihm in die Wiege gelegt wurde. Genauso gut hätte Rooks mit einem nackten Bierbauch in Alpe d'Huez stehen können, »Olé, olé-hé« rufend zu Theunisse, weil er dachte, dass es Lubberding war. Oder er wäre Schachmeister von Oterleek geworden und hätte in der Zwischenzeit gemerkt, dass ein Durchdringen zur niederländischen Spitze für ihn nicht drin war.

Rooks hatte das Glück, dass das Rennrad gerade noch rechtzeitig (er war schon achtzehn) auf seinem Lebensweg auftauchte, aber auch der geborene Rennfahrer, der dem Radsport doch begegnet, wird bedroht von einer milden Form dieser Tragik.

1957 gewann der fünfunddreißigjährige Pino Cerami die Belgien-Rundfahrt. Eine späte Belohnung für einen Rundfahrer, der als Helfer gut verdient hatte. Dachte man, auch er selbst. Aber als er achtunddreißig war, gewann Cerami Paris–Roubaix und ein paar Wochen später La Flèche Wallonne. Und danach gewann er ein prestigeträchtiges Eintagesrennen nach dem anderen. Unter anderem, er war da einundvierzig, eine Etappe in der Tour 1963, mit der er (und das ist er immer noch) der älteste Etappengewinner aller Zeiten wurde. Er hatte sich immer geirrt: Er war kein Helfer, sondern ein Siegfahrer; kein Mann für die Gesamtwertung, sondern für die Etappen. Hätte er das nur früher gewusst!

War es vielleicht Pech für Rooks, dass er vor fünf Jahren, zweiundzwanzig Jahre alt, Lüttich–Bastogne–Lüttich gewann? Hat er dadurch vielleicht das verkehrte Spezialgebiet gewählt, das des Eintagesfahrers – hätte er, wenn er sich sofort auf die großen Rundfahrten gerichtet hätte, vielleicht schon eine gewonnen? Aber nun fährt er großartig in der Tour, obwohl er im Frühling auch schon einer der Stärksten bei den Klassikern war; vielleicht ist er ein echter Allrounder. Und mit seinem zweiten Platz in der Gesamtwertung, seinem Bergtrikot, seinem Sieg in Alpe d'Huez, könnte man ein nettes Detail übersehen. In Alpe d'Huez wurde Van Poppel Hundertvierzigster, aber im Massensprint in Besançon, den Van Poppel gewann, war Rooks Achter. Vor Vanderaerden, vor Hermans. Er klettert, er sprintet, er fährt Zeit, er fährt Finale – ich liebe den Typ Rooks.

Rooks? Nüchternheit in diesem Interview verriet auch eine erfrischende amateurhafte Einstellung. Mehr und mehr hört man, wie über den Radsport als ein »Fach« gesprochen wird; immer wieder äußern unsere Reporter ihre Verwunderung über Visentini. Der Sohn eines Millionärs! Und trotzdem fährt er Rennen. Obwohl er das fürs Geld überhaupt nicht müsste.

Als ob Sport nicht eine Erfindung der Reichen wäre. Als ob der Wunsch, herauszuragen, zu sehen, wie weit man gehen kann, die Anstrengung zu genießen, nicht der Grund ist, mit Sport anzufangen, ob man dafür nun Geld bekommt oder nicht. Es ist eine naive Idee, dass die Rennfahrer für das Geld fahren würden, statt für die Blumen. Ja, für Geld wäre ein Ex-Profi, den ich kenne, gerne ein Mal auf den Champs-Élysées mitgefahren. Für Geld, das er *bezahlte*; Tausende hätte er dafür übrig gehabt.

Nie hörte ich das Missverständnis, dass Fahrradfahren »Arbeit« wäre, schlagfertiger entkräftet werden als von einem anderen Berufsfahrer. Das war 1974, im »Molenploeg«, in dem ich damals fast täglich mitfuhr. Ach, was mussten wir hart arbeiten, mitten am Tag, der Aprilsonne und dem Frühlingslüftchen ausgesetzt, auf den versengten Flanken der Dünen zwischen Scheveningen und Zandvoort. Auf dem Boulevard von Noordwijk, inmitten unseres Pelotons von hauptsächlich Berufsarbeitslosen, schüttelte dieser Radrennarbeiter die Faust zu den Menschen auf den Terrassen und rief: »Arbeiten, ihr Schufte!«

Der schwerste Beruf der Welt war der Titel eines Radsportfilms, der kurz vor der Tour im Fernsehen ausgestrahlt wurde und in dem das Loblied aller Entbehrungen noch einmal gesungen wurde. Ersatz-Ehrfurcht, und auch noch unangebracht. Den ganzen Tag Zahlen in einem Büro eingeben müssen, das ist schwer. Wenn Radsport so schwer wäre, warum würden dann ausgerechnet am Alpe d'Huez-Tag der Tour dort die wenigsten Fahrer hochfahren? An allen anderen Tagen ist es dort voll mit Radfahrern. Am Start des La Marmotte, eines Cyclosportive mit hundertsiebzig Kilometern über die Alpenriesen, brennen jedes Jahr siebentausend Radfahrer darauf, es schwer zu haben!

»Arbeit«, sagte der legendäre Soigneur Gerrit Visser (Coppi, Gaul, Anquetil), »das ist, was mein Vater gemacht hat. Der schleppte jeden Tag zwölf Stunden lang Ballen von fünfzig Kilo aus Schiffsfrachträumen hoch. Der fuhr jeden Tag zwei Mal Paris–Roubaix.«

Ich bewundere die Tourfahrer, aber nicht weil sie »arbeiten«. Früher fuhren Arbeiterjungen vielleicht schnell, weil sie den heißen Atem der Fabrik in ihrem Nacken fühlten, aber jetzt sind Sportprofis, und das haben sie mit Künstlern gemeinsam, einfach Menschen, die sich nicht anpassen wollen und die was Schöneres kennen, als ein nützliches Mitglied der Gesellschaft zu sein.

»Der Junge ist gut zugange in seinem Fach«, hört man manchmal über Sportler, auch von ihnen selbst; was für eine bürgerliche Art und Weise, das Geldverdienen mit Sport zu rechtfertigen. Ein Fach ist etwas, das schon da war und das von allen ausgefüllt werden kann; der Job »Steven Rooks« wurde von ihm kreiert und wird nicht frei werden.

Bewunderung verdienen die Fahrer nicht, weil sie so hart »arbeiten«, sondern weil sie sich das Risiko zutrauen, das jeder auf sich nimmt, der einem Traum nachjagt, *Scheitern* – und weil sie bereit sind, ihr bisschen Supertalent mit allen Anstrengungen, die dazugehören, urbar zu machen. Wer das gut macht, bekommt den Rest von selbst: Geld und Ruhm.

Der wahre Profi ist Amateur.

Nachschrift 2015: Cerami ist immer noch der älteste Gewinner einer Touretappe, aber seit 2013 ist er nicht mehr der älteste Gewinner einer Etappe in einer großen Rundfahrt. Chris Horner gewann damals, einen Monat bevor er zweiundvierzig wurde, zwei Etappen in der Vuelta und die gesamte Vuelta.

Es gibt viele Beispiele von Fahrern, die erst im falschen Sport landeten, oder in der falschen Disziplin des Radsports. Armstrong war Schwimmer und Triathlet, bevor er Radrennfahrer wurde. Hinault war in den Jugendkategorien ein national erfolgreicher Crossläufer, Fignon war ein regionaler Topfußballer. Kittel war Zeitfahrer, bevor er entdeckte, dass er sprinten konnte, Rasmussen und Evans waren Mountainbiker, Cavendish war BMX-Fahrer, Mountainbiker und Bahnrennfahrer, bevor er der große Straßensprinter wurde. Aber diese Liste lässt sich endlos erweitern.

DIE JUBELGESCHWINDIGKEIT (1988)

Einer meiner ärgerlichsten Stürze passierte zu Hause. Ich fuhr auf der Rolle, an sich ein eigenartiges Gefühl, denn man steht still, von nichts anderem aufrechtgehalten als durch die eigenen Lenkkorrekturen. Das ist nicht anders als auf der Straße, aber das Stillstehen und trotzdem Geradebleiben ist so unnatürlich, dass man schon allein vor Verwunderung umfallen würde.

Trotzdem ist auf der Rolle zu fahren nicht schwieriger als auf einer Straße in der Breite der Rolle. Ich hatte es schnell begriffen und mir gedacht, dass, wenn es nicht schwieriger war, ich auch im Wohnzimmer freihändig fahren können müsste.

Der Schaden beschränkte sich auf ein gebrochenes Schachbrett, eine krumme Schirmlampe und ein Loch in meinem Knie, aber ich war so töricht, von diesem Sturz zu erzählen, und schon bald summte es davon im Trainingspeloton. Knetemann fuhr extra zu mir ran, um zu sagen, dass man die Dinger auch mit Bügeln bekommen konnte, und Joop Rijnink erzählte über die Weltmeisterschaft, zu der er mal als Steher entsendet wurde. An einem Abend hatte er sich auf der Mittelfläche des Stadions auf der Rolle warmgefahren. Er hatte gleichzeitig nach den Konkurrenten schauen wollen, die vor ihm fuhren, und als er nach hinten sah, war er von seinem schmalen Weg abgekommen. Sturz. Die vierzigtausendfache Lachsalve, die dann erklang, betrachtete er als den Höhepunkt seiner Radrennkarriere.

Freihändig fahren ist nicht schwierig, aber trotzdem – es dauerte, bevor ich mich das auf dem Rennrad traute. Darauf ist es anders, der Schwerpunkt liegt niedriger. Nicht umsonst bekamen die Lenkerloslasser in meinem Peloton immer Ermahnungen an den Kopf geworfen. Ich tat es nie bei Rennen. Die Fahrer, die ich manchmal vor mir in siedenden, federnden Sprints die Arme hochwerfen sah, verstand ich nicht.

In belgischen Amateurrennen war Jubeln lange verboten. Es wurde trotzdem gemacht. In jeder Ausgabe von *Cyclo-Sprint*, dem belgischen Magazin des Radsportverbands, stand die Ehrenliste dieser Woche denn auch zwei Mal. Ein Mal bei den Ergebnissen, und ein Mal in der Rubrik »Auferlegte Strafen«, wo die Gewinner für ein Bußgeld von hundertfünfzig Franc noch extra im Vordergrund standen, dafür, dass sie »im Sprint den Lenker mit beiden Händen losgelassen hatten«.

Ich mache mir Sorgen bei all den Tour-Massensprints, in denen die Gewinner ihren Lenker auf den letzten Metern loswerfen. Bei ungefähr fünfundsechzig Kilometern pro Stunde, Mann an Mann, obwohl sie sofort hinter dem Ziel wieder scharf lenken und bremsen müssen, um sicher in dieser Tüte von Fotografen und Honoratioren zu landen. Aber es geht meistens gut, Stürze bei Massensprints sind selten. Das ist das Paradox der schützenden Gefahr: Jeder ist konzentriert.

Das Risiko, das die Siegesgeste vor dem Sieg selbst darstellt, scheint größer. Ist es auch kein Unsinn, mit dem totalen Wutausbruch, der ein Sprint ist, zehn Meter vor dem Ziel aufzuhören? Vor der Weltmeisterschaft 1979 sagte Jan Raas: »Wenn ich im Sprint dabei bin, dann sprinte ich bis zehn Meter hinter dem Ziel.« Und das tat er, ein lächerlicher Anblick, aber er wurde Weltmeister.

»Hinter dir!«, würde man manchmal so einem vor der Ziellinie jubelnden Fahrer zurufen wollen, aber das Risiko ist halb so schlimm. Wenn zwei Fahrer mit sechzig Kilometern pro Stunde nebeneinander auf die Ziellinie zusteuern, und der eine hält zehn Meter vor der Linie seine Beine still, dann verliert er ungefähr um fünfzehn Zentimeter, also ein viertel Rad. Setzt er sich auch aufrecht hin, mit seinen Armen in der Luft, dann wird daraus ein halbes Rad. Wenn er mehr als dieses halbe Rad vorne lag, dann gewinnt er also trotzdem. So zumindest ein Fahrradphysiker, dem ich diese Frage vorlegte; aber der sagte auch dazu, dass die Fehlerspanne seiner Berechnung fünfzig Prozent betrug. Kurzum, wer ein Rad vorne liegt, kann zehn Meter vor der Ziellinie sicher jubeln.

Ganz anders ist es bei niedrigeren Geschwindigkeiten, weil dann größere Geschwindigkeitsunterschiede auftreten können. Wie konnte der Da Silva so dumm sein, letzte Woche Mittwoch in Évreux, bis über beide Ohren lachend seine Arme in die Luft zu strecken, obwohl er fast stillstand auf diesem Schlussanstieg. Tat er das für seine Sponsoren, freuen die sich nur über Jubelfotos, auf denen ihre Namen gut lesbar sind? Nun blieb er noch einen zufälligen Zentimeter vor Rooks.

Aber auch Fahrer, die weniger ängstlich vor ihrem Sponsor zu sein brauchten, haben Fehler gemacht. Als Beweis lege ich eine Briefmarke von 50 Äquatorialguinea-Peseta vor, von 1973. Die ehrt Eddy Merckx, er ist sogar zwei Mal darauf abgebildet. Unter einem Einsatz mit seinem Porträt steht: *Vencedor E. Merckx Belgica 8a Etapa Pau – Luchon 163,500 km.* Diese Etappe gewann er in der Tat, in der Tour von 1972. Das zentrale Bild der Marke aber, auf dem Merckx im Gelben Trikot neben dem gekrümmten Rücken eines anonymen Fahrers eine königlich gespreizte Hand hochstreckt, wurde einem anderen, viel bekannteren Zielfoto von ihm nachempfunden, aus derselben Tour 1972, der fünfzehnten Etappe Aix-les-Bains–Le Revard. Aber dieses Foto ist nun gerade bekannt, weil Merckx zu früh gejubelt hatte und auf der Ziellinie noch vom Fahrer mit dem krummen Rücken, Guimard, überholt wurde. Der ist übrigens nur halb sichtbar, und die Ziellinie ist gar nicht drauf.*

Und siehe hier ein Foto von Moser, auf einer Ziellinie, die wohl sichtbar ist, in der Belgien-Rundfahrt 1980. Arme in der Luft, Hurra. Aber nicht nur war De Vlaeminck um Reifenbreite vor ihm, Knetemann und Peeters waren schon im Ziel. Moser war Vierter.**

* Diese Etappe ist noch aus einem anderen Grund denkwürdig; mit ihren achtundzwanzig Kilometern war sie die kürzeste normale Tour-Etappe aller Zeiten.

** Umgekehrt passiert das natürlich auch: Van Steenbergen gewann Mailand–Sanremo 1954, ohne es zu wissen. Er dachte, dass er um den vierten Platz sprintete, aber die drei Ausreißer, die er noch vor sich wähnte, waren schon eingeholt worden.

DAS VIERTELRÄDCHEN (1988, 2015)

Als ich das Himalaya-Tagebuch von Bart Vos las, dem ersten Niederländer, der auf dem Mount Everest gestanden hat, erkannte ich Dinge aus dem Radsport. Wie die unausgesprochenen Wettkämpfe, die, lange bevor sie den Everest *riechen* können, auf dem Weg zum Basislager auf leichten Steigungen zwischen den Alpinisten entstehen. Sie sagen es nicht, sie lassen es sich nicht anmerken, und sie fangen sicher nicht an, so schnell zu laufen wie Geher, aber sie versuchen dennoch, als Erster über die kleinen Pässe der nullten Kategorie zu kommen.

Bei uns war dies das Viertelrädchen der Trainingsfahrten. Man fuhr dann paarweise mit den Händen auf dem Lenker, mit einem Tempo etwas über dreißig, und man sprach währenddessen miteinander, es ging nur darum, Kilometer zu machen. Aber manchmal, ohne dass man wusste, wie es kam, wurde das Tempo fast unmerklich höher und es entstand bei dem Duo an der Spitze ein unausgesprochener Kampf um die Ehre, bei dem der eine ein Viertelrädchen vor dem anderen war, und das bleiben wollte. Man ließ es sich nicht anmerken, man fuhr in derselben Haltung weiter, man sprach weiter, wenn man gesprochen hatte, es sollte so aussehen, als ob es keine Bedeutung hätte, aber indessen verteidigte der eine sein Viertelrädchen versehentlich mit Absicht, und versuchte der andere es ganz zufällig wieder einzuholen. Noch sehe ich das überraschte Gesicht vor mir von Tino Tabak, als er, irgendwo zwischen De Zilk und Noordwijkerhout, mein Viertelrädchen nicht ausgleichen konnte. Es dauerte eine ganze Zeit, bevor er sah, dass ich nicht nur selbst fuhr, sondern auch geschoben wurde von seinem Profi-Kollegen Ben Janbroers. Dennoch genoss ich dieses hinterlistig erworbene Minütchen, in dem Tabak gedacht haben musste: Der kann doch fahren, dieser kleine Schriftsteller. Jungs waren wir, aber kindische Jungs.

Bei Graeme Fife, einem schottischen Schriftsteller, ist das die Banane. In seinem Buch *Inside the Peloton* erzählt er, wie er mal, alleine trainierend in der Nähe von Edinburgh, überholt wurde von einem Jungen auf einem Mountainbike. Rennrad überholt von einem Rad mit dicken Reifen, das ging natürlich nicht. Es war jedoch ein guter Mountainbiker, denn Fife musste tief ausholen, um die hundert Meter wiedergutzumachen, die dieser Junge im Handumdrehen auf ihn herausgefahren hatte. Kurz bevor er an seinem Hinterrad war, holte er eine Banane aus seiner Rückentasche, setzte sich aufrecht, schälte sie und stob gemächlich essend an dem Jungen vorbei. Sofort danach bog er, mit dem Schwarz vor seinen Augen und einem Mund voll Banane, in eine Seitenstraße ein – wohlwissend, dass er, wenn der Mountainbiker ihm hinterherkam, keinen Meter an seinem Hinterrad würde bleiben können. Aber der fuhr geradeaus, unzweifelhaft für immer erfüllt vom Respekt vor diesem unbekannten Rennfahrer-mit-Banane.

Es ist ein eigenartiger Drang, dieses Erlangen von Respekt bei Unbekannten, die auch nicht wissen, dass du das warst. Aber ein unbezwingbarer Drang. Obgleich man aufpassen muss mit dem Imponieren, denn ehe man sich versieht, muss man wählen zwischen langsam sterben oder sich blamieren. Wie Knetemann sagte, über das Einholen eines Unbekannten: »Dann muss man für seinen guten Anstand doch ein bisschen Tempo halten.« Darum lasse ich Leute auf Rennrädern, in denen ich Nachfolger von Fife vermute, ruhig vorbeifahren, und bleibe etwa fünfzig Meter hinter ihnen. Dann ist es schön, zu sehen, wie sie Tempo rausnehmen, oder sie zu ertappen beim Zurückschauen, um zu erfahren, ob sie nun immer noch nicht von dir erlöst sind. Manchmal machen sie natürlich keins von beidem und verschwinden aus dem Sichtfeld, weil sie bessere Radfahrer sind.

Manchmal paddelt man ruhig auf seinem prächtigen Rennrad, wenn jemand auf einem normalen Fahrrad, in normaler Kleidung und mit einem Rucksack auf, an einem vorbeifährt mit einer kolossalen Übersetzung, als ob er Schlittschuh laufen würde. Dann muss man sich beherrschen: Der Radrennfahrer fährt *nicht* ans Hinterrad des Radfahrers, überholt ihn seinerseits nicht, lässt sich nicht auf einen Kampf mit ihm ein. Eher kneift man in seine Bremsen, in der Hoffnung, dass er sich umsieht und durch die entstandene Lücke begreift, dass man seine Nase rümpfte vor seinem Rad. Manchmal passiert man jemanden, der an dein Hinterrad kommt und der nach einiger Zeit wieder übernehmen will. Wenn man das noch nicht beim Überholen gemacht hat, dann schaut man jetzt auf dessen Beine. Sind die unrasiert, dann lässt man eine Lücke entstehen. Sieht er aus wie ein echter Rennfahrer, dann fährt man an sein Hinterrad, und dann kann es passieren, dass man ein angenehm zusammenarbeitendes Duo wird.

Und manchmal, obwohl man selbst doch auch nicht wirklich langsam fuhr, fliegt ein unverwechselbarer, echter Radrennfahrer an einem vorbei, der mindestens zehn Kilometer pro Stunde schneller fährt. Dann versucht man an sein Hinterrad zu kommen und wenn das gelingt, wartet man, bis er es etwas ruhiger angehen lässt, und dann fährt man neben ihn und keucht etwas, aus dem Bewunderung hervorgeht. Wenn man sein Hinterrad nicht zu fassen kriegt oder abreißen lassen muss, dann hofft man, dass er zurückblickt, aber jetzt, weil man ihm das Vergnügen des Respekts gönnt, den er in einem voraussetzen darf.

Ein Mal habe ich es andersrum gemacht und anonymen Respekt weggenommen. Das war, als ich (in der Zeit vor dem Fahrradcomputer am Lenker) am Hinterrad war bei einem Mopedfahrer, der irgendwann zurückschaute und lachend rief: »Du fährst fünfundfünfzig!«

»Nein, siebenundvierzig Komma eins«, rief ich zurück, denn zufällig hatte ich gerade eine Minute lang meine Pedaltritte gezählt, darauf eine Eselsbrücke angewendet und so meine Geschwindigkeit bestimmt. Der Zahlenliebhaber in mir konnte das unangebrachte Kompliment so eines angeberischen Mopedtachometers nicht ertragen.

DAS JAHR VON AD KLERCKX (1989)

Durchtrainiert, gespannt wie eine Feder wirkt er, Ad Klerckx, bereit für die neue Saison. Dieses Jahr muss es passieren, muss endlich der Durchbruch erfolgen des Talents von einst.

Etwas verspätet kommt er rein. Drei platte Reifen haben die Henkersarbeit seines Trainings, zweihundert Kilometer durch Regen und Wind, extra schwer gemacht. Wo seine Kollegen vorsichtig die Trainingsräder aus dem Schuppen holen, hat Klerckx schon dreitausend Kilometer in den nach Siegen dürstenden Waden.

Warum haben wir so lange warten müssen auf den Durchbruch des Talents Klerckx?

Es kommt Leben in die eingefallenen Wangen.

»Pech«.

Pech. Das übermächtige Wort in der Karriere des rötlichen Brabanters. Wer erinnert sich nicht an die letzten Meter dieser Meisterschaft auf dem Adsteeg, wo der junge Amateur Klerckx, unbedroht solistisch unterwegs zum rot-weiß-blau, sich unnötig umschaute, aus dem Gleichgewicht kam und sich festfuhr in einem Absperrgitter. Die Hilfe der versammelten Zuschauer war nicht ausreichend, um ihn rechtzeitig zu befreien, und machtlos musste er zusehen, wie drei Mann ihn überflügelten – Adieu Podium.

Trotzdem bekam er einen Profivertrag bei Euroworst, aber eine schwere Lungenentzündung, davongetragen als er beim Training ein Pedal verlor und fünfzig Kilometer nach Hause laufen musste, verschob seinen Saisonstart auf Mai. Gerade als er fühlte, dass sich der Radrennrhythmus näherte, ging Euroworst pleite: kein Giro, keine Tour, keine Kriterien, kein

Trikot mehr. Ad Klerckx stand in der Kälte. Trotz jahrelanger Prozesse hat er nie einen Cent von Euroworst bekommen.

Man wird sich auch an das Drama erinnern, als Velo Gaffe, Klerckx' neuer Sponsor, Mailand–Sanremo an sich vorbeigehen lassen musste, das Rennen, in dem er sich zeigen wollte. Der Lastwagen mit den Rädern war gestohlen worden und mit Tränen in den Augen mussten Klerckx und seine Kumpel zusehen, wie das Peloton ohne sie losfuhr. Eine ganze Vorsaison löste sich in Luft auf, erst recht als er auch die Flandern-Rundfahrt, Gent–Wevelgem und Lüttich–Bastogne–Lüttich wegen Grippe verpasste und er sich im Amstel Gold Race, bei einem Sturz unterwegs von seinem Hotel zum Start, beide Schlüsselbeine brach.

Wieder einen Strich durch die Saison? Ad Klerckx ist nicht der Mann, der sich durch etwas Missgeschick entmutigen lässt. Wie durch ein Wunder heilten die Brüche schnell, kam auch die Form zurück. Ein starker Auftritt bei der Niederländischen Meisterschaft (wäre sein Lenker nicht in der vorletzten Runde gebrochen, wäre ein Ehrenplatz drin gewesen) bewies es. Umso schlimmer ist der Schlag, als Velo Gaffe ihn nicht für die Tour auswählt. Ein Eilverfahren, um die Auswahl zu erzwingen, geht verloren, auch weil sein Anwalt unerwartet stirbt. Velo Gaffe setzt ihn auf die Straße, und Klerckx ist dazu verurteilt, die Herbstklassiker im Fernsehen zu verfolgen. Schon wieder ist eine Saison verloren. Aber eine Frau gewonnen, denn gerade in dieser Zeit des Unglücks werden sich Ad Klerckx und die anmutige Mariska einig. Im Februar heiraten sie. Ein paar Tage später schlägt das Schicksal erneut zu, als der frisch Vermählte bei einer Trainingsfahrt mit dem noch ungewohnten Ehering an einem Bremsgriff hängen bleibt. Sturz, gebrochenes Handgelenk, zwei Monate nicht einsatzbereit. Mit eisernem Willen kämpft Klerckx für seine Rückkehr, aber gerade als sich im Juni die Form ankündigt, sorgt eine Lebensmittelvergiftung dafür, dass er wieder kränkelt – Mariska muss bei der Zubereitung seines Lieblingsgerichts, Paella, verdorbene Muscheln verwendet haben.

Ad Klerckx begreift, dass er einen Schritt zurück tun muss; er akzeptiert eine bescheidene Helferrolle im Team der Sprintvedette Jean-Pierre

Uyleghems. Seine Aufgabe wird es sein, den Supersprinter die ersten zweihundert Kilometer aus dem Wind zu halten. Aber bei Paris–Roubaix darf Klerckx seine eigene Chance nutzen. Fast sorgt das für Erfolg, aber als Klerckx, nach einem Solo von mehr als hundert Kilometern ohne auch nur einen platten Reifen, fünfzig Minuten nach den Ersten in Roubaix ins Velodrom einfahren will, sieht er das Tor vor seiner Nase geschlossen.

Trotzdem geht in diesem Jahr Klerckx' Traum in Erfüllung: Er darf mit zur Tour. Untröstlich ist er, als er in der ersten Etappe einen Lenkfehler macht, durch den Uyleghems auf dem Asphalt und im Krankenhaus landet. Trotzdem macht er weiter – bis am Fuß des ersten Alpenriesens eine Fanflagge zwischen seine Speichen kommt. Der Sturz, der die Folge ist, und die grobe Reaktion des Fans, der seine Flagge erstattet haben will, zwingen Klerckx dazu, ein Wort zu seinem Wörterbuch hinzuzufügen, das dort eigentlich nicht hingehört: Er gibt auf. Dann lacht ihm das Glück endlich zu: Als der Besenwagen während der Abfahrt in einem Abgrund landet, ist er einer der am leichtesten Verwundeten: Mit einer Gehirnerschütterung, einem gebrochenen Schienbein und einem Lungenkollaps kommt er davon. Schon im Oktober ist Klerckx so sehr der Alte, dass er die Lombardei-Rundfahrt gefahren wäre, wenn sein Flugzeug nicht wegen Nebels hätte umkehren müssen. Eine Stewardess, die mit ihrem Essenswagen stark gegen sein Knie knallt, ist allerdings der Anfang eines Leidenswegs, der selbst Ad Klerckx zweifeln lässt, ob er je noch zum alten Niveau zurückkehren kann. Komplikationen sorgen dafür, dass eine ganze Saison verloren geht; es wird still um Ad Klerckx. Aber trotz aller Operationen an beiden Knien (er hat das andere zu stark belastet) und der Scheidung von Mariska (sie wird nun oft an der Seite von Uyleghems gesehen) bleibt seine Moral ungebrochen.

Dann kreuzt Soigneur Wiel Blankaert seinen Weg. Zwischen den beiden wächst eine enge Beziehung. Blankaert glaubt an Ad Klerckx, er testet ihn mit den modernsten Techniken, studiert seine Sitzposition und stellt fest, dass sein Sattel immer einen vollen Zentimter zu hoch gestanden hat.

Und so pflügt Ad Klerckx, vierundreißig Jahre schon wieder, mit einer neuen Sitzposition über die Brabanter Straßen. Der Glaube an den Erfolg ist da; Ad Klerckx ist gut zugange mit seinem Fach. Dieses Jahr wird es passieren. Er ist in Superform. Was kann noch schiefgehen?

»Nichts«, sagt Klerckx selbstsicher – ein passendes Ende für das Interview. Das sicher länger gedauert hätte, wenn Klerckx nicht zum Arzt gemusst hätte: In den letzten Wochen hat sich ein Schmerz in seinem Rücken bemerkbar gemacht.

DER EINGEWEIHTE (1989)

Lange bevor er wegen Verlogenheit einer Staatssekretärschaft enthoben wurde, hatte Charles Schwietert schon jedem, der etwas vom Radsport verstand, seine Dummheit und Bösartigkeit bewiesen. Das war, als er als Fernsehreporter von einem Sechstagerennen berichtete. Er hatte damals ein paar Prämien ausgeschrieben und während die Fahrer für diese Prämien über die Bahn stoben, steckte er seinen Kopf ins Bild und sagte, mit dem dicken Zwinkern des Eingeweihten: »Karstens wird diese gewinnen.« Karstens gewann. »Und jetzt wird Sercu gewinnen«, sagte er, während der nächste Fernseh-Prämiensprint lief. Sercu gewann.

Er hatte diese Prämien ausgeschrieben und die Ergebnisse geregelt, um zu zeigen, dass er sie regeln *konnte*, und damit nachzuweisen, dass der Sechstagezirkus verdorben ist. Es war eine Enthüllung im Format eines Reporters aus dem Rotlichtbezirk, der heiser in die Kamera flüstert: »Die Frauen machen das für *Geld*.«

Sechstagerennen sind kein sauberer Sport, das war schon bekannt. Wenngleich es nur wenige Fahrer gibt, die den Jagden folgen könnten, und wenngleich Schwietert es gar nicht in den Sinn hätte kommen dürfen, für sein abgekartetes Spiel ein paar Programmfüller auszuwählen statt Vedetten wie Karstens und Sercu. Aber ich war enttäuscht, dass diese zwei nicht bereit waren, sich ein paar Fernseh-Hunderter entgehen zu lassen, indem sie den Träger der roten Laterne gewinnen ließen und Schwietert lächerlich machten.

Viel von dem, was in einem Sechstagerennen passiert, ist von vornherein ausgedacht. Obgleich man sich fragt, wie viel »viel« ist und vor allem: wie das dann läuft. Bei dem halben Dutzend Sechstagerennen, bei denen ich war, habe ich eigenartige Dinge gesehen. Jan Janssen musste einmal, als sein Zweier-Teamgefährte krank war, alleine das Dernyrennen fahren. Das war natürlich nicht zu machen und nach einer viertel Stunde fuhr er an letzter Position. Aber in den letzten fünf Minuten überholte er alle Zweier-Teams, und er gewann um Reifenbreite. Das Publikum kletterte auf die Bänke, es war hervorragend gewesen. Bravo für den Abkarter, aber wer war das dann? Hat jedes Sechstagerennen einen Regisseur? Gibt es vielleicht eine Art Großes Witzbuch mit spannenden Szenarien, aus denen eins ausgewählt wird; passt jemand auf, dass dasselbe Publikum nicht zwei Mal den gleichen Rennverlauf zu sehen bekommt? Gibt es ein Rennkomitee, das die Ergebnisse und die Rennverläufe bestimmt, mit Stimmrecht nach Starstatus oder Runden Vorsprung? *Radeln* sie vielleicht um den Platz des Regisseurs? Was soll man von dem Dernyrennen halten bei einem anderen Sechstagerennen, bei dem die Fahrer schon nach ein paar Minuten in der Reihenfolge der zu erwartenden Ergebnisse fuhren und so den Rest des Rennens weitermachten? Das Publikum rollte beim Betrachten von so viel sauberem Sport vor Langeweile von den Bänken. War der Regisseur krank? Waren die Fahrer ungehorsam?

Beim Schachspielen gibt es eine Abteilung Komposition, wo »Probleme« und »Studien« erschaffen werden, in denen hervorragende Dinge passieren, die in einer Partie nie vorkommen könnten. Beim Radsport sind die Sechstagerennen und die Kriterien die Chance, so etwas zu machen. Aber wie und was sie dann machen, ist nicht nachvollziehbar.

1981 war ich beim Nach-Tour-Kriterium von Quillan, am Fuße der Pyrenäen. Hinault, Thévenet, noch ein paar bedeutende Franzosen und Phil Anderson fuhren dort, insgesamt fünfundzwanzig Mann.

Ständig entstanden Spitzengruppen, die ein paar Runden vorne blieben, ein paar Prämien abgriffen und dann wieder eingeholt wurden. Hinault war sehr aktiv, er sprang ein paar Mal alleine und mit anderen weg. In meiner Unschuld dachte ich, dass man ihn wohl extra lang vorne bleiben ließe (er hatte gerade seine dritte Tour gewonnen), aber auch er fiel ständig nach ein paar Runden wieder zurück.

Eine Zeitlang stand ich an einem langen geraden Stück und dort schauten die Fahrer in den Spitzengruppen sich oft um. Ich hätte schwören können, dass sie neugierig waren auf ihren Vorsprung – gab es keinen Souffleur? Was kümmerte es Thévenet, der zwei Mal die Tour gewonnen hatte und der in ein paar Wochen seine Radsportkarriere beenden würde, ob sein Vorsprung von zehn Sekunden im Kriterium von Quillan schon gewachsen war?

Das nervöse Zurückschauen würde er dann wohl spielen.

Zehn Runden vor dem Ende attackierten zwei geringere Götter, Bazzo und Arbes. Sie wurden verfolgt von einer Gruppe mit sechs Mann mit Anderson und Duclos-Lasalle – das Peloton, mit Hinault und Thévenet, war geschlagen. *Schien* geschlagen, denn mit noch ein paar Runden zu fahren gingen Hinault und Thévenet doch noch zu zweit auf die Jagd. Was für ein Einfall, der neue und der alte Champion einträchtig zusammenarbeitend!

Zwei Runden vor dem Ende kamen die sechs Verfolger ran an Bazzo und Arbes, und genau als die letzte Runde anfing, beim Läuten der Glocke, kamen auch Hinault und Thévenet dazu. Genial, aber wer würde denn nun gewinnen dürfen? Thévenet, als Abschiedsgeschenk? Oder doch der Chef, Hinault?

Im gleichen Moment attackierten Duclos-Lasalle und Bonnet – noch spannender. Die würden am hinteren Ende der Strecke von Hinault und Thévenet eingeholt werden, die uns anschließend einen großartigen Sprint auftischen würden. Sehnsuchtsvoll schauten wir auf die letzte Kurve.

Da kamen sie schon um die Ecke – aber eigenartigerweise waren es immer noch Duclos-Lasalle und Bonnet. Sie hatten eine entscheidende Lücke. Duclos dann halt? Der hatte im Jahr davor Paris–Nizza gewonnen. Aber Bonnet, eine geringere Größe, die auch im Entferntesten nicht in der Nähe von Quillan wohnte, gewann.

Höchst erstaunt wurde mir bewusst, was ich gesehen hatte: ein spannendes Rennen.

Was ich damals so ärgerlich fand an Schwietert, was mir *immer* zuwider ist bei Radsportkennern, die wissen, dass alles in allen Sechstagerennen und Nach-Tour-Kriterien verkauft und organisiert ist, ist, dass ihre für mich unerreichbare Informiertheit die Vermutung nicht zuzulassen scheint, dass Rennfahrer, genau wie dazuverdienende Musiker auf einer Personalfeier, vielleicht mal ein einziges Mal *Spaß* bekommen an dem, was sie machen, und aus purer Freude alle zusammen wie die Verrückten um die Wette fahren.

Wer zu einem Sechstagerennen oder nach Quillan fährt, muss sich auch das zu sehen trauen.

TICKER (1989, 2015)

Wenn man den Fernseher anmacht für eine Flachetappe und das Erste, was man sieht, ist das Gelbe Trikot in einer kleinen Spitzengruppe, dann ist das, als ob man beim Palast klingelt und der König macht auf.

Mit dem Ausreißversuch Fignon-Mottet unterwegs nach Marseille war etwas Nettes zugange, das ich erst später in der Zeitung entdeckte. Fignon machte auf eine offensichtliche, aber mir nicht eher in den Sinn gekommene Art und Weise Gebrauch von moderner Technik. Wer in einem Rennen in einer kleinen Spitzengruppe fährt, wird manchmal wissen wollen, ob die anderen wohl hart genug arbeiten. Instinktiv ist das nicht feststellbar. Man kann schon auf seiner Uhr sehen, wie lange sie an der Spitze fahren, aber nicht genau wie schnell. Zu fühlen ist das erst recht nicht; dafür ist der Unterschied zwischen an der Spitze und am Hinterrad fahren zu groß. Lösung: der Fahrradcomputer.

Beim Start der Hobbyfahrerrennen, die ich noch manchmal fahre, richtet unser Rennkommissär immer ein frommes Wort an das Peloton: »Herren Rennfahrer, wir spurten heute in gerrrader Linie. Und die schönen kleinen Geräte, die Sie auf Ihren Lenkern haben, da gucken Sie heute Nachmittag nicht drauf. Es nützt Ihnen nichts, zu wissen, wie schnell Sie fahren, es geht in einem Radrennen darum, wer als Erster über die Ziellinie kommt.«

Der Rennkommissär hat recht, dass es gefährlich sein kann, in einem Peloton auf seinen Fahrradcomputer zu schauen, aber nicht, dass es einem Radrennfahrer nichts nützt, zu wissen, wie schnell er fährt. Bei seinem Ausreißversuch mit Mottet stellte Fignon irgendwann dank seines Fahrradcomputers fest, dass, wenn er an der Spitze fuhr, sie schneller fuhren, als wenn Mottet das tat. Er fragte Mottet, was los war, und der gab zu, keinen großen Tag zu haben. Da wusste Fignon, dass ihre Chance vornzubleiben klein war, und er setzte den Ausreißversuch nicht fort.

Es verwunderte mich immer, dass Radsport, wie sehr er sich auch dafür eignet, so wenig verbunden war mit der Zahl. Ich habe mal einen sehr erfahrenen Rennfahrer sagen hören, dass die Übersetzung von 68x17, die er hinter dem Derny fahren wollte, »ungefähr genauso etwas« war wie 52x13. Und einen anderen, dass die Runde am Ringvaart des Haarlemmermeerpolders linksrum um zwei Kilometer länger war als rechtsrum – denn da hatte man die Außenkurve. (Aber da bin ich auch mal drauf reingefallen, als jemand mich raten ließ, wie viel länger ein Kabel sein muss, das einen Meter oberhalb des Äquators gespannt wird, als der Umfang der Erde selbst. Ich weiß nicht mehr, wie viele Kilometer ich damals riet, aber es sind natürlich 6 Meter und 28 Zentimeter.)

Bei Kriterien wurde die Länge der Strecke regelmäßig nur grob geschätzt; wenn ich beim Warmfahren so eine Runde mit meinen Pedaltritten maß, dann wich das manchmal mehr als zehn Prozent ab von der angegebenen Länge. Zeit ist einfacher zu messen als Abstand, dafür braucht nur jemand zwei Mal auf einen Knopf zu drücken, aber auch das war oft zu viel Mühe. Ich habe die Verachtung mal von einem Jurymitglied aussprechen hören, als er mich nach dem Rennen fragte, ob ich vielleicht wusste, wie lange wir für unsere hundert Kilometer gebraucht hatten. Ich musste ihn enttäuschen.

»Nun, rat doch mal«, sagte das Jurymitglied.

»Zwei Stunden, achtzehn Minuten und vierunddreißig Sekunden«, sagte ich, und das stand am nächsten Tag in der Zeitung.

Dass man es bei diesen Rennen rund um den Kirchturm nicht so ernst nahm, mag noch angehen, aber als ich einmal die Niederländische Vereinsmeisterschaft im Mannschaftszeitfahren fuhr mit einem Kilometerzähler an meinem Rad, entdeckte ich, dass sogar diese Strecke um einige Prozent kürzer war als angegeben. Ein aufmerksamer Geistesverwandter stellte mal fest, laut einem Leserbrief in *L'Équipe*, dass die Strecke des Tourprologs zweihundert Meter kürzer war, als die Organisation behauptete – etwas um die sechs Kilometer. Mehr als drei Prozent! Und die Zeitungen mit ihren Durchschnittsgeschwindigkeiten bis auf den Meter genau, obwohl ein Fehler von zehn Metern schon Verwüstung hinter dem Komma anrichtet.

In Kriterien war es schwierig, seinen Vorsprung aufs Peloton oder seinen Rückstand zur Spitzengruppe zu erfahren. Letzteres konnte man noch sehen, solange sie nicht aus dem Blickfeld verschwanden, aber für Ersteres musste man zurückblicken, und das ist schwierig bei voller Anstrengung, und immer gefährlich. Solche Art von Informationen gab der Rennsprecher nicht. Man war angewiesen auf Bekannte an der Seite, aber auch die teilten selten meinen Hang nach Genauigkeit. »Geht gut!«, riefen sie, wenn man in einer kleinen Spitzengruppe vorbeifuhr, und dann rief man in der nächsten Runde »Wie viel?«, und dann riefen sie noch rundenlang »Gib alles!«, bevor man hatte deutlich machen können, was selbstverständlich hätte sein müssen; dass man gerne wissen wollte, wie groß der eigene Vorsprung war und ob der wuchs oder geringer wurde.

In *Wir alle waren Götter*, über die Tour de France von 1948, erzählt Benjo Maso, wie André Brulé, ein Pariser Fahrer aus der Zeit, dieses Problem mal löste. Er fuhr allein an der Spitze, wollte seinen Vorsprung wissen, aber die Rennkommissäre weigerten sich, ihm das zu erzählen. Das machte ihn so wütend, dass er abstieg, um es selbst zu messen.

Zu meinem neunten Geburtstag wünschte ich mir und bekam ich einen Kilometerzähler, ein kleines silberfarbenes Ding, das man auf die Achse seines Vorderrads montierte. An einer Speiche befestigte man ein Plättchen, das bei jeder Umdrehung einen leichten Tick gegen ein Rädchen mit vier oder fünf Ärmchen gab, wodurch ein Räderwerk angetrieben wurde; in einem Fenster konnte man sehen, wie weit man gefahren war, mit schwarzen Zahlen für die Kilometer und roten für die Hundertermeter. Das war das Einzige, was er konnte; einen Tageszähler hatte er nicht, und die Radgröße konnte man nicht einstellen. Aber ah! – die Aufregung, wenn die Zahlen auf 0099,9 kamen und die 1 der Hunderter jeden Moment zum Leben erweckt werden konnte. Es war schon schade, dass die 1 dann nicht sofort gerade ausgerichtet stand zu den anderen Zahlen und dass man noch ein Ende fahren musste, bevor sie ganz sichtbar wurde und die Zahlen nicht mehr diagonal, sondern horizontal nebeneinander standen. Man fragte sich, ob man jemals die 0 der Tausender wegkriegen würde. Ob es Menschen gab, die diese 9 gesehen hatten. Was nach 9999,9 passieren würde.

Groß war meine Freude, als ich entdeckte, Anfang der Siebziger, als ich anfing mit dem Radsport, dass diese Dinger noch genau so existierten. Aber als ich damit im Trainingspeloton erschien, um neben vielem anderen auch mal zu überprüfen, ob die Katwijk-Runde wirklich hundertdreißig Kilometer war, wie sie immer sagten, stellte sich das als Verstoß gegen gute Sitten heraus. Das Geticke machte nervös, der Zähler war ein gefährlicher Vorsprung, ich würde schlingern und Stürze verursachen, wenn ich versuchen würde, draufzuschauen. Echte Rennfahrer hatten keinen Kilometerzähler. Dass die Katwijk-Runde keine hundertdreißig, sondern hundertfünfzehn Kilometer war, interessierte niemanden.

Der klassische tickende Kilometerzähler bekam in diesen Jahren als Nachfolger noch kurz ein geräuschloses Modell mit einer Gummisaite, aber auch das wurde höchstens geduldet. Sobald man statt für 17,50 Gulden seine Kilometer auch für 130 Gulden zählen lassen konnte, breiteten sich die Fahrradcomputer auf den Rennlenkern aus. Die maßen und berechneten alles, was man nur wollte, waren einstellbar und der Bildschirm war nah dran, statt unlesbar weit weg bei der Achse. Der Ticker hatte ein halbes Jahrhundert unverändert bestanden, aber nach dieser Zeit ging es schnell. Die Fahrradcomputer wurden drahtlos; sie wurden auch Herzfrequenz- und Höhenmesser und Thermometer; Kompass und Trainingscoach, erhielten Verbindung zum Internet, wurden Wetterstationen und komplette Navigationssysteme. Gleichzeitig nähern sie sich ihrer Überflüssigkeit, denn Apps können auch fast alles.

Man braucht seinen Freunden jetzt nicht mehr zu erzählen, wie lang die Katwijk-Runde ist, das sehen sie auf ihrem Garmin oder ihrer App. Oder zu Hause auf Strava. Man braucht nicht mal Rad zu fahren, um die Entfernungen zu erfahren; man misst sie auf einer der vielen Internetseiten, die das bis auf den Dezimeter genau können. Man braucht sich nicht mehr zu fragen, wie gut man war; auf Strava wird man sofort aufgenommen in die Gesamtwertungen aller Straßenabschnitte, die jemals dafür von jemandem markiert wurden – manchmal mehr als hundert in einer Fahrt. Am 1. Januar 2015 war ich am Kopje von Bloemendaal 294. von 6637.

Betrügen ist einfach; manche Spitzenleistungen sind eindeutig auf dem Moped oder mit dem Auto erbracht worden. Aber es ist schwierig, *nicht* zu betrügen: Ob man will oder nicht (und manchmal möchte man schon gern) – die meisten Spitzenzeiten hat man dem Wind zu verdanken oder der Gruppe, in der man fuhr.

Interessanter wäre es, Langsamkeitsrekorde festzuhalten, aber die sind einem Computer schwer zu erklären. An starken Geschichten mangelt es nicht. Thijs Zonneveld fuhr mal in der vordersten Windstaffel in einem wichtigen Amateurklassiker, der Ronde van Zuid-Holland, wo man alles gab, um den Vorsprung zu halten, und sah dann auf seinem Fahrradcomputer, dass sie dreiundzwanzig Kilometer pro Stunde fuhren. Ich habe mal im Waterland bei Amsterdam trainiert, wobei ich mehr als fünf Minuten lang, mich ziemlich abmühend, nicht über fünfzehn Kilometer pro Stunde kam, und davon zwei Minuten lang nicht über zwölf.

Zurück in Amsterdam sah ich auf einer Brücke, dass ein Mädchen von ihrem Rad abstieg, weil sie eine große Zeichenmappe nicht mehr unter Kontrolle halten konnte. Auf einmal flog diese doch aus ihren Händen, ich hörte einen Schlag und lag auf dem Boden – umgeweht. Als ich wieder hochkrabbelte, sah ich, dass sie auch auf der Straße lag. Die Mappe war nirgendwo zu sehen; der Schlag musste das Geräusch gewesen sein, mit der sie das Brückengeländer traf. Und jetzt trieb sie weg auf den Wellen. Meine Frage, ob dort vielleicht ihr Lebenswerk drin war, beantwortete das Mädchen bejahend. Sie war eine Studentin der Bildenden Kunst, und in dieser Mappe steckte ihr Abschlussprojekt. Wir sahen zu, bis sie sank.

Ich habe diese Geschichte oft erzählt – ein Mal jemandem, der sie schon kannte, von dem Mädchen. Man war kulant gewesen und hatte sie trotzdem bestehen lassen.

DER MANN, DER BEINAHE MIT FIGNON SPRACH

(1989)

Sieben Jahre lang war ein nichtssagender Satz aus einem nichtssagenden, sogenannten Tagebuch von Hinault, über seinen nicht sehr bedeutungsvollen Sieg in der Italien-Rundfahrt von 1982 in meinem Kopf hängen geblieben: »Laurent Fignon startet wie eine Rakete.«

Warum würde ich mir das gemerkt haben? Als die jetzige Tour begann, habe ich es rausgesucht. Der Satz stammte aus Hinaults Beschreibung des Giro-Prologs '82, einem Mannschaftszeitfahren. Der ganze Auszug lautete: »Laurent Fignon startet wie eine Rakete. Er ähnelt einem Motorrad, dieser Junge. Die Ablösungen laufen wie geschmiert. Wir halten ein gutes Tempo, aber wir passen immer gut auf, niemanden abzuhängen.«

Obwohl die drei Sätze, die auf den ersten folgen, sicher genauso nichtssagend sind, enthüllen sie dennoch etwas von dem Rätsel, das ich ihnen vorenthalten habe. Zwischen den Zeilen, gerade über der Hörgrenze, klingt ein falscher Ton. Diese Rakete, dieses Motorrad; sie rufen das Bild auf von einer gestörten Schlachtordnung. Erst recht, wenn sofort danach so nötig gesagt werden muss, wie gut die Ablösungen wohl liefen. Fignon war damals einundzwanzig und Profi im ersten Jahr – Hinaults Kompliment hatte den Beigeschmack einer Zurechtweisung eines Anfängers, der noch nicht weiß, dass man in einem Teamzeitfahren nicht zu schnell übernehmen darf.

Diesen Beigeschmack spürte ich wieder in einer Geschichte über Fignon in *L'Équipe*, am Vorabend dieser Tour. Darin kam auch seine frühere Beziehung zu Hinault zur Sprache. »He, rutsch mal rüber, hier will *ich* sitzen«, soll laut eines Teamgefährten die Haltung des Debütanten Fignon gewesen sein gegenüber dem Gewinner von bereits zwanzig Frankreich-Rundfahrten und dreißig Lüttich–Bastogne–Lüttichs. Die Pariser Fignon und Pascal Jules, sein Busenkumpel seit ihren Anfangsjahren (guter Profi gewesen, 1987 umgekommen bei einem Auto-Unfall), hatten diesen bretonischen Bauern, lebende Legende oder nicht, immer ziemlich veralbert und gepiesackt.

Und nicht nur außerhalb der Rennen. »Ich bin immer ehrlich zu ihm gewesen«, sagt Fignon jetzt. »Auch wenn Hinault schrie, dass einer von uns an der Spitze ein zu schnelles Tempo anschlug, während er am Hinterrad starb. Dann sagte ich ihm ruhig mitten ins Gesicht: ›Bisschen mehr trainieren, Bernard!?‹« (Als jemand ihm mal etwas erzählte, was Merckx über ihn gesagt hatte, sagte Fignon: »Merckx? Kenn ich nicht.«)

Ich liebe Fignon. Von allen Fernsehstunden, die ich im ersten Jahr meiner Videorekorder-Inhaberschaft aufnahm, ist seine Tour von 1984 eines der wenigen Dinge, die ich mir manchmal noch angeschaut habe. Die Art und Weise, auf die er damals strahlte vor Form, vor Leichtigkeit, vor Spaß, war obszön. Er gewann fünf schwere Etappen, und in Ehrensprints um sechste, vierte und achte Plätze demütigte er Hinault. Er war erst dreiundzwanzig, der Jüngste, der jemals eine zweite Tour gewann, und man fragte sich, wie viele es an seinem dreißigsten sein würden.*

Ich habe in dieser Tour einmal mit ihm gesprochen. Obwohl das nicht ganz das richtige Wort ist. Ich war damals bei einer Ankunft in Blagnac und als akkreditierter Besucher des Rennes durfte ich innerhalb der Abzäunungen den gerade angekommenen Fahrern vor die Füße laufen. Abends, als ich mitging beim Rundgang der niederländischen Journalisten entlang der Hotels der niederländischen Teams, landeten wir an einem kleinen Tisch beim Schwimmbad, mit Hanegraaf und Van der Poel. Auf einmal war der Tisch leer und es setzte sich ein Junge in kurzer Hose neben mich. Er nickte mir freundlich zu, schlug eine Zeitung auf und begann zu lesen. Ich erkannte ihn sofort, aber es dauerte Sekunden, ehe ich glauben konnte, dass das echt Fignon war. Es sind immer komische Konfrontationen

* Fignon ist immer noch der Jüngste, der eine zweite Tour gewann.

zwischen zwei Menschen, die beide wissen, dass sie keine Fabeltiere sind, aber von denen einer das für den anderen dennoch ist. Ich spürte auch eine leichte Enttäuschung: Toursieger sollten sich nicht aufhalten mit Dingen, wie dich zu fragen, ob dieser Stuhl frei ist.

Dort saßen wir, er mit *L'Équipe*, ich ohne Fragen. Ach, wäre doch *Das Rennen* auf Französisch übersetzt worden und hätte er es gelesen, was hätte ich gerne seine Fragen über die Mont-Aigoual-Rundfahrt beantwortet. Wahrscheinlich habe ich gesagt, dass ich Niederländer war, denn ich sehe ihn noch schmunzeln, mit glänzenden Augen, über einen Brief, den ein niederländisches Mädchen ihm geschrieben hatte. Ich fragte, ob er noch etwas bemerkt hatte von der Anwesenheit Dustin Hoffmans in der Tour. Ja, er war ihm vorgestellt worden, das war doch für einen Film, der vielleicht gemacht werden sollte, *The Yellow Jersey*? Fignon war freundlich und sprach leise, und nicht im Geringsten anmaßend, aber es hat trotzdem gedauert, bis er anfing, Fotografen, die ihn belästigten, in die Hoden zu treten, dass ich ihn als den Fahrer nannte, den ich vielleicht am meisten bewundere.

Große Champions gewinnen manchmal große Rennen, bevor sie wirklich ein Recht darauf haben. Der dreiundzwanzigjährige Hinault von der Tour 1978, die eigentlich für Pollentier war, und der zweiundzwanzigjährige Fignon, der 1983 gewann, als Pascal Simon in Gelb mit einer Schulterverletzung ausfallen musste, sind Beispiele dafür. Aber auch große Champions, die eigentlich schon über ihren Höhepunkt hinweg sind, gewinnen manchmal zu Unrecht. Zoetemelk 1980 (Hinault!) und Hinault 1985 (LeMond!) sind dafür Beispiele. Fignon 1989 wird ein neuer Fall.

DIE ACHT SEKUNDEN VON PARIS (1989)

Von Fignon ist der Ausspruch, dass die Tour jeden Tag gewonnen oder verloren wird. Wie wahr. Er verlor sie, als er auf dem Izoard zusammenbrach, gewann sie einen Tag später in Alpe d'Huez, als LeMond zusammenbrach, und verlor sie schließlich auf den Champs-Élysées, wonach seine Welt zusammenbrach. LeMond und er verloren die Tour die ganze Tour über abwechselnd aneinander. Am nettesten waren die 51 Sekunden, die Fignon in der zweiten Etappe, dem Mannschaftszeitfahren, auf LeMond gewann – eine Sekunde mehr als die 50 Sekunden Vorsprung, mit denen er das Schlusszeitfahren begann. Ohne dieses Mannschaftszeitfahren hätte LeMond also da schon das Gelbe Trikot inne und, mit den Flügeln dessen und als besserer Zeitfahrer, die Tour gewonnen gehabt.

Aber nun: Was war dieses Zeitfahren spannend. Nie zuvor hatte meine Stoppuhr so etwas Atemberaubendes tun dürfen wie das Messen dieser Sekunden in Paris. Bei »Wandreklame Elf« hatte LeMond schon elf Sekunden Vorsprung, bei »Zebrastreifen in komischer Straße« neunzehn. Man sorgte sich um Fignon, denn in jedem Tritt sah man das Umgekehrte dieses Flügelklischees – eine sich nähernde, nicht zu ertragende Katastrophe. Und das, obwohl er mit dem besten Zeitfahren seines Lebens beschäftigt war, mit einem Schnitt von mehr als 53 Kilometern pro Stunde.

Einen Moment auf den Champs-Élysées hätte ich gerne gesehen: den, wo Fignon sein Gelbes Trikot auszieht und sein normales an. Ob er dabei gedacht hat an das heitere Rumgealbere mit Teun van Vliet, am Tag zuvor? In der Schlussetappe nach Paris darf sich das Peloton immer benehmen wie eine Klasse am letzten Schultag, und Fignon fuhr mit einem

Fotoapparat um seinen Hals und tat so, als fotografiere er die Fotografen, und Van Vliet und er zogen ihre Trikots aus und die des anderen an. Aber es war nicht die allerletzte Etappe, es folgte noch ein kurzes Schlusszeitfahren. Man soll das Fell des Bären nicht *tauschen*, bevor man ihn erlegt hat.

Ich begann diese Tour mit einer Liebeserklärung an Fignon; diese Liebe steht nun für immer fest. Der Fignon auf dem Podium war großartig: ein Verlierer, der es sich traut zu zeigen, dass sein Verlust alles für ihn bedeutet. Kein abgedroschenes Fake-Lachen, dass es nur Sport war – dort stand ein vernichteter Mann mit, hoffe ich, einem Trost: dass er in Paris wohnte und dass sein Haus, in einer dunklen Ecke, in der er den Rest seines Lebens liegen und heulen würde, in der Nähe war. Sein Pferdeschwanz stand ihm jetzt wie eine Partynase einem zum Tode Verurteilten. Sein Kummer muss größer gewesen sein als die Freude über alle seine Siege zusammen.

Als die amerikanische Hymne gespielt war, legte LeMond seinen Arm um die Schulter von Fignon, und irgendwann zog er ihn kurz zu sich ran und machte eine Bewegung, als ob er ihm ein Küsschen in seinen Nacken geben wollte. Er sagte etwas, was Fignon kurz zum Lächeln brachte. Was wird das gewesen sein? Was sagt man zu einem Mann, der gerade gehört hat, dass seine Frau und alle seine Kinder ertrunken sind. Es sah ein bisschen aus wie »nimm es dir nicht zu Herzen« oder wie »entschuldige, ich konnte es nicht ändern«. Ich kann mir nichts vorstellen, was ich hätte sagen können, das ich nicht später bedauert hätte.

Etwas später drehten LeMond, Fignon und Delgado sich um und wir sahen sie von hinten. LeMond legte seine Arme um die Schultern der anderen zwei, Delgado schlug seinen Arm um LeMonds Taille. Fignon weiß noch, von früher, aus der Welt, wo alles noch war, wie es sein sollte, dass er nun auch eine faire Geste machen muss. Aber groggy, wie er ist, ist er zu spät. Auf LeMonds Rücken findet er schon den Arm von Delgado. Muss er den dann festhalten? Nein. Er sucht einen anderen Platz und findet die *Hand* von Delgado. Auch das ist zu verrückt und seine Hand sucht weiter, zögert ein zweites Mal bei Delgados Arm, dann beim Po von

LeMond. Schließlich hält er seinen Arm einfach lose in der Luft. Er steigt als Erster vom Podium.

»Die acht Sekunden von Paris« war vielleicht die schlimmste Radsportniederlage aller Zeiten. Und damit muss er jetzt Rennen fahren, Kriteriumsverträge erfüllen. Und, während er dort rumfährt, das Gelbe Trikot vor sich sehen. Auf den Schultern von LeMond!

Nachschrift 2015: Später wurden einige Rätsel dieser Schlussetappe gelöst.

Der Pferdeschwanz stand Fignon nicht nur jämmerlich, er hatte ihn laut Aerodynamikern vielleicht auch die Tour gekostet. LeMond hatte einen Zeitfahrhelm auf, Fignon hatte als Sieger in Paris einfahren wollen »so wie er war« – ohne Helm und mit wehendem Pferdeschwanz. Der Luftwiderstand dieses Wehens soll ihn etwas in der Größenordnung von acht Sekunden gekostet haben.

LeMond hat später enthüllt, was er auf dem Podium zu Fignon sagte: »Jetzt haben wir beide zwei.«

Der Kummer von Fignon war mindestens so groß, wie ich dachte. In seiner Autobiografie von 2009, *Nous étions jeunes et insouciants* (*Wir waren jung und unbekümmert*), schreibt er über »eine monströse Niederlage«, und er nennt diesen Tag »einen Tag des wahnsinnigen Kummers«. Der Anfang des Buches ist:

»Aaah, ich erkenne Sie aber wieder, Sie sind der Mann, der die Tour um acht Sekunden verloren hat.«

»Nein, mein Herr, ich bin der Mann, der sie zwei Mal gewonnen hat.«

Das war es genau: Die acht Sekunden von 1989 haben seine gesamten Erfolge hinweggefegt.

Fignon erzählt, wie er auf den Champs-Élysées ins Ziel kam, ohne etwas zu wissen. Vor dem Zeitfahren wusste er, dass er zwei Sekunden pro Kilometer verlieren durfte, und so wie jeder hatte er es für unmöglich gehalten, dass das passieren würde. Aber in den ersten Kilometern hört er von seinem Teamleiter Guimard, dass er genau die zwei Sekunden pro Kilometer verliert. Und dann hört Guimard auf, Informationen zu geben. Ein schlechtes

Zeichen, begreift Fignon. Alles, was er machen kann, ist alles geben und das tut er.

Hinter dem Ziel sackt er zusammen, nicht wissend, ob er die Tour gewonnen oder verloren hat. »Und?«, fragt er ein paar Mal die Riege Menschen, die ihn umringt. Niemand sagt etwas, keiner traut sich, ihn anzuschauen. Er spürt das Wissen um sich herum. Schließlich sagt jemand: »Du hast verloren, Laurent.« Er hört es, und er weiß, dass es wahr ist, aber es ist eine Wahrheit außerhalb von ihm. Sie helfen ihm hoch, wie ein Roboter läuft er herum, betäubt, mitten in dem irrsinnigen Lärm. Er spürt Arme, die ihn stützen. Er hat keine Ahnung, was er macht oder wo er ist. Dann erreicht die Wahrheit des Verlusts seinen Verstand. Sie bringen ihn zur Dopingkontrolle, wo er seinen Teamgefährten Thierry Marie erkennt. Der fällt ihm heulend um den Hals. Und in diesen Armen beginnt Fignon selbst auch zu schluchzen wie ein Kind, zum ersten Mal in seinem Leben in der Öffentlichkeit, tiefe, lange Schluchzer. Er muss zum Podium, aber das will und kann er nicht. LeMond versucht, ihn aufzumuntern: »Du hast den Giro gewonnen, Laurent.« – »Der Giro interessiert mich einen Dreck«, sagt er, und dann landet er irgendwie doch auf dem Podium.

Als er nach ein paar Tagen zu sich kommt und die Kriterien fährt, hört er überall im Publikum den höhnenden Ruf: »Acht Sekunden!«

Fignon starb 2010 im Alter von fünfzig Jahren an Krebs. Ein paar Jahre zuvor, als er mit einer anderen französischen Größe, Laurent Jalabert, in einer Fernsehsendung saß, entstand eine Diskussion über die Kunst des Gewinnens einer Tour. Das wurde ziemlich hitzig, und irgendwann sagte Fignon giftig: »Hör mal Laurent, ich hab zwei Mal die Tour gewonnen, also ich weiß echt, wovon ich spreche.«

Jalabert, spottend: »Das weiß ich, dass du zwei Mal die Tour gewonnen hast.«

FRINGALE (2001)

»Man muss essen, bevor man Hunger kriegt«, lautet eine Radsportweisheit. Natürlich, man braucht Brennstoff. Aber das Verrückte ist, dass, wenn man vergisst zu essen, man nicht so sehr Hunger riskiert, sondern etwas Schlimmeres, eine *Fringale*. Der Fahrer, der davon getroffen wird, kann auf einmal nichts mehr. Mit dem viel gerühmten Leiden hat das wenig zu tun. Wer leidet, kann noch etwas, wie wenig das auch ist und wie sehr es auch wehtut. Bei einer Fringale ist es vorbei. Das Komische ist, dass man diese Leere nicht kommen sieht. Der Tritt des letzten Krümels deines letzten Brotes ist nicht anders als die Tritte davor, aber einen nächsten gibt es nicht.

Als ich mit dem Radsport begann, wunderte es mich, dass es weniger ermüdend war, als Schach zu spielen. Nach einer schweren Schachpartie (wie nach einem Tag zeitvergessenen Schreibens) war ich immer richtig erschöpft, aber Radrennen erfrischten mich oft. Dann hatte ich mich zugrunde gefahren, und das hatte wehgetan, und sofort nach so einem Rennen konnte ich mir nicht vorstellen, dass ich jemals noch eins würde fahren können, aber wenn ich in Form war, dann war das Gefühl schnell vorüber und ich war danach klar und voller Energie.

Ein Mal fuhr ich die Hartjesdag-Ronde, rund um die Dapperstraat in Amsterdam (hundert Kilometer, vier rechtwinklige Kurven, vierhundert Sprints), sofort nachdem ich vierundzwanzig Stunden Auto gefahren war. Am Ende meiner Kräfte hatte ich meine Startnummer angesteckt, und beim Schach hätte ich zu diesem Zeitpunkt nicht viel gesehen, aber nach ein paar schwerfälligen Anfangsrunden flog ich wunderbar mit zwischen den Rädern. Alles, was festgesessen hatte, löste sich, meine Beine waren erfrischende kleine Mühlen, die Räder der anderen Fächer, die mir Kühle zuwinkten, und danach war ich so fit wie ein Turnschuh.

Natürlich hatte ich gelitten, aber es war ein angenehmes Leiden gewesen. Es gibt so viele Sorten Leiden. Aber wie es auch in Erscheinung tritt, es ist ein Ausdruck deiner Kraft, deiner Leistung, deines Willens, und wie die nicht mehr ausreichend sind. Bei einer Fringale gibt es keine Kraft, keine Leistung, keinen Willen, dann ist nichts da. Es ist ein Wort aus dem Französischen, der Ursprache des Radsports. Das niederländische Wörterbuch gibt als Übersetzung »geeuwhonger, erge honger« (Heißhunger, starker Hunger) an und der *Petit Larousse* erklärt: »Plötzlicher und starker Hunger«. Wenn wir »geeuwhonger« im Wörterbuch suchen, finden wir: »Ohnmacht, wobei der Leidende wiederholt den Mund weit öffnet und mit Gewalt schließt«.

Wenn das Opfer einer Fringale zu irgendwas nicht mehr in der Lage ist, dann ist das Gewalt. Und obwohl die Fringale also alles mit nicht-essen zu tun hat, kommt auch Hunger nicht dabei vor. Hätte man nur Hunger gehabt, dann wäre man gewarnt gewesen und dann wäre die Fringale gar nicht aufgetreten. Das will nicht heißen, dass die Wörterbücher unrecht haben – »Fringale« hat seine eigene Radrennbedeutung bekommen.

Meine erste Fringale überkam mich in einem Rennen in Frankreich, in einem Frühling, in dem ich wenig Kilometer in den Beinen hatte. Das spürt man nicht sofort und in meiner Selbstüberschätzung begann ich eine Solojagd auf eine Spitzengruppe. Ich dachte, dass es gut ging, bis ich in einem unbedeutenden Anstieg das Peloton hinter mir hörte. Na, dann halt mit allen zusammen weiter, dachte ich, aber zu meiner Überraschung machten sie mit mir, was, wenn *ein* Fahrer es mit einer Gruppe macht, *drauf und drüber* genannt wird. Sie waren noch nicht bei mir, oder ich war nicht mehr bei ihnen. Ich war mit einem Mal ganz leer, wie ein Auto ohne Benzin, ein Luftballon ohne Ballon. Schnell fuhr alles, was schon lange abgehängt war, auch an mir vorbei, und die restlichen Hundertmeterpfosten standen zehn Mal so weit von einander entfernt wie normalerweise.

Eine kolossale Fringale überfiel mich mal beim Schlittschuhlaufen, im Winter 1987, auf dem Holysloter Die. Es waren an dem Tag minus fünfzehn Grad, aber Meteorologen hatten gerade die gefühlte Temperatur erfunden und diese wegen des scharfen Winds auf dreiunddreißig unter null eingestellt. Trotzdem fuhr ich ganz gut, bis zum allerletzten Stück. Ich musste nur noch über eine Eisfläche rüber zum Jachthafen, wo ich meine Stempelkarte geholt hatte. Mehr als zweihundert Meter können es nicht gewesen sein. Ich hatte den Steg schon in Sichtweite, ich konnte die Schnürsenkel meiner wartenden Schuhe schon fast sehen, ich wäre auf schönem Eis mit ein wenig Rückenwind in Sekunden da gewesen – aber ich hatte den Eiswind genau von vorn, und die gefrorenen Wellen stachen wie Scherben in einer Mauer hervor. Ohne Warnung schlug es zu. Ich stolperte, krabbelte hoch, versuchte zu fahren, wehte um. Meine Schlittschuhe waren auf einmal das allerunglücklichste Schuhwerk, das man auf dem Eis anhaben kann. Es war, als ob ich nur noch fallen konnte, wenn ich stand, und liegen bleiben, wenn ich lag. Ein Gefühl, dass ich heulen würde, bescherte mir eine Art Lachanfall wegen der Puppe, die ich geworden war. Und der Steg war dort einfach und nicht bereit, auch nur einen Strich näher zu kommen. Ich hatte vergessen zu essen – in der Kälte muss man alleine schon essen, um warm zu bleiben. Ich habe bestimmt eine halbe Stunde für diesen Holysloter Die gebraucht.

Erst mit einer Fringale erfährt man, wie leer *leer* sein kann.

LANCE WÜRFELT (2003)

Ich bin kein Fan von Lance Armstrong. Ich mag keinen Fahrer, der nur vor einem Publikum strahlen möchte, dem amerikanischen, das nichts von seinem Sport weiß, indem er immer wieder das einzige Rennen gewinnt, dessen Glocke es hat läuten hören.

Die Tour ist nur die Tour – ein Zweig am Erfolgsbaum des wahren Champions. Es ist das schwerste Rennen des Jahres, aber gerade deshalb für die Stärksten am einfachsten zu gewinnen – viel einfacher als einen Klassiker. In der Tour fehlt der traditionelle Gegner, der Eintagesrennen so schwierig macht: die simple Geringfügigkeit der Chance zu gewinnen. Je kleiner diese Chance, umso tüchtiger, es doch zu tun. Und gerade diese Rennen, in denen es nicht um eine Addition geht, eine Regelmäßigkeitswertung, sondern darum, wer als Erster über die Ziellinie kommt, sind das Wesen des Radsports.

Nimm einen Würfel, bei dem auf zwei der sechs Seiten *Armstrong* steht und auf den vier anderen Seiten andere Namen. Wenn man damit ein Mal wirft, ist die Chance, dass Armstrong oben liegt, nur eins zu drei. Wirf zwanzig Mal damit und es ist fast sicher, dass Armstrong am häufigsten oben liegt. Das ist die Macht der großen Anzahl, und deshalb kann eine Tour de France fünf Mal hintereinander vom selben Rennfahrer gewonnen werden. Jeder neue Sieg lässt den vorigen an Wert verlieren, weil wir immer stärker die Addition sehen, den Fakt, dass nicht wirklich ein Rennen gewonnen wurde, sondern eine Regelmäßigkeitsprüfung. Klassiker werden selten öfter als drei Mal hintereinander von einem Fahrer gewonnen, so wie sogar Würfel mit zwei Armstrongs darauf selten öfter als drei Mal hintereinander auf Armstrong fallen.

Auch wenn Armstrong sieben Mal die Tour gewinnt, Fahrer wie Fignon, Bobet, Janssen, Gimondi stehen über ihm. Die haben ein Œuvre aufgebaut, mit verschiedenen *Sorten* von Siegen. Sie machten öfter, worum es im Radsport geht: als Erster ins Ziel kommen. Für das Gewinnen der Tour ist das nicht nötig, und manche Gewinner taten das auch selten. Und wenn sie eine Etappe gewannen, dann kamen sie oft als Letzte über die Ziellinie, weil es ein Zeitfahren war. Indurain holte seine fünf Tour-Siege von 1991 bis 1995, ohne eine normale Straßenetappe zu gewinnen.

Es ist schauderhaft, dass jemand, der seine Kunst verachtet, von einem unwissenden Publikum als der Größte seiner Kunst gesehen wird. Schade, dass Armstrong nach seinem Krebs seine Karriere so gelenkt hat. Er versprach ein richtiger Champion zu werden, mit dieser Weltmeisterschaft, als er einundzwanzig war, seinem La Flèche Wallonne, seinen zwei zweiten Plätzen bei Lüttich–Bastogne–Lüttich, seinen Tour-*Etappen*. Mit seinem neuen Körper nach dem Krebs entdeckte er leider, dass er klettern konnte. Und er wollte so gerne berühmt sein in Texas.

Ehrlich ist ehrlich, er setzt mit dieser Haltung eine Tradition fort, die in den achtziger Jahren begonnen hat mit LeMond, die der Spezialisierung. Es ist schon fast zwanzig Jahre her, dass zum letzten Mal ein wahrer Champion die Tour de France gewann – Hinault 1985. Der hatte auch etwa fünfzehn Klassiker gewonnen – aber die Gewinner der siebzehn Frankreich-Rundfahrten nach ihm, von 1986 bis jetzt, haben alle zusammengenommen einen Klassiker gewonnen, und das war dann noch ein halber, der Flèche Wallonne von Armstrong.

Komm schon, Lance, vergiss die Tour, das wissen wir jetzt wohl. Verlier mal eine, Zirkusartisten lassen auch immer mal eine Keule fallen, um zu zeigen, dass es schwierig ist. Gewinn mal eine Flandern- oder Lombardei-Rundfahrt. Schreib keine Bücher mehr mit It's *not about the bike* als Titel, wähle etwas aus, was den Liebhaber weniger gegen's Schienenbein tritt. It's *not about the* Tour, zum Beispiel.

Nachschrift 2015: Sogar jetzt, zwölf Jahre später, bleibt noch bestehen, dass nach Hinault kein einziger Toursieger auch einen Klassiker gewonnen hat – auch wenn man dafür jetzt ein bisschen schummeln muss. Andy Schleck gewann die Tour und Lüttich–Bastogne–Lüttich. Aber sein Toursieg war nicht echt. Evans gewann, genau wie Armstrong, die Tour und die Weltmeisterschaft. Aber das ist kein Klassiker.

DER MANN MIT DEM RUCKSACK (2005)

Erinnerungen an Gerrie Knetemann

Die Pfade von Gerrie Knetemann und mir kreuzten sich oft. Aber die letzten beiden Male klappte es nicht.

Ich sehe noch den erschütterten Blick des Fernsehmoderators, der am 2. November 2004, mitten in der Berichterstattung rund um den Mord an Theo van Gogh, einen Zettel überreicht bekam. »Und jetzt kommt hier die Nachricht rein, dass Gerrie Knetemann gestorben ist«, sagte er. Es klang, als ob der Tod auf einmal Carte Blanche bekommen hatte, Amsterdamer mit der Gabe des Wortes und um die fünfzig herum von ihrem Fahrrad zu pflücken.

Im Laufe des Abends wurde deutlich, dass Kneet in der Rüstung gestorben war, auf der Mountainbikestrecke von Schoorl. Seit der Radsportbazillus mich wieder hat, fahre ich dort auch regelmäßig – zwei Tage vorher war ich noch dort gewesen. Hervorragende Runde von vierzehn Kilometern, aber ziemlich schwer. Auf der dazugehörigen Website erschienen sofort Äußerungen von Trauer und Beileid, Pläne, die gesamte Strecke nach Kneet zu benennen, oder auf jeden Fall die Stelle, an der seine Kette runtergesprungen war und seine Kumpel ihn blau wiedergefunden hatten. Ich bin auch danach noch ein paar Mal dort gewesen. Zwischen den Runden steht man dann oft kurz still am Startpunkt, »De Put« genannt; niemand, den ich dort sprach, wusste, wo es nun genau passiert war. Einer von ihnen fand, dass die Stelle markiert werden soll, indem Kneets letztes Rennrad, in Regenbogenfarben besprüht, in einen Baum gehängt wird.

1971 oder 1972 kam in einem Krankenhaussketch im niederländischen Fernsehen eine Schwester Knetemann vor. Gerrie war damals gerade zwanzig (er ist vom März '51) und noch Amateur, aber sein eisenstarker Name blieb also schon hängen – und dafür werden Ergebnisse nötig gewesen sein.

Schon schnell in meinem ersten Rennjahr, 1973, machten mir ein paar Radrennfreunde klar, dass ich zu ihrem Club, GGMC (die German-Gazelle-Matador Combinatie), kommen musste. Ich fragte, ob es dort bekannte Rennfahrer gab. »Na ja, unser Flaggschiff ist Gerrie Knetemann.«

Ich sah das Flaggschiff zum ersten Mal leibhaftig am 3. Juni 1973, bei der Ronde van Ouderkerk aan de Amstel. Selbst war ich dort, in der Sportklasse, zum ersten Mal in die Nähe eines Preises gekommen, aber im Dreier-Sprint um den fünfzehnten Platz war ich leider in den Absperrgittern gelandet. Nachglühend von meiner tollen Leistung schaute ich weiterhin der Hauptnummer zu, dem Amateurkriterium. Dort entstand eine entscheidende Spitzengruppe von zwei Mann: H. Jacobs aus Ouderkerk aan de Amstel und mein zukünftiger Clubgefährte Gerrie Knetemann aus Amsterdam.

Ich war damals noch nicht ausreichend Kenner, um zu wissen, dass die Ergebnisse bei Amateurrennen nahezu immer laut der Gesetze des sauberen Sports zustande kommen, und nahm an, dass ein Sieg für den Heimfahrer Jacobs, der auch noch ein guter Sprinter war, schon in Ordnung gehen würde. Aber bei der Ziellinie fing ich ein Gespräch zwischen zwei Zuschauern auf.

»Das gewinnt Jacobs, der Knetemann ist kein großartiger Sprinter«, sagte der eine.

»Das kann schon sein«, sagte der andere, »aber in Zweiersprints ist er nicht zu schlagen.«

Knetemann gewann und als er fünf Jahre später Weltmeister wurde, indem er in einem Zweiersprint Moser schlug, habe ich ihm als Huldigung ein Exemplar des gerade erschienenen *Das Rennen* geschickt, mit meiner Ouderkerk-Erinnerung als Widmung. Wieder ein viertel Jahrhundert später mailte er mir, dass er das Exemplar mitten beim Umkleiden für eine Trainingsfahrt aus dem Schrank geholt hatte. »Heute Morgen konnte ich es nicht lassen, dieses Gekritzel wieder mal zu lesen. Stell dir vor, mit meinem nackten Hintern stand ich da und las deine Worte. Sag nur selbst, es wird für Schriftsteller sehr viele Arten und Weisen geben, auf die ihre Worte zu ihren Lesern durchdringen, aber mit entblößtem Unterkörper wird das nicht so oft passieren.«

»Das drucken wir hinten drauf«, schrieb ich zurück.

Aber ich hatte schon so ein schönes Zitat von ihm.

Ein paar Wochen nach Ouderkerk wurde Knetemann Dritter in der Niederländischen Amateurmeisterschaft, auf dem Cauberg. Das war mir ein Podium – wir wussten es noch nicht, aber es standen nur Legenden drauf: außer Kneet auch Dolle Dries van Wijhe, der Meister geworden war, und Fedor den Hertog. Es war ein schweres Ausscheidungsrennen gewesen und das Amsterdamer Zweiersprinterlein war mit vorne geblieben.

Wieder etwas später schnappte er sich ein Gelbes Trikot in der Tour de l'Avenir. Ich dachte: Er ist echt gut. Und noch dazu genau mein Typ Rennfahrer.

Gegen Ende meines ersten Jahres entdeckte ich, wie demokratisch es beim Radsport zugeht. Man konnte einfach so mitfahren im »Molenploeg«: ein seit der Vorkriegszeit bestehender täglicher Trainingstreff, schon lange nicht mehr bei einer Mühle. Alles startete dort zusammen: Amateure, Anfänger, Damen, Hobbyfahrer, Profis. Im Ort Halfweg kamen noch ein paar dazu, aber manchmal wurde dann schon wie im Rennen gefahren und fand entlang der Ringvaart des Haarlemmermeerpolders eine Auslese statt. Später wurde es dann wieder etwas ruhiger; man fuhr lange Zeit zu zweit nebeneinander, und man unterhielt sich. So habe ich viele Amsterdamer, Haarlemer und benachbarte Rennfahrer kennengelernt, und Koryphäen wie Ben Janbroers, Louis Westrus, Klaas Balk, Theo Smit, Tino Tabak, Roy Schuiten, Cor Leunis.

Mit dem einen kam man mehr ins Gespräch als mit dem anderen, und in den Wintern von '73/'74 und '74/'75 landete ich während dieser Gesprächskilometer oft neben Knetemann. Damals muss er mir auch die tragische Geschichte seines selektiven Sprintvermögens erzählt haben – er konnte sehr gut sprinten, aber er machte aus Prinzip nicht mehr mit bei Massensprints, nachdem sein Clubgefährte vom GGMC und guter Rennradfreund, der vielversprechende Bennie Jurriaans, 1971 im Alter von neunzehn Jahren bei einem Massensprint in Leidschendam ums Leben gekommen war.

Im Molenploeg habe ich Knetemann bei den Ortsschildsprints, die viel gefährlicher waren als jeder Massensprint, großartige Duelle ausfechten sehen mit dem Katapult Theo Smit, der in der Tour von 1975 zwei Massensprints mit Längen Vorsprung gewinnen würde. Wie die Duelle ausgingen, weiß ich nicht – ich sprintete auch immer mit, aber wenn Knetemann und Smit loslegten, lag ich zu viele Längen zurück, um ihr Ergebnis sehen zu können.

In *Das Rennen* zitiere ich Kneets Ausspruch über das Abreißenlassen in den Bergen: »Das darf man nicht romantisieren.« Aber er *war* ein Romantiker, jemand, der schon während des Radfahrens die Geschichte sah. Das hatte er schon als kleiner vierzehnjähriger Junge. In meinem Buch beschreibe ich, wie ich in dem Alter ein Vermögen gewann mit Prämiensprints gegen nichtsahnende Verkehrsteilnehmer. »Das hab ich auch gemacht! Genauso ist es!«, rief Kneet darüber. Und vielleicht hatte er die Passage im Kopf, als er ein Stück in *Televizier* schrieb: »Tim Krabbé hat ES gefühlt. Er hat ES miterlebt« – noch immer das Zitat, auf das ich am meisten stolz bin und das Auflage um Auflage hinten auf dem Buch steht und dort immer stehen bleiben wird.

Eigenartigerweise kann ich mich nicht scharf daran erinnern, ob sein später so berühmter Sprachgebrauch mir im Molenploeg schon auffiel. Er war einfach eine gescheite, nette Figur, voller Geschichten und mit einem unbefangenen und scharfen Blick auf den Radsport und das Leben. Aber an einen Sprachmoment erinnere ich mich.

Wir waren über Schoorl gefahren und mit ungefähr zwanzig Mann waren wir in der Nähe von Alkmaar auf dem Rückweg, zu zweit in Paaren, gegen einen ordentlichen Wind. Der Wind kam von links, aber das Spitzenduo, mit auf der linken Seite einem radrennfahrenden Arzt, fuhr viel zu weit rechts, wodurch die doppelte Windstaffel unnötig viel Wind fing.

»Links!«, rief Knetemann da, irgendwo hinter mir. Und als der Arzt nicht schnell genug reagierte: »Links, Doktor, das ist da, wo der Daumen rechts ist!«

Das fand ich sehr witzig, auch durch dieses »Doktor«. Dreißig Jahre lang habe ich mir das gemerkt als einen typischen Knetespruch, aber wenn ich jetzt *das ist da, wo der Daumen rechts ist* in die Suchmaschine eingebe, erhalte ich fünf Treffer (mit »links« vier), in denen Knetemann nicht vorkommt. Vielleicht gab es den Ausdruck also schon, und er dachte im richtigen Moment daran – auch das ist Sprachgefühl. Oder war dieser Satz doch von Kneet und ist er dann von Alkmaar aus seinen Weg zu Google gegangen?

Bei seinem Tod habe ich viele Ausdrücke gesehen, die ihm zugeschrieben wurden (»Karren in den Dreck fahren«, »Tod oder Gladiolen«, »Verstand auf null, Blick auf unendlich«), von denen ich ziemlich sicher weiß, dass sie schon viel älter sind – aber dass sie ihm zugeschrieben werden, ist ein Kompliment, das ihm recht geschieht; das passiert nur denjenigen, die sie sich hätten ausdenken können. Und er hat sich viele ausgedacht. *Uitgewoond* (»abgewohnt«) ist ganz sicher von ihm – das treffendste Wort im niederländischen Radsportjargon.

Ein spezielles Treffen war das vom 6. Februar 1974, auf dem Dorfplatz von Rochesadoule, einem Bergarbeiterdorf in Süd-Frankreich. Dort begann die erste Etappe des Etoile de Bessèges – Kneets erstem Rennen als Profi. Das war nah bei Anduze, wo ich für ein paar Monate cycloliterarischer Einsiedlerschaft wohnte, und ich wollte meinem Molenploeg-Kameraden Erfolg wünschen. Von unserem Gespräch habe ich nichts behalten, ich werde zu sehr beeindruckt gewesen sein vom einfachen Umherlaufen von Wundertieren wie Zoetemelk und Poulidor, Kneets Teamkollegen bei Gan-Mercier.

Sehr verlegen kann er selbst nicht gewesen sein – am nächsten Tag las ich in der Zeitung, dass er sich sofort ins Rampenlicht gefahren hatte. In dieser ersten Etappe wurde er Achter, in darauffolgenden Etappen fuhr er zwei Mal unter die ersten fünf und im Schlussklassement war er Zweiter. Und als Het *Laatste Nieuws* ein paar Wochen später eine Umfrage unter den Profis abhielt, welche Fahrer in der Vorsaison den meisten Eindruck hinterlassen hatten, war Kneet unter den zehn meist Genannten.

Aber den vielversprechendsten Moment dieses ersten Monats fand ich wieder in Jan Zomers *Wielerexpress* von 1990, »Philosophieren mit dem Kneet«. In dem ersten Rennen, das er mit Merckx fuhr, brauchte Knetemann einen Schraubenzieher, um sein Schaltwerk einzustellen. Aber sein französisches Team hatte einen französischsprachigen Teamleiterwagen und er konnte noch nicht ausreichend Französisch, um nach einem zu fragen. Was macht man in so einem Fall? Knetemann ließ sich zurückfallen bis zu Merckx, der hinten drin fuhr, fragte ihn, wie *Schraubenzieher* auf Französisch hieß, und fügte sich mit dem Wort *tournevis* wieder zum Teamleiterwagen.

Der Debütant mit seinem schönen zweiten Platz von Bessèges, der den tausendfachen Superchampion als Wörterbuch benutzt – das ist genial. Knetemann zeigte sofort, dass er sich nicht mit billigen Lösungen begnügte, und dass er wusste, zu welcher Gesellschaft er gehörte.

Was kann mich geritten haben, als ich wieder zurück war in den Niederlanden, am 13. April 1974, meinem einunddreißigsten Geburtstag, das Sportklasserennen von Meerssen zu fahren? Zweihundert Kilometer hin und wieder zurück in meiner alten Ente, für ein Rennen von vierzig Kilometern. Ich muss gehofft haben, dass ein Anstieg dabei war, es war schließlich nah am Cauberg, und ein Vorprogrammrennen für das Amstel Gold Race.

Um Knetemann wird es nicht gegangen sein; wie hatte ich erwarten können, was passierte? Aber nach meinem (völlig flachen) Rennen konnte ich meinen Molenploeg-Kollegen bei der ersten Durchfahrt der Profis in Meerssen schon sehr leicht entdecken; er fuhr wahrlich in einer Dreier-Spitzengruppe, zusammen mit dem Belgier Wilfried David und einem anderen Neoprofi, Hennie Kuiper. Ich glühte vor Stolz – was fuhr der Junge doch gut. Als er eine Stunde später, nach einem Solo von achtunddreißig Kilometern, auch noch als Gewinner über die Ziellinie kam, konnte ich meinen Augen nicht trauen. Zwei Monate nach seinem Debüt als Profi hatte ich seine Geburt als Vedette gesehen.

Ein paar Tage später, als ich auf den ersten Kilometern mit dem Molenploeg neben Ben Janbroers fuhr, schaute der sich um – und als er Knetemann sah, rief er: »Nun, das war ein Treffer, Kneet.«

»Ja, das findest du nicht schön, he?«, rief Knetemann zurück.

»Ich fand es *fantastisch*«, rief Janbroers.

Diese merkwürdige Offenheit, bei der die vermeintliche Missgunst des anderen ausgesprochen wird (Janbroers, Zweiter hinter Zoetemelk bei der Niederländischen Meisterschaft von 1973, war vor dem Gold Race die Amsterdamer Vedette), habe ich ein paar Jahre später noch mal bei Knetemann miterlebt – und auch, genau wie ein paar andere Dinge, schon mal beschrieben, aber das kann in einem Stück wie diesem nicht vermieden werden. Kneet war damals Weltmeister und er wohnte schon jahrelang in Huijbergen in Brabant, aber für die Feiertage war er in den Norden gekommen und am 10. Dezember 1978 fuhr er wieder mal mit dem Molenploeg mit.

Am Sammelpunkt, wo er natürlich ziemlich angestarrt wurde, rief er: »Was ihr hier völlig kostenlos zu sehen bekommt, dafür müssen normale Menschen ein Vermögen bezahlen!«

Aber als er am Anfang der Ringvaart einen platten Reifen bekam, wartete niemand auf ihn – vielleicht, weil man dachte, dass lebende Legenden keine Hilfe brauchen, um in ein Peloton zurückzukommen.

Ich wartete auch nicht, aber ich hatte dieses Mal einen befreundeten Hobbyfahrer mitgebracht und als der kurz darauf auch einen Platten bekam, musste ich natürlich schon warten. Der neue Reifen war gerade drauf, als Knetemann vorbeikam. »Ziemlich stark gelitten, aber er ließ mich trotzdem ein paar Mal die Führung übernehmen«, steht in meinem Rennradtagebuch. Ich erinnere mich an meine Zurückhaltung – ein guter Molenploeg-Kumpel, der Kneet, und ein netter Typ sowieso, aber ich konnte dem Weltmeister doch nicht die Beleidigung antun, davon auszugehen, dass er meine Hilfe benötigte? Er machte aber unumwunden klar, dass ein paar Ablösungen willkommen wären.

Das ist im Widerspruch zu dem, was Tonnie Eijk, der ihn viel besser kannte als ich, nach Kneets Tod erzählt hat: dass er die letzte Zeit nicht mehr so leicht fuhr, aber dass er seine Schwäche nie zeigen wollte.

Damals zeigte er seine Schwäche ohne Probleme – aber seine Kraft zeigen: Das machte ihm auch nichts aus.

Denn bei allen schönen Gesprächen im Molenploeg-Team, es ging doch um das Fahren, und am 6. März 1975 habe ich, von Gerrie Knetemann, bei einer Katwijk-Runde das stärkste Rennradfahren gesehen, das ich je von meinem Rad aus sah.

»Vergebens mit der gesamten Gruppe Knetemann nachgejagt«, steht in meinem Tagebuch. In den Dünen kurz hinter Langevelderslag hatte er attackiert und bis Zandvoort, ungefähr sechs Kilometer weiter, verteidigte er einen Vorsprung von noch keinen hundert Metern gegen die vollauf jagende Gruppe voller Profis und Topamateure, in der ich halbtot am letzten Rad hing. Ich war damals in meinen besten Jahren als Radsportler, aber wir (sie) bekamen ihn nicht zu fassen. Erst in Zandvoort ließ er sich einholen.

Ich glaube, dass Knetemann dieses ganze Solo mit 42x15 gefahren war – mit dem Wind im Rücken. Manchmal hatte er den ganzen Tag 53x15 aufgelegt; dass das schlecht sein sollte, lachte er weg. Er war auch der einzige Amsterdamer Fahrer, der meine Liebe für das Kopje von Bloemendaal teilte; dort fuhr er, als er noch in Amsterdam wohnte, stundenlang herum – ein perfektes Intervalltraining, das ihm geholfen haben muss, der sehr gute Kletterer zu werden, der er war. Nicht im Hochgebirge leider, aber er hielt jahrelang (und vielleicht noch) den Rekord des Col d'Èze, dem abschließenden Bergzeitfahren von Paris–Nizza, vor Leuten wie Merckx, Zoetemelk und Poulidor.

Als ich letztens zufällig ein Tagebuchheft aufschlug mit Eintragungen von Anfang 1985, war ich verwundert, in diesen paar Monaten gut und gerne drei Notizen über Knetemann zu finden.

Am 6. Januar 1985 träume ich eine Variante des klassischen Prüfungstraums. Knetemann und ich laufen zusammen durch Vlissingen, über eine Zugbrücke, unterwegs zu einem Saal, wo »seine Show« stattfinden wird. Auf einmal erinnere ich mich, dass ich versprochen habe, ein Stück über ihn in dieser Show vorzulesen, aber ich habe komplett vergessen, es zu schreiben. Und es ist schon fast acht Uhr! Wie soll das jetzt gehen?

Entschuldige noch, Kneet, aber hier ist das Stück – ich habe auf den Tag genau zwanzig Jahre später damit angefangen.

Am 21. Januar muss ich in Woensdrecht sein, und ich beschließe, auf seine offene Einladung einzugehen, mal in Huijbergen auf einen Sprung vorbeizukommen, wenn ich in der Nähe bin – aber es ist niemand zu Hause. Vielleicht nicht mein spektakulärstes Pfadekreuzen mit Knetemann – aber trotzdem. Die offene Einladung passt zu ihm, und dass ich davon Gebrauch machen wollte, passt nicht zu mir. Dass ich trotzdem vor dieser Tür stand, kann nur gewesen sein, weil Kneet ein echtes Willkommen ausstrahlte.

Sonntag, 29. April 1985: Ich komme abends nach Hause von einem Wochenende im Naturgebiet Veluwe. Es ist auch der Tag des Amstel Gold Race; in den Cafés, in denen wir auf unserer Wanderung etwas getrunken haben, habe ich meine Freundin vorgeschickt, um zu gucken, ob dort kein Radio oder Fernsehen mit der Berichterstattung läuft. Zu Hause nimmt mein Videorekorder das Rennen auf; das will ich nachher sehen, als ob es live ist. Es gelingt mir den ganzen Tag, nichts zu erfahren, und abends sehe ich Knetemann oben auf dem Cauberg hinter dem Rücken von Versluys wegspringen, ich sehe ihn Verhoeven zwischen den Vorgärten von Vilt stehen lassen; wie in einem Traum fährt er solo nach Meerssen, genau wie vor elf Jahren, die Kamera zoomt drauf und zeigt etwas in seinem Gesicht, was Schluchzen ähnelt, aber ich hatte es schon kommen sehen: Ende Videoband.

Den berühmten heulenden Zieleinlauf habe ich erst viel später gesehen.

Diesen abgeschnittenen Sieg kann ich nicht mehr wiederfinden, wahrscheinlich habe ich das Videoband aus Wut für etwas anderes verwendet, aber ich fand zwischen meinen alten Bändern unseren gemeinsamen Auftritt in der TV-Gameshow *Hints*, Anfang 1989.

Davon wusste ich so gut wie gar nichts mehr, außer dass unser von Kneet zusammengestelltes »Radteam« (mit auch Jacques Hanegraaf und Tonnie Eijk) verlor gegen ein Team Schauspieler, mit meiner damaligen Gattin Liz Snoijink als Kapitän, und dass es ein Desaster gewesen war. Das ging noch, wir gewannen sogar eine Runde, aber gegen Liz summierte sich unser Rückstand auf 65:0.

Kneet: »Wir müssen die Null festhalten.«

Es war lustig, Knetemann-mit-Sprechverbot zu sehen, der einen Torpedo versucht darzustellen, aber mich trafen nun, sechzehn Jahre später, zwei andere Dinge. Als der Moderator ihn beim Anfangsgespräch fragte, ob er alles wieder genauso machen würde, sagte Kneet: »Ja, aber ich würde an manchen Stellen etwas weicher landen.« In einem Gespräch von zehn Sekunden, *sechs* Jahre nach seinem Unfall bei »Quer durch Flandern«: Dieser Unfall ist ein Bruch in seinem Leben gewesen.

Und ich sehe die Wahl seines Teams als bezeichnend. Bei seiner Einleitung nannte er Hanegraaf »den intelligentesten Fahrer des Pelotons« und Tonnie Eijk und mich hatte er gewählt, »um das kulturelle Niveau des Radsports etwas anzuheben«. Selbstironie als Bekenntnis? – gab es dann doch in Knetemann, der nie verleugnete, wo er herkam, und der seinen alten Beruf als Steinsetzer immer hochhielt, einen kulturellen Minderwertigkeitskomplex?

Er machte oft mit bei TV-Gameshows; laut einiger Leute zu oft. Aber er schien das Dasein als Bekannter Niederländer aufrichtig zu genießen, so dass man ihm das wohl gönnen musste – auch wenn ich dachte, als er einmal an einen Lügendetektor angeschlossen über seinen WM-Sprint gegen Moser sprach: Jetzt gehst du zu weit. Ein *Seigneur* wie du wird doch nicht in der Öffentlichkeit an seinem Wort zweifeln lassen?

Aber speziell für ihn habe ich um 1990 herum meine Abneigung gegen alles, was mit Karneval zu tun hat, über Bord geworfen, um seinen Einzug als Prinz Karneval in Amsterdam zu sehen. Ich bin sogar auf und ab gesprungen und habe »Gerrie! Gerrit!« geschrien, als der Wagen vorbeikam, auf dem er mit seinem Zepter stand – oder was so ein Prinz dann hat – und damit hin und her alaafte. Er genoss es. Ob er mich gesehen hat, weiß ich nicht – Gott weiß, wie viele auf und ab springende Rennfahrer an diesem Tag entlang der Strecke gestanden haben.

Vielleicht war Hints das letzte Mal, dass ich ihn echt traf – aber unser intensivster Umgang sollte noch kommen, auch wenn wir einander da nur auf dem elektronischen Pfad begegneten.

Ende Sommer 2001 bekam ich auf einmal eine Mail mit der Anrede:

Hi Tim,

Mensch, Kerl, lebst du noch???

in der der Schreiber mitteilte, dass er meine Bücher las, fragte, ob ich noch manchmal Rad fuhr, und die unterschrieben war mit:

Grüße von einem alten Molenploeger,

Kneet

Das fand ich ganz toll, auch weil Kneet einer der Menschen war, die man in ihren Briefen reden hört. Bevor ich hatte antworten können, kam schon eine zweite Mail dazu, in der des Pudels Kern steckte. Ich hatte ein Stück auf meine Website gestellt, mit dem Titel V5 x (E+1) x DG x PP, nach der Formel, mit der ich eine Leistungswertung der Tour-de-France-Siege seit dem Krieg berechnete.

Tim,

was bist du doch (ein bisschen) ein Knallkopp.

Bei der Idee allein schon, eine Liste mit TdF-Siegern zu erstellen, überkommt mich das Gefühl, dass jemand, der in »Listen« denkt, deutlich (ein bisschen) neben der Spur sein muss.

Na, Tim, das ist genau, was du bist!

Den Ton dieser Mail könnte man plump-freundschaftlich nennen, und ich verstand auch schon, woran er sich gestört hatte.

Meine Liste war ein Zahlenspiel, ohne Bedeutung außerhalb seiner selbst – aber Knetemann, der dreizehn Mal die Tour de France gefahren war und zehn Etappen und was nicht noch mehr gewonnen hatte, der »mit verschiedenen dieser Fahrer sogar die Radsportschützengräben bemannt«

hatte, musste mit einem gewissen Ärger gesehen haben, dass aller Mut, alle Kraft und alles Leiden, die dafür aufgebracht wurden, in dieser Liste auf Zahlen reduziert waren.

»Dass ich ein Knallkopp neben der Spur bin, davon profitiere ich jetzt schon 58 Jahre, aber darüber kannst du meines Erachtens ein Wörtchen mitreden«, schrieb ich zurück, und: »Ja, schön, he, Listen. Ich kann da stundenlang draufgucken. Es gibt sie in allen Sorten und Größen, und die Liste, die sie damals bei der WM '78 erstellt haben, wird bestimmt immer einer deiner Favoriten sein.«

Es war der Anfang einer lebhaften E-Mailkorrespondenz, die ein paar Monate gedauert hat. Er unterschrieb immer mit *Grüße vonn Gerrie Knetemann* und es ging um unsere Kinder (er glühte vor Stolz auf seine Tochter Roxane, die damals gerade mit dem Radsport begonnen hatte und von der er Fotos und auf der Alkmaarer Radrennbahn gefahrene Zeiten schickte), zufällige Treffen mit gegenseitigen Bekannten, um Kunst (»Tim, Junge, wenn du echt Hunger hast, weiß dann Bescheid, dass die schönsten Kunstwerke aus Ärmlichkeit, Hunger und Eitelkeit heraus [das natürlich auch…] entstanden sind«), darum, was wir noch an Sport trieben, aber vor allem ums Radfahren. Zwischen Tür und Angel stellte sich heraus, dass die Vorstellung, dass er als Rennfahrer nicht sonderlich begabt war, auch bei ihm selbst existierte. Es kam ein sehr starker Amsterdamer Fahrer zur Sprache – mit dem hatte er früher nicht mithalten können, und jetzt wieder nicht. Dazwischen war er ihm weit entwachsen – »weil ich einfach mehr trainierte, wurde ich immer besser und er nicht […]. Nun aber kommt die natürliche Klasse wieder hoch, und wenn ich oder du wieder mit ihm mitfahren wollen, dann werden wir wieder genauso stark trainieren müssen wie früher. Und da hab ich nun gerade keine Lust mehr drauf. Man wird letztendlich nur ein Mal 50 Jahre in seinem Leben und ich möchte auch noch gerne in guter Gesundheit die 60 Jahre schaffen.«

Doch eigenartig, dieser Glaube an seine Unbegabtheit von Knetemann, der einen Sprint gegen Moser gewann, ein langes Zeitfahren gegen Hinault, der den Col d'Èze-Rekord von Merckx wegschnappte,

Europameister hinter dem Derny wurde, Sechstagerennen gewann, Etappenrennen und Eintagesrennen am laufenden Band – und der also nicht nur höchst begabt, sondern auch vielseitig begabt gewesen sein muss.

Er trieb noch viel Sport; fuhr drei oder vier Touren pro Woche, lief den Marathon von Honolulu in 3:57:46, fuhr mit einer Fahrradgruppe von Industriellen Ventouxs und Tourmalets hinauf. »Natürlich ist das Fahrradfahren von mir nichts mehr verglichen zu dem, was es früher war, aber wenn ich damit zufrieden bin, dann ist es doch gut.«

Ich schrieb, dass ich kaum noch fuhr, nur jede Woche ein paar Stunden Tennis spielte. »Aber Timmie, Junge, wenn du deine körperliche Fitness verbessern willst, indem du Tennis spielst, dann denke ich, dass du besser Schach spielen kannst. Das ist auch besser für deine Knie.« Er versuchte, mich wieder mehr zum Fahrradfahren zu bewegen: »Du musst dich selbst ab und an auf dem Fahrrad mal ausführen.« Es war auffällig, dass sein Ton der von Rennfahrer zu Rennfahrer war, als ob wir gleichgestellt waren. Als ich schrieb, dass ich früher das Kopje in 2:19 gefahren war, aber beim letzten Mal in 3:40, schrieb er zurück, dass er gucken würde, ob er unter 3:40 kommen konnte.

»Dass du wenig Rad mehr fährst, ist schade für dich«, schrieb er, »denn du musst dir einfach Zeit nehmen, um ›lecker‹ zu fahren.«

Aber das war es ja gerade; ein anderes wiederkehrendes Thema war unser beider Unvermögen, »lecker« Rad zu fahren. Und davon hatte er nun gerade ein treffendes Beispiel miterlebt.

»Ich denke, dass du recht hast, dass ich doch ein ›Rennfahrer‹ war bzw. noch ›bin‹.

Denn ich sagte letztens noch zu Greet, dass ich eigentlich sehr schlecht ›leise‹ fahren kann.

Wenn ich jetzt noch fahre, dann fahre ich fast immer maximal, und eigentlich nie ›lecker‹.

Letzten Samstag bin ich von Krommenie aus noch mal über das berüchtigte Kopje von Bloemendaal gefahren.

Bei Buitenhuizen mit der Fähre rüber (ich hatte Glück, denn sie wollte gerade losfahren) und dann ein paar Mal über das Kopje, um danach wieder über Velsen – Beverwijk zurück nach Krommenie zu fahren.

Auf der Fähre stand ein ›Rennfahrer‹ vor mir.

Er hatte einen Rucksack auf seinem Rücken und seine Beine waren nicht rasiert, also ein ›echter‹ Rennfahrer wird er wohl nicht gewesen sein (er hatte übrigens genau solche Beine wie du, es war ein starker Brocken…).

Aber gut, wir fahren zusammen von der Fähre runter und der Typ fängt wie verrückt an zu fahren, also ich mit 38, 39 km pro Stunde wie eine Motorradmaus am Hinterrad.

Nach einigen Kilometern Richtung Spaarndam nahm er doch ein bisschen Tempo raus, das kann man heutzutage übrigens sehr gut auf seinem Zähler sehen.

Ich speere also an dem Typen vorbei und fahre ›wieder‹ wie ein Speer die letzten Kilometer nach Spaarndam, um in Spaarndam dahinter zu kommen, dass ich den Typen abgehängt hatte.

Na ja, dann fängt das Elend aber erst richtig an. Denn dann muss man für seinen guten Anstand doch ein ›bisschen‹ Tempo halten.

Na gut, kurz vor Bloemendaal kommt der Bursche wieder an mir vorbeigesaust (immer noch mit Rucksack…).

Zum Glück nimmt er einen anderen Weg als ich, so dass ich endlich ›ruhig‹ fahren kann.

Aber zehn Minuten später, in der Abfahrt vom Kopje, sehe ich den Typen wieder vor mir fahren.

Er war scheinbar einen kürzeren Weg gefahren, so dass ich den Typen ›mental‹ wieder am Hals hatte.

Ich speere wieder an dem Kerl vorbei und biege in Richtung Zandvoort ab, obwohl ich eigentlich ein paar Mal über das Kopje fahren wollte…

Auf dem Zeeweg (der Radweg ist deutlich breiter), denke ich, dass ich ihn los bin, aber das war natürlich nicht so…

Er kam ›wieder‹ an mir vorbei!

Ich fahre an seinem Hinterrad (mit dem Blick auf diesen Rucksack) und übernehme ruhig die Spitze von dem Typen.

Aber der Kerl beschleunigt deutlich, so dass von ›ruhig übernehmen‹ wieder keine Rede ist.

Auf meinem Zähler stehen 38 km und ich konnte noch etwas schneller, aber das mach ich nicht!

Er übernimmt wieder von mir und ich wieder von ihm.

Nun weißt du, dass das letzte Stückchen des Zeewegs gemein bergauf geht (mit dem Wind von vorn, wie immer...).

Dort fuhr ich an der Spitze und schwitzend wie ein Schwein erreiche ich das Meer.

Und der Kerl war wieder abgehängt und sofort nirgendwo mehr zu sehen.

Den ganzen Boulevard bin ich alleine gefahren und in der Annahme, dass er bestimmt einen anderen Weg gewählt hat, fuhr ich Richtung Bentveld, Overveen.

Aber das war natürlich wieder eine Fehlkalkulation, denn kurz vor Bentveld kam der Knallkopp wieder an mir vorbei.

Da habe ich die ersten Worte mit ihm gewechselt...

Ich fragte ihn, ob er nun schon wieder da war...

›Ja‹, sagte er...

Na, dann hast du wohl Pech, denn ich fahre bei der nächsten Ampel bei Bentveld nach links.

Er grüßte mich und fuhr seines Weges.

Während ich über Kraantje Lek fuhr, fragte ich mich, warum ich nun so blöd gefahren war.

Ich hätte doch auch einfach ›lecker‹ ruhig meine Runde machen können???«

Aber wie das leider so geht: Unsere Korrespondenz schlief auch wieder ein. Pläne, mal zusammen zu fahren, zerschlugen sich an unvereinbaren Terminen, aber auch, weil ich mich zurückhielt; mit meinen mehr als hundertfünf Kilo und fehlender Fitness hätte ich mich dafür geschämt, sein »Bremsfallschirm« zu sein, wie er es nannte.

Als ich im Laufe des Jahres 2004 doch wieder fanatisch anfing, Rad zu fahren, und sogar erwog, an Rennen der über 50-Jährigen teilzunehmen, hoffte ich, dass unsere Pfade sich erneut kreuzen würden. Erst recht, als ein anderer Fünfziger, den ich bei einer Mountainbiketour in Bolivien traf, mir erzählte, wie rührend er es gefunden hatte, Knetemann bei einem Clubrennen auf Sloten an der Seite stehen zu sehen, mit Reserverädern für Roxane. Ich freute mich auf ein neues Treffen. Und ich hörte mich selbst schon erzählen, dass, wenn er dann doch nicht schön lecker fahren könnte, er vielleicht auch mal mit nach Bolivien kommen musste.

Aber dass er Mountainbike fuhr, entdeckte ich auf eine ganz andere Art und Weise.

DAS TERMINALE RADRENNFAHREN (2005)

Ich begann mit dem Radsport, als ich dreißig war, 1973. Als ich für eins meiner ersten Rennen in den Niederlanden auf die Strecke kam, war dort noch ein Seniorenrennen zugange, mit Fahrern, die fünfunddreißig Jahre und älter waren. »Ist das nicht gefährlich?«, fragte ich mich. »Es ist doch ein anstrengender Sport, machen die Herzen das mit?«

Ich fuhr acht Jahre lang Rennen, in den letzten paar bei den Senioren, und ich war verwundert über einige Mitfahrer weit in den Vierzigern, die zu den Besseren gehörten. War das wohl gesund in ihrem Alter?

Jetzt bin ich zweiundsechzig. Nach einem Vierteljahrhundert Abwesenheit bin ich zurückgekehrt in das Peloton – das der über 50-Jährigen und manchmal der über 60-Jährigen. Vor meinem ersten Rennen der über 60-Jährigen plauderte ich mit einem freundlichen Fahrer, der mir erzählte, zweiundsiebzig zu sein. Ich wurde Neunter und war ziemlich zufrieden damit, aber später sah ich im Ergebnis, dass er vor mir im Ziel war. Wie kam er dazu – in diesem Alter!

Es ist wunderbar, wieder zurück zu sein. Das halbe Peloton kenne ich noch von früher – die Gesichter sind etwas furchiger, aber die Sitzposition ist noch dieselbe. Viele von ihnen haben all die Jahre weitergemacht, und die etwa zweitausend Rennen, die ich verpasst habe, machen mich manchmal neidisch.

Aber ich habe den Vorteil, dass alles wieder neu ist – wer würde nicht eine Jugendliebe treffen wollen, die wieder jung geworden ist? So vieles kommt zurück: der Stolz, wenn ein halbes Peloton abgehängt ist, aber man selbst nicht; der Selbsthass, wenn man eine Gruppe wegfahren lässt, in der man hätte mitfahren müssen; das herrliche Sterben des gelingenden Solos; das furchtbare Sterben des Sprungs, der knapp misslingt; der Widerwille des Schmerzenerleidens; der Genuss des Schmerzenzufügens; die Hoffnung, dass bei dem Sturz, den man hinter sich hört, viele Konkurrenten dabei sind… es ist nicht mehr das Können von vor dreißig Jahren, aber es sind die gleichen Gefühle.

Was soll man von uns halten? »Die terminalen Rennfahrer« mögen wir uns selbst gerne nennen, aber wo Selbstspott erlaubt ist, ist Spott das noch lange nicht. In Tiel, nach einem Massensprint, dem ein alles abverlangendes Lückenzufahren und Positionsverteidigen in den letzten Runden vorausgegangen waren und in dem ich nur sechs Mann vor mir zählte (es war ein Fortschritt zu erkennen), stand dort, während ich mich völlig kaputt austrudeln ließ, ein Zuschauer an der Seite, der sagte: »Ja, bester Mann, es ist nicht einfach.«

Nein, es war nicht einfach, nicht sofort abzusteigen und zu sagen: »Nimm das höhnende Mitleid von deiner Gusche runter. Ich gebe zu, sehr viele Chancen, dass ich die Tour noch sieben Mal gewinne, gibt es nicht, aber du sollst wohl wissen, dass mein Gesicht vor dreißig Jahren beim Austrudeln genauso aussah und dass ich, auch wenn ich jetzt fast hundert bin, genauso schnell wieder frisch sein werde wie damals. Gut, zehn Sekunden später. Aber hast du dir die Strecke angesehen? Oder erschien es dir zu anstrengend, sie einmal abzulaufen? Rechtwinklige Kurven, holprige Steine, Asphalt mit Schlaglöchern, Wind von vorne auf dem offenen Stück – und darauf fahren wir, die Terminalen, vierzig pro Stunde. Das sagt dir nichts, bester Mann, also werde ich es übersetzen. Wir fahren die Steine aus der Straße, die von unseren Enkeln gelegt wurden.«

Auch wenn ich besser werde, zu den Besten der über 60-Jährigen gehöre ich noch nicht. Aber zwei dieser Spitzenfahrer sind fünfundsechzig. Ich habe also noch Zeit.

Letztens sagte jemand über meine Rennen: »Ist das nicht gefährlich?«

Ich hatte keine Ahnung, was er meinte.

ZEHN DEFINITIONEN EINER SAUBEREN TOUR (2007)

1.
In der ersten richtigen Etappe der Tour, von London nach Canterbury, stürzte McEwen zwanzig Kilometer vor dem Ziel. Er wurde von seinen Teamgefährten zurück ins Peloton gebracht, konnte noch rechtzeitig wieder nach vorne kommen und gewann den Sprint.

Danach fragte ihn ein deutscher Journalist, ob eine derartige Leistung nun wohl möglich war mit ausschließlich natürlichen Mitteln.

In einer sauberen Tour zieht ein mitfahrender Schnellrichter die Akkreditierung dieses Journalisten auf der Stelle ein und schließt ihn für zwei Jahre von der Berichterstattung für Radrennen aus. Dieses nach dem Beweis von Fakten, und nicht nur aufgrund von Verdächtigungen.

2.
In einer sauberen Tour sind alle Berichterstatter, Teamleiter, Organisatoren, Sponsoren und andere Beteiligte verpflichtet, vor dem Start eine Erklärung zu unterzeichnen, in der sie versprechen, dass sie die Rennfahrer wie Gentlemen behandeln werden.

3.
Eine saubere Tour hat ein Publikum, das erzogen wurde zu dem Bewusstsein, dass man nicht alles wissen wollen muss. Und dass, wenn man doch erfahren sollte, dass eine Rennfahrerheldentat nicht ganz war, was sie vielleicht im ersten Moment schien, dies kein Grund ist für Verachtung und

Hohn. So wie man eine schöne Frau, von der man entdeckt, dass sie Make-up benutzt, nicht mit faulen Eiern bewirft.

4.

Eddy Merckx erzählte, dass Axel ihm erzählt hatte, dass er und seine Teamgefährten von T-Mobile einige Male zwei Minuten lang Kohlenmonoxidgas hatten inhalieren müssen. Dies als interne Kontrolle von Bluttransfusionen. Scheinbar ist das eine Art, solche Transfusionen nachzuweisen. »Ist das legal?«, fragte sich Eddy, einigermaßen erschrocken. »Denn das ist Gift.«

In der Tat, es wurde in manchen Nazivernichtungslagern verwendet und ist nach wie vor ein beliebtes Mittel für Selbstmorde.

In einer sauberen Tour wird dieser Fall bis aufs Letzte untersucht, werden die Verantwortlichen lebenslang aus dem Radsport ausgeschlossen und vor dem Richter angeklagt und bekommen die betroffenen Fahrer Schmerzensgeld.

5.

In einer sauberen Tour wäre der Direktor der Rabobank, sobald die erste schwarze Wolke über dem Kopf von Rasmussen auftauchte, nach Frankreich gefahren, wo er sich, stolz lachend, ausführlich mit seinem Träger des Gelben Trikots hätte fotografieren lassen. Auf Fragen nach Mexiko und Italien würde er sagen, dass er das *Whereabouts*-Formular, auf dem der Fahrer im März angeben muss, wo er am 15. Juni trainieren wird und um welche Uhrzeit, eine grausame und ungewöhnliche Strafe findet, und er würde durchschimmern lassen, dass der zivile Ungehorsam, mit dem Rasmussen durch die Maschen des Radsportpolizeistaates gerutscht war, eigentlich seine Zustimmung fand. Wer dann noch etwas über »Lügen« meinte anmerken zu müssen, dem hätte er geantwortet, dass die Tour dazu da ist, radsportliche Qualitäten zu messen, und nicht moralische.

Auch wäre der Direktor der Rabobank in der Gesellschaft einiger Spitzenanwälte gewesen, die der Tourdirektion klargemacht hätten, dass man, wenn man weiterhin Rasmussens Sieg in Gefahr bringen würde, indem man ihn unter Druck setzte, erfahren würde, welchen Druck ein Milliardenunternehmen auf ein Millionenunternehmen ausüben kann.

6.
In einer sauberen Tour wird das Prinzip der »Witwenverbrennung« nicht angewendet und darf notfalls auch der letzte nicht-erwischte Fahrer eines Teams seine Tour fortsetzen.

7.
Vor dem Start der siebzehnten Etappe in Pau, dem Tag nachdem Rasmussen das Gelb verloren hatte und geteert und gefedert wurde, war Michael Boogerd das Dopinggequatsche eines Zuschauers satt und versetzte ihm einen Schlag. In einer sauberen Tour hätte er danach nicht auf der Titelseite der *Volkskrant* einen Rüffel bekommen, weil er »seine Hände nicht stillhalten konnte«, sondern hätte der Tourdirektor ihm den Preis für den angriffslustigsten Fahrer überreicht.

8.
In einer sauberen Tour wird kein Gegengutachten erstellt vom Labor und den Laboranten, die das erste Gutachten vorgenommen haben, sondern hat der kontrollierte Fahrer das Recht, drei Labore aus einer Liste von zehn zu bestimmen, in zehn verschiedenen Ländern. Nur wenn all diese drei Labore zu einem positiven Ergebnis kommen, kann man von Doping sprechen.

9.
In einer sauberen Tour werden nicht die ersten fünfzehn der Gesamtwertung am Morgen vor dem entscheidenden Zeitfahren zu einem Bluttest verpflichtet, sondern wird ihrem Recht auf eine konzentrierte Vorbereitung Achtung erwiesen.

10.
Als ich den Fernseher anmachte für die Berichterstattung der achtzehnten Etappe von Cahors nach Angoulême, hatte eine Spitzengruppe mit vier

Mann einen Vorsprung von 17 Minuten und 30 Sekunden vor dem Peloton. Der Bestplatzierte dieser vier war Michael Boogerd, mit einem Rückstand von 27:50 auf den Träger des Gelben Trikots, Contador. Es waren noch mehr als hundert Kilometer.

Die Schauer liefen mir über den Rücken. Ich hatte eine Vision: In einer sauberen Tour ließ das Peloton diesen Vorsprung bis auf achtundzwanzig Minuten wachsen und bekam Boogerd, als Ersatz für Rasmussen, das Gelbe Trikot.

Mit einem genialen Streich zeigten die Fahrer, dass sie es satt hatten, es ihnen total leid war, es ihnen bis *hier* stand: die Verdächtigungen, der Mangel an Respekt, die Nacht- und Nebelkontrollen, die Korfballmoral, der Einbruch in die Privatsphäre, die DNA-Pässe, die Bevormundung, die Formulare, das Pinkeln unter Aufsicht, die Provokation zur Scheinheiligkeit, die Biederkeitserklärungen, das Einatmen von Kohlenmonoxid. Eine historische Solidaritätserklärung, eine Revolution, die den Radsport denen wiedergeben würde, denen er gehörte: den Fahrern. Was wäre das sauber.

Der Vorsprung ging zurück, sank unter eine viertel Stunde, unter zehn Minuten; die Lücke zum virtuellen Gelb wurde unüberbrückbar. Meine Vision war auch wohl sehr romantisch gewesen – eine ganze Tour schenken, das ging vielleicht zu weit. Eine Etappe wäre schon der Geste genug.

Boogerd wurde Letzter in dem Sprint.

Aber eigentlich wusste ich es schon. In einem meiner ersten Rennen hörte ich zwei Geräusche, kurz nacheinander. Das erste hinter mir: das Geknirsche, Geschramme, Gefluche eines Sturzes. Das zweite vor mir: eine Stimme, die schrie: »Fahren, Männer, wir haben eine Lücke!«

DIE VIERZEHNTE ETAPPE (2015)

»Ich werde warten müssen, bis ich The Great Gatsby bin«, schrieb ich vor zweiunddreißig Jahren, »dann bezahle ich der Tour de France, was nötig ist, um den Col d'Uglas als Bergzeitfahren auftreten zu lassen.«

Ein Gatsby bin ich nicht geworden, aber das ist nicht schlimm, denn der Uglas und Umgebung sind zu klein für ein Tourzeitfahren, zum Glück. Trotzdem ist der Uglas ein Zeitfahren geworden, 2003, als es mein Buch *Das Rennen* fünfundzwanzig Jahre gab und als Hommage eine fünftägige Rundfahrt in den Cevennen organisiert wurde. In den neun Jahren, in denen es die Rundfahrt gab, sind die Teilnehmer ein paar hundert Zeiten auf meinem kleinen Berg gefahren, mit als schnellster 13:16 von Thijs Zonneveld 2005, damals ein vierundzwanzigjähriger Semiprofi in französischen Diensten – hundert Sekunden schneller als mein Rekord von 14:56.

Berechnungen und Schätzungen suggerieren, dass vor Gott an einem guten Tag 10:30 zu schaffen sein muss. Selbst fuhr ich im Juni 2014 meinen sechsundachtzigsten und vorläufig letzten Uglas in 25:31 – als ruhigen Start einer Sechzehn-Pässe-Tour von 246 Kilometern durch die gesamten Cevennen, mit meinen Amsterdamer Rennradfreunden, den Windjammers.

Bei dem wenigen, was im Internet über den Col d'Uglas zu finden ist, stehen zwei alternative Namen: *Col du Glas* und *Col du Gard*. Der erste soll der ursprüngliche Name sein, der durch ein Apostroph befreit wurde von seinem schauerlichen Klang, denn *glas* bedeutet: »das Läuten der Todesglocke«. *Col du Gard* (nach dem Département, in dem er liegt) ist vielleicht eine Erfindung des Webmasters der einzigen Seite, auf der ich den Namen sah.

Der Uglas wurde nur ein Mal aufgestellt in der Tour de France, 1960, in der vierzehnten Etappe von Millau nach Avignon über 217 Kilometer, als dritter und letzter (und einziger, bei dem man Bergpunkte verdienen konnte) von drei nicht sehr schweren Cevennen-Pässen: Col de Perjuret – Col de l'Exil – Col d'Uglas; es muss Leser geben, die schon spüren, wo das hinführt. Das war mir ein schönes Paar: Perjuret kommt von *parjure*, »Wortbruch, Meineid«, und auch Exil ist, was es scheint: Verbannung. Und dann also noch diese Todesglocke. Diese Namen haben mit der Verfolgung der Hugenotten am Ende des 17. Jahrhunderts zu tun – der Perjuret erinnert an die Bekehrten, die gezwungen waren, ihren Protestantismus zu verleugnen; das Exil an den Abschied, den man dort nahm von Verweigerern, die flüchteten oder als Gefangene in die Galeeren in Marseille geführt wurden; der Col du Glas an die Glocken, die dort läuteten, zur Warnung, falls katholische Mordtruppen auftauchten.

Auf dem Col d'Uglas (zweite Kategorie), etwa neunzig Kilometer vor dem Ziel, gab es in dieser vierzehnten Etappe ein paar Attacken zu notieren. Der Regionalfahrer Beuffeuil kam solo als Erster hoch, aber davor hatte es eine wichtigere Attacke des Belgiers Adriaensens gegeben, in diesen Jahren ein Stammkunde für die ersten zehn des Gesamtklassements – zu dem Zeitpunkt war er Dritter. Oder Zweiter, je nachdem wie man es sieht. Vielleicht wurde er zu diesem Versuch angeregt von der unvermuteten Chance, die ihm an diesem Tag in den Schoß geworfen wurde, die Tour zu gewinnen. Er wurde eingeholt und nachdem auch Beuffeuil in der Abfahrt zurückgeholt war, kamen zweiundsechzig Mann zusammen, von denen der Belgier Van Geneugden in Avignon den Sprint gewann, vor den französischen Spitzensprintern Darrigade und Graczyk. Fünfter wurde der italienische Träger des Gelben Trikots Nencini, der sich schon öfter in Massensprints mischte und nicht schlecht darin war – dieses Mal wird er das für eine Chance auf eine der Bonifikationen für die ersten drei getan haben.

Eines der Suchergebnisse für »Col d'Uglas« führt auf ein Forum, auf dem ein sich »Joe, die Hyäne« nennender Franzose erzählt, wie er am 10. Juli 1960 als elfjähriger Radsportfan auf dem Uglas wartete auf die Durchfahrt seines Helden, der auch der Held von ganz Frankreich war, der vierundzwanzigjährige Roger Rivière. Der war in Millau als Zweiter im Klassement gestartet, 1:38 hinter Nencini – mit den Alpen und einem Zeitfahren von dreiundachtzig Kilometern vor sich war er, der stärkste Zeitfahrer dieser Jahre (er war Stundenweltrekordhalter), ein großer Favorit, die Tour zu gewinnen.

Aber Joe bekam seinen Helden nicht zu sehen. Etwa anderthalb Stunden bevor die Fahrer den Uglas erreichten, in der Abfahrt vom Perjuret, war Rivière gegen eine niedrige Mauer am Rande des Wegs geknallt, in die Tiefe geflogen und hatte sich seinen Rücken gebrochen – das Ende seiner Tour und seiner Karriere.

Alles kommt zusammen. Der Perjuret, der zusammen mit Rivière so eine große Rolle in *Das Rennen* spielt, und der Uglas, der so eine große Rolle in meinem Rennradleben spielt, sind verbunden in einer legendären Tour-Etappe.

Rivière war ein Phänomen: 1957, als er einundzwanzig war, Weltmeister in der Verfolgung und Halter des Stundenweltrekords, beides als Jüngster aller Zeiten. Diese Meisterschaft gewann er auch in den zwei Jahren danach, und er war der Erste, der seinen eigenen Stundenrekord verbesserte. Das tat er 1958, und obwohl ein platter Reifen ihn vielleicht einen halben Kilometer kostete, würden seine 47,346 Kilometer neun Jahre stehen bleiben. Er war ein bisschen ein Angeber (»diesen Stundenrekord schaffe ich mit dem Finger in der Nase«), aber man mochte ihn gern; sein späterer Edelhelfer Ab Geldermans nannte ihn einen lebendigen Jungen, freundlich, einen Gentleman – »und wenn sie keine Räder in mein Rad eingesetzt hätten, ich hätte mich trotzdem verrückt gefahren für ihn.«

Rivière war auch ein Neuerer: Seine Rekorde fuhr er mit schnürsenkellosen Schuhen und einer Badekappe über seinem Helm für die Aerodynamik, und mit Helium statt Luft in seinen Reifen. Die französischen Radsportliebhaber freuten sich auf Jahre mitreißender Rivalität zwischen ihm und Anquetil – ihm hatte Rivière den Stundenrekord weggeschnappt und ihr erstes Duell in der Tour, 1959, war geendet in einer Art vorteilhaftem Gleichstand für Rivière; Anquetil war Dritter geworden und Rivière zwölf Sekunden hinter ihm Vierter, aber er hatte beide Zeitfahren gewonnen. Und nun, 1960, fuhr Anquetil (der Gewinner von 1957) nicht mit, genauso wenig wie Gaul, der von 1958. In seiner zweiten Tour war Rivière ein Topfavorit, auch wenn er auf der Straße, abgesehen von Zeitfahren, noch nie etwas Wichtiges gewonnen hatte.

Das tat er zum ersten Mal in der sechsten Etappe, von St. Malo nach Lorient, 191 Kilometer quer durch die Bretagne – genau wie die vierzehnte eine Etappe, die historisch werden würde.* In dieser flachen Etappe passierte etwas, das heutzutage nicht mehr geht: Eine Spitzengruppe mit vier Favoriten auf den Gesamtsieg, Rivière, Nencini, Adriaensens und Junkermann, fuhr mit fast einer viertel Stunde Vorsprung vor dem Peloton. Mit dabei Rivières Zweitkapitän im französischen Team, Anglade, der im Jahr zuvor Zweiter geworden war und jetzt das Gelbe Trikot trug. Rivière gewann die Etappe um Reifenbreite vor Nencini, aber Anglade verlor sein Gelbes Trikot an Adriaensens.

Anglade war wütend. »Heute haben wir die Tour verloren«, rief er, »denn Rivière wird Fehler machen. In den Bergen wird er versuchen, Nencini zu folgen in den Abfahrten, und das kann nie gut ausgehen.«

Ein Fahrer, der einen Teamgefährten aus dem Gelben Trikot fährt, zugunsten eines Gegners, das scheint in der Tat eigenartig, aber ob Rivière sich des Verrats schuldig gemacht hatte, ist die Frage. In den ersten achtzig Kilometern dieser Etappe war wie verrückt gefahren worden, mit ständigen Attacken, oft vom immer streitlustigen Nencini, bis eine Spitzengruppe von vierunddreißig Mann entstanden war mit Nencini und Rivière, und ohne Anglade. Rivière hatte nicht mitgearbeitet, und das Peloton war von den Franzosen wieder herangebracht worden. Nach fünfundachtzig

* Filmaufnahmen der sechsten und vierzehnten Etappe (und noch von einigen anderen Etappen 1960) kann man finden auf: http://ledicodutour.perso.sfr.fr/etapes/etapes_1957_1966/1960.htm.

Kilometern attackierte Nencini wieder, und jetzt gingen nur Rivière, Adriaensens und Junkermann mit. Rivière übernahm anfangs keine Führungsarbeit und ertrug das Gemaule der anderen; Nencini war im Begriff, auch nichts mehr zu machen. Danach arbeitete Rivière doch mit, laut einiger gerade genug, um die anderen zufriedenzustellen, laut anderer voll und ganz. Auch über die Rolle des französischen Teamleiters Bidot ist viel Widersprüchliches zu finden: Er verbot Rivière mitzuarbeiten; er ließ ihn gewähren; er sorgte dafür, dass er weit genug weg war, um der Sache ihren Lauf lassen zu können.

Die vier müssen bei ihrer Flucht von hundertzwölf Kilometern großartig gefahren sein, denn der Schnitt der ganzen Etappe lag trotz des ungünstigen Windes bei vierundvierzig, außergewöhnlich hoch für diese Tage. Aber eine *viertel Stunde*? Da kann das französische Team nicht alles darangesetzt haben, Anglades Gelbes Trikot zu retten. Und das, obwohl es ein sehr starkes und großes Team war – in dem Jahr wurde mit vier Länderteams mit vierzehn Fahrern gefahren (Frankreich, Italien, Belgien und Spanien) und neun mit acht. Weil Spanien keinen Kapitän mehr hatte (Bahamontes, der Gewinner des Vorjahres, war ausgefallen) und Italien, Belgien und Deutschland ihren Kapitän vorne dabeihatten, hatten die Franzosen es allein machen müssen, und damit eine Wahl zwischen ihrem einen und ihrem anderen Kapitän treffen müssen. Und Anglade hatte keinen guten Stand im Team.

Nach Lorient war Rivière *der* französische Kapitän und in den Pyrenäen machte er es gut – in der Etappe nach Pau wurde er zwar am Aubisque von Nencini abgehängt, aber er kam zurück und gewann den Sprint der entstandenen Spitzengruppe vor Nencini, der nun das Gelbe Trikot von Adriaensens übernahm. Einen Tag später wurde Rivière am Peyresourde erneut von Nencini abgehängt und jetzt kam er nicht zurück, aber er beschränkte seinen Verlust auf eine Minute.

Und danach kamen die Überführungsetappen – am Sonntag, dem 10. Juli, die vierzehnte, Millau–Avignon: 217 Kilometer durch die Cevennen. Nach etwa sechzig Kilometern, in einer der letzten Kurven der Abfahrt vom Perjuret, steht heutzutage ein Gedenkstein für Rivière. Die Straße wurde dort inzwischen verbreitert, aber man kann noch sehen, wie sie 1960 verlaufen sein muss. Und man kann sehen, wie Rivière gefallen sein muss, in eine Art Loch von fünfzehn oder zwanzig Metern – es ist ein Wunder, dass er mit dem Leben davongekommen ist. »Fass mich nicht an, ich habe mir meinen Rücken gebrochen«, sagte er denjenigen zufolge, die als Erste bei ihm waren, und im Hubschrauber, der ihn vom Perjuret ins Krankenhaus in Montpellier brachte, war seine wiederholte Frage an den Tourarzt: »Werde ich wieder Rennen fahren können?«

Wie kam es, dass Rivière die Kurve verpasste?

In vielen Quellen ist zu lesen, dass er Palfium eingenommen hatte, ein starkes Schmerzmittel, um die Schmerzen in seinen Beinen ertragen zu können, das aber auch seine Reflexe verlangsamt hatte oder sogar seine Hände so betäubt hatte, dass er nicht mehr bremsen konnte. Was Wikipedia über Palfium zu sagen hat, sorgt dafür, dass auch die verstocktesten Dopingbeschöniger sich schon hinter den Ohren kratzen: drei Mal so stark wie Morphin, aber schneller wirkend; verleiht eine drei Mal so starke Euphorie wie Heroin.

Dass Rivière Palfium schluckte, glaube ich gern, das scheint damals beliebt gewesen zu sein im Peloton, und als er 1967 Geldnöte hatte, hat er die Geschichte seines Dopings an eine Zeitung verkauft – vielleicht auch, um seine Palfium-Abhängigkeit aufrechterhalten zu können. Aber: »Konnte nicht mehr bremsen?« Wie gerne muss man das glauben wollen, um es glauben zu können? Die Tour war schon etwa zweieinhalbtausend Kilometer unterwegs und die Palfium-Geschichte beinhaltet, dass er das *immer* einnahm; war die fatale Kurve die erste, in der gebremst werden musste?

Viot, der an Rivières Hinterrad fuhr, sagte später, dass Rivière zu stark bremste für diesen schmalen Weg mit Rollsplitt. Und dass er den Fehler machte, auf seinem Hinterrad zu bremsen; man kann besser mit leichten Stößen pumpend auf seinem Vorderrad bremsen, ein Hinterrad rutscht leichter weg. Auf jeden Fall, wenn man darauf, wie Adriaensens sah (der wiederum am Hinterrad von Viot fuhr), einen zu schmalen Reifen hat aufziehen lassen. Das ist, was laut dieser Zeugen passierte: Rivière bremste zu stark auf seinem Hinterrad, das rutschte weg, er knallte seitlich gegen die Mauer und flog in die Tiefe.

Was man auch oft liest, ist, dass Rivière so unvernünftig war, am Hinterrad von Nencini abzufahren, einem der besten Abfahrer des Pelotons. Dann wäre passiert, was Anglade vorausgesagt hatte. Ein anderer großer französischer Fahrer, Géminiani, hatte es auch schon mal gesagt: »Der einzige Grund, Nencini in einer Abfahrt zu folgen, ist ein Todeswunsch.«

Dass Rivière in dieser Kurve am Hinterrad von Nencini fuhr, ist wahr, aber es ist auch eine unvollständige und irreführende Wahrheit. Denn Nencini fuhr nicht an der Spitze ab – er war am Hinterrad von Rostollan, einem Teamgefährten von Rivière; *der* fuhr an der Spitze. Und wenn Rivière wirklich so ein schlechter Abfahrer war, dann wusste Rostollan das, und dann hätte er dafür gesorgt, dass sein Tempo die Abfahrtskünste seines Kapitäns nicht überstieg. Diese Kurve nahm übrigens auch für Rostollan und sogar für Nencini beinahe ein böses Ende: Sie rutschten auf den Steinen weg und blieben gerade so aufrecht, ohne die Mauer zu berühren – als Rostollan hinter sich einen Schrei und ein Brems- und Rutschgeräusch hörte, dachte er kurz, dass etwas mit Nencini passiert war. Er hörte auch den Knall eines Fahrers gegen eine Mauer, schaute nach hinten und sah, wie Rivière gegen diese Mauer prallte und darüber hinwegflog, sein Fahrrad noch an seinen Füßen. »Aber ich wusste nicht, dass es so tief war.« Auch Nencini sah aus einem Augenwinkel eine menschliche Gestalt, die in die Luft katapultiert wurde. Als er an Rostollan vorbeifuhr, der gebremst hatte, um zurückzufahren, rief er: »War das Roger?«

Oft gehört zu dieser Geschichte, dass Rivière sich mit allen Risiken, die das birgt, am Hinterrad von Nencini festgebissen hatte, um zu verhindern, dass sein Rückstand von 1:38 größer werden würde.

Das ist unwahrscheinlich, schon allein weil in dieser Etappe noch hundertsechzig Kilometer zu fahren waren und Rivière gewusst oder gesehen haben muss, dass sie das Tal schon fast erreicht hatten. Dort würde, so wie immer nach einem leichten Pass am Anfang einer Etappe (der Perjuret hat von Millau aus eine Steigung von drei Prozent), eine Neugruppierung stattfinden. Die gesamte Abfahrt ist noch nicht mal fünf Kilometer lang, höchstens sechs Minuten; auch wenn Rivière sofort auf dem Pass Nencini hätte ziehen lassen und vorsichtig abgefahren wäre, dann hätte er unten niemals einen Rückstand gehabt, den er nicht leicht wieder hätte wettmachen können, mit der Hilfe seines Teams – oder allein. Umgekehrt galt für Nencini, dass es in dem Moment im Rennen überhaupt keinen Sinn hatte zu versuchen, Rivière abzuschütteln.

Aber es gibt auch bewegte Bilder dieser Etappe; unter anderem vom Aufstieg des Perjurets und dem Beginn der Abfahrt. Hinter zwei Ausreißern, Graczyk und Massignan, kommt das Peloton als Gruppe über den Pass – es ist schwierig, Rivière und Nencini herauszupicken, aber sie müssen also noch zusammen sein. Kurz darauf sehen wir, wie in der Abfahrt Graczyk und Massignan überholt werden von fünf Mann, mit an der Spitze dem Italiener Falaschi, an seinem Hinterrad Nencini, und dann Anglade und die Regionalfahrer Rohrbach und Vermeulin. Danach schließen Adriaensens und drei andere an – Rivière ist nicht zu sehen. Nencini fährt ruhig auf diesen Bildern, hält seine Beine kurz still, schaut sich nicht um, scheint nicht beschäftigt zu sein mit seinem Kampf mit Rivière. Und Rivière ist nicht beschäftigt mit seinem Kampf mit Nencini – sonst wäre er auch dort gefahren. Niemand fuhr jemand anderen von seinem Hinterrad oder biss sich fest, niemand machte sich einen Kopf.

Aber ein paar Kilometer weiter war Rivière also doch an Nencinis Hinterrad; er muss in dieser Abfahrt zu ihm hingefahren sein. Obwohl es laut Festbeißszenario andersrum hätte laufen müssen: Rivière beginnt am Hinterrad des teuflischen Abfahrers Nencini, kann ihm nicht folgen, wird abgehängt.

Zu Beginn dieser Abfahrt ist also, statt Rivière, *Anglade* am Hinterrad von Nencini. Und das bringt einen auf eine Idee. Sah Rivière das? Könnte es nicht sein, dass Anglades Voraussage von Lorient ihn noch wurmte? Dass er sich beleidigt gefühlt hatte von der höhnischen Bemerkung über seine Abfahrtskünste und dass er ihm nun mal was zeigen wollte? War es *das*, warum er, wissend, dass es unnötig war, doch an Nencinis Hinterrad fuhr? Rivière war immer ein Angeber geblieben; an diesem Morgen in Millau vor dem Start hatte er zur Presse gesagt: »Ich werde ganz bestimmt diese Tour gewinnen, dafür brauche ich das Zeitfahren nicht mal.« Genau wie Nencini galt Anglade als großer Abfahrer; sie hatten sogar mal in Italien ein Privatabfahrtsrennen abgehalten, und Anglade hatte das gewonnen. Wollte Rivière diesem schlechten Verlierer die Beleidigung heimzahlen, ihm zeigen: Was du kannst, kann ich schon lange? Guck mal, wie ich am Hinterrad von Nencini fahre! Pass auf, gleich fahr ich an ihm vorbei. Du kannst nichts, was ich nicht besser kann.

Der Sturz hat aus Rivière den moralischen Gewinner dieser Tour gemacht – aber hätte er sie wirklich gewonnen? In diesem Zeitfahren von dreiundachtzig Kilometern würde er leicht 1:38 auf Nencini gutmachen, nahm man an, aber dann hätte er doch erst dafür sorgen müssen, dass der Rückstand in den Alpen nicht größer wurde – und Nencini war freilich 1957 Bergkönig gewesen in der Tour. Dann hätte Rivière auch keine Schwächen erleben dürfen, wie er die nicht nur in den Pyrenäen, sondern auch in anderen Rennen gehabt hatte. Und wie groß er als Zeitfahrer auch war, und wie albern das Sümmchen auch ist: Er hatte das erste Zeitfahren dieser Tour mit 32 Sekunden Vorsprung auf Nencini gewonnen. Über 27,8 Kilometer; umgerechnet auf dreiundachtzig Kilometer: 1:36. Auch in Zeitfahren hatte Rivière schwache Momente gehabt. Im Grand Prix des Nations, einer Art Weltmeisterschaft im Zeitfahren, oft gewonnen von Anquetil, hatte er ein Jahr zuvor einen großen Vorsprung verspielt und noch verloren gegen Aldo Moser.

Was Rivières Sturz auch getan hat, ist, aus Nencini einen unterschätzten Toursieger zu machen. In der Tat gewann er 1960 keine einzige Etappe, aber in früheren Jahren hatte er vier gewonnen; drei große Bergetappen und eine Schlussetappe nach Paris. 1957 hatte er den Giro gewonnen; in anderen Jahren war er dort Zweiter und Dritter gewesen. Er war ein echter Allrounder; ein guter Zeitfahrer, guter Sprinter, sehr guter Kletterer, und vor allem: ein großartiger Angreifer.

Keiner von beiden schaffte die fünfzig. Nencini, der nach dieser Tour von 1960 nie mehr etwas Wichtiges gewann und der nach seiner Karriere anfing zu malen (und ausstellte, und verkaufte), starb 1979 mit neunundvierzig an Lungenkrebs – er war Kettenraucher, schon während seiner Radsportkarriere.

Rivière war drei Jahre vorher gestorben, 1976, als er vierzig war, auch an Krebs. Aber dass er »nach seinem Unfall gelähmt war«; »nie wieder auf einem Fahrrad gesessen hat«; »den Rest seines Lebens in einem Rollstuhl saß«, wie man immer wieder liest, ist nicht wahr. Er wurde zu siebzig Prozent für invalide erklärt, aber Fahrrad gefahren ist er auf jeden Fall noch – er hat sogar eine Zeitlang geglaubt, dass er wieder Rennen fahren könnte.

Im Internet fand ich zwei kleine Filme, in denen er ziemlich kurz nach seinem Unfall auf dem Rennrad zu sehen ist – der erste, *Roger Rivière roule de nouveau**, datiert vier Monate später, vom November 1960. Er fährt dort zusammen mit Bobet und sie werden vom Motorrad aus interviewt von Robert Chapatte, dem berühmten Radsportreporter dieser Zeit.

»Ich denke, dass es heute ein großer Tag für Sie ist, Roger.«

»Ja, ich wollte wissen, ob ich noch in der Lage bin, zu fahren, und das geht, aber ein Rennen würde noch nicht gehen. Ich sitze jetzt eine Stunde im Sattel und es geht eigentlich ganz gut. Ich kann alle Bewegungen machen, außer im Stehen fahren.«

Genau wie in anderen Jahren fährt er im Dezember zur Côte d'Azur, um dort bis Februar oder März zu trainieren. »Und dann kommt das Rennenfahren.«

Bobet: »Ich bin angenehm überrascht, Roger auf einem Rad zu sehen. Das hätte ich vor vier Monaten nicht gedacht. Er hat sich morphologisch nicht verändert, er ist immer noch der Rennfahrer Roger, so wie jeder ihn aus den Pelotons kennt. Wenn man mit ihm fährt, dann tut es einem schon weh, wenn man ihn sieht, wie er mit seinem rechten Bein zieht. Aber ich denke, dass dies eine große Etappe ist auf dem Weg zur kommenden Saison von Roger.«

* http://www.ina.fr/video/CAF94092061

Chapatte: »Hier sehen wir also den gefeierten Rouleur Roger Rivière wieder, den Mann, der bei seinem Stundenrekord um Haaresbreite die achtundvierzig schaffte, und der um Haaresbreite kein Rennfahrer mehr gewesen wäre. Aber die achtundvierzig pro Stunde kommt in Kürze noch, denn an diesem Morgen, trotz des Regens und des Winds, bekommt man wirklich das Gefühl, dass man den großen Roger Rivière wiedergesehen hat.«

Auch in dem anderen Film*, einem Interview mit Léon Zitrone etwas mehr als ein Jahr nach dem Unfall, sehen wir Rivière kurz auf dem Rennrad. Aber dieser Film hat den Titel: *Rivière sur abandon*. Er sitzt auf einer Mauer bei seinem schönen großen Haus, eine Zigarette zwischen den Fingern – eine Requisite vielleicht; wir sehen ihn nicht rauchen.

»Sie rauchten früher nicht und jetzt schon«, sagt Zitrone, »bedeutet das, dass Sie für den Sport verloren sind?«

»Ja, ziemlich sicher«, sagt Rivière, »ich habe eine Zeitlang gedacht, dass ich wieder Rennen würde fahren können, aber nun glaube ich das nicht mehr.«

Er ist freundlich, lächelt viel, macht einen erwachsenen Eindruck für seine fünfundzwanzig Jahre, aber es ist leicht, Trauer hinter seiner guten Laune zu erkennen – wie es am Ende dieses Films, wenn er von der Mauer wegläuft, einfach ist, in seiner kerzengeraden Haltung das Verbergen von Hinken zu erkennen.

Fahrradfahren tut er noch, »um angeln zu gehen«. In ein paar Tagen wird er in Bar-le-Duc anwesend sein bei einer Rundfahrt zur Feier des hundertjährigen Bestehens des Fahrrads. »Ich fahre gerne fünf Kilometer mit, wenn sie nur nicht zu schnell fahren.«

Zitrone: »Als ich Sie das erste Mal interviewte, in Lüttich 1957, als Sie Ihre erste Weltmeisterschaft geschafft hatten, waren Sie mager, blond und ein bisschen eingebildet. Sie schienen das Leben zu nehmen, wie es angeweht kam, Ihre Erfolge als selbstverständlich anzusehen, Sie schienen mir damals ehrlich gesagt nicht die netteste Person zu sein, sondern hart und kalt. Jetzt hat das Leben Sie gleichsam ein wenig aufgetaut.«

* http://www.ina.fr/video/CAF94092062

Rivière lässt es lächelnd über sich ergehen, antwortet freundlich auf die unbedeutende Frage, für die das die Einleitung ist.

Er zeigt seine geräumige Werkstatt, wo ein Fahrrad in den Haken hängt, und an den Wänden unzählbare Räder und Reifen. Er schraubt selbst, immer noch, das liebt er. Er hebt alles auf, mit allem sind besondere Erinnerungen verbunden.

Seine Frau Huguette wird auch kurz interviewt, allein. Ein Jahr davor war sie das glänzende, frisch verheiratete Mädchen, das am Ruhetag in Millau zusammen mit ihrem zukünftigen Toursieger nette Szenen aufführte vor den Fotografen. Zusammen angeln am Fluss; sie auf einer Mobylette, frech ihm davonfahrend, Roger Bestürzung spielend. Einen Tag später stand sie zwischen Millau und dem Perjuret bei einer Mauer, an der das Peloton vorbeifuhr, Roger vorneweg – sie müssen einander kurz mit den Händen festgehalten haben; auf dem Foto sieht man den ersten Moment, in dem ihre Finger einander nicht mehr berühren.

Sie spielt keine gute Laune. »Seine Stimmung ist gut, aber während der Tour war seine Stimmung nicht gut, das spricht für sich, das Rad war sein Leben.«

Zitrone: »Und jetzt wird das Rad nicht mehr sein Leben sein. Abends, ist er dann fröhlich, ist er traurig, ist er gut gelaunt?«

Huguette: »Dann singt er manchmal, dann ist er nicht aufgeweckt, niedergeschlagen sogar. Ja, wenn er singt, dann denke ich, dass er an das Rad denkt.«

Rivière ist ergeben und gleichgültig, aber ein Mal scheint Zitrone ihn zu verwirren, als er ihn plötzlich fragt: »Nostalgie oder Tristesse?«

Rivière zögert, lacht ein wehmütiges Lächeln, fragt sich vielleicht, ob er die echte Antwort geben soll.

»Nostalgie.«

Und auf eine andere Frage: »Ich glaube nicht an Wunder, aber einen Rest Hoffnung, den will ich mir bewahren. Ich würde mein Leben genau so wieder leben. Ich wäre bereit, diesen Sturz noch mal mitzuerleben, wenn das nötig wäre, um wieder zu genesen und Rennen zu fahren.«

Rivière hatte den Rest seines Lebens Geldsorgen, die er mit einem Restaurant (Le Vigorelli, nach der Bahn seiner Stundenrekorde), einem Feriencamp, einer Werkstatt, Rundendrehen bei Kriterien, einer Dopinggeschichte versuchte zu bestreiten. Er war süchtig, verursachte unter Einfluss von Alkohol einen Unfall, betrog bei einem Konkurs, aber sein Ruhm und sein Sturz werden ein permanenter mildernder Umstand gewesen sein, denn mehr als Bewährungsstrafen bekam er nicht.

Ich habe auch noch einen niederländischen Zeitungsausschnitt von 1972, »Rivière des Raubüberfalls bezichtigt«; er sollte mitschuldig sein an einem bewaffneten Überfall auf den Bahnhof von Alès. Mir dünkt, dass sich das später als Irrtum herausstellte, und dass es um einen anderen Roger Rivière ging. Darüber habe ich nichts finden können, aber ich weiß noch, dass ich damals dachte: echt ein Pechvogel.

COL DE MAN MET HOND (2007, 2015)

Am Morgen des 26. Juni 1977, einem Sonntag, fuhren L. und ich von Anduze nach Meyrueis. Es waren nur achtzig Kilometer, aber in diesem Gebiet, den Cevennen in Süd-Frankreich, ist das eine Fahrt von zwei Stunden.

Kurz hinter St. André de Valborgne, wo die Straße anfängt zu steigen, nahmen wir die Abfahrt zu einer der rot-weiß gepunkteten Straßen der Michelin-Karte 80; *Parcours difficile ou dangereux*. Entlang einer wunderschönen Schlucht, über einen pockennarbigen kleinen Weg, der gerade breit genug war für meine alte Ente, fuhren wir langsam hoch und als wir den Pass erreicht hatten, wurde auf der anderen Seite ein stilles, einsames Tal sichtbar, gelb vom Ginster, unwirtlich und einladend zugleich. Wir hielten an, stiegen aus und guckten.

Nach einiger Zeit kam aus diesem Tal ein Hund hoch, gefolgt von einem Mann – jung, unrasiert, in Gummistiefeln, ein Gewehr über seiner Schulter. Wir sagten »Bonjour«, aber er erwiderte nicht mit Bonjour. Er stand dort still, der Hund neben ihm, wie zwei Schildwachen. Trotzdem fuhren wir an ihnen vorbei ins Tal, vorsichtig, enge Haarnadel nach enger Haarnadel, aber als wir an der anderen Seite des Tals Cabrillac erreichten, ein Kaff an der Durchgangsstraße über den Mont Aigoual, fühlten wir uns unbestimmt erleichtert.

Wir wussten nicht, wie der Pass hieß, ob er überhaupt einen Namen *hatte*, aber als wir später über diese Fahrt sprachen, dann nannten wir ihn Col de Man met Hond. Ich sehe die beiden dort noch stehen.

Es war ein Moment, der mir um seiner selbst immer in Erinnerung bleiben würde, aber später würde dieser Tag aus anderen Gründen wichtig für mich werden. Wir reisten nach Meyrueis für ein Rennen, das ich fahren würde, die Tour du Mont Aigoual, hundertsiebenunddreißig Kilometer. Die Cevennen waren das Vaterland meines Radsportlebens, und dieses war das große Rennen der Saison – ich träumte davon, es zu gewinnen. Und als ich ein paar Monate später, zurück in Amsterdam, beschloss, einen Roman über den Radsport zu schreiben, wählte ich dieses Rennen als roten Faden der Geschichte. Dass ich den Schlusssprint verloren hatte, war eine große Enttäuschung gewesen, aber jetzt war das ein Segen – Erfolg, und auf jeden Fall dein eigener Erfolg, ist kein gutes Thema; Scheitern ist das schon.

De Renner (*Das Rennen*) erschien 1978, mein vierter Roman und der erste, der gewissen Erfolg hatte. Fast sofort begann ich Ansichtskarten zu erhalten aus Meyrueis und Umgebung, von Leuten, die die Strecke der Rundfahrt nachgefahren waren, »mit deinem Buch hinten in meiner Trikottasche«. Ich hörte sogar von Menschen, die durch das Buch anfingen mit dem Radsport. Es sollte schließlich in acht Sprachen übersetzt werden und als es das Buch 2003 fünfundzwanzig Jahre gab, traten ein paar Enthusiasten an mich heran, die das Jubiläum mit einem fünftägigen *Cyclosportive* rund um Anduze und Meyrueis feiern wollten, mit der Strecke der Tour du Mont Aigoual als Königsetappe.

Es war eine schöne Hommage an mich als Schriftsteller und als Radrennfahrer – wie hatte ich, höchstens ein nicht unwürdiger Rennfahrer in den niederen Regionen, jemals denken können, dass eine Rundfahrt nach mir benannt werden würde? Es hat sie neun Jahre gegeben, mit zwanzig bis fünfzig Teilnehmern, und nach ein paar Jahren nicht mehr mit fünf, sondern mit sechs Etappen. Darunter eine, wenn es irgend ging, mit dem Col de Man met Hond.

Durch diese »Ronde van Tim Krabbé« würde dieser Tag im Juni 1977 noch eine zweite große Rolle in meinem Leben spielen. Ich hatte, als sie 2003 zum ersten Mal gefahren wurde, schon lange aufgehört mit dem Rennenfahren, fast vollständig mit dem Radfahren. Das neunte Heft meines Radrenntagebuchs war, fünfzehn Jahre nachdem ich es angefangen hatte, noch nicht halbvoll. Ich war bei weitem nicht in der Verfassung, mitmachen zu können. Ich kam aber als Gast, und bei der ersten Mahlzeit passierte etwas, das mir einen Denkanstoß gab. Ich bekam das Trikot der Rundfahrt, und als ich das sofort anzog, war ich mir meines Bauches sehr bewusst, der unter diesem feierlichen, hautengen Trikot hochwabbelte wie ein grauenerregendes Symbol der fünfundzwanzig Jahre, die damit gefeiert wurden. Und als ich mir in den darauffolgenden Tagen das herrliche Leiden der Teilnehmer aus einem Begleitfahrzeug ansehen musste, litt ich wie nie zuvor. Was dachten sie wohl – das waren meine Straßen, meine Pässe. Sollte ich nicht einfach selbst mitmachen, wenn sie die Rundfahrt noch einmal fahren würden? Aber ich war sechzig. Es gab einen starken Teilnehmer mit einundsechzig, aber der war immer weitergefahren. Konnte man mit sechzig aus dem Nichts heraus stark genug werden, um bei einer Radwoche mit hundert Kilometern pro Tag über die Pässe mitzumachen?

Ja, sagte ein Kenner in der Gesellschaft. Wenn man bereit ist, viel dafür zu tun.

Das Erste, was ich machte, als ich nach Hause kam, war mich auf die Waage stellen: hundertachteinhalb Kilo. Am Tag darauf fuhr ich meine alte Runde durch das Waterland: Ich war zwanzig Minuten langsamer als früher – bei einer Stunde. Ich begann wie ein Besessener zu trainieren, erst mit Joggen, weil das ökonomischer ist. Das erste Mal schaffte ich es nicht und musste ein Stück laufen. Das zweite Mal schaffte ich es schon. Ganz langsam kam in das Leiden wieder etwas von Genießen. In ein paar Monaten verlor ich zwanzig, fünfundzwanzig Kilo. Ich fing wieder an Rad zu fahren, und im Juni 2004 vollendete ich in den Cevennen meine zweite Rundfahrt ohne Probleme. Das eine führte zum anderen. Ich fuhr mit auf eine Mountainbiketour in Bolivien; dort erzählte mir jemand, dass es Rennen für über 50-Jährige und sogar über 60-Jährige gab, und am 3. Oktober 2004 fuhr ich mein erstes Rennen in vierundzwanzig Jahren, das Abschlussrennen auf der Strecke von Sloten bei Amsterdam. Bei den über 50-Jährigen wurde ich Achter – nie hatte ich mich so über einen Pokal gefreut. Ich fuhr acht Saisons lang weiter, 490 Rennen hinzufügend zu den 589 meines ersten Rennfahrerlebens.

Ich gehöre zu denjenigen, die durch mein Buch aufs Rennrad stiegen.

Nach der Saison 2012 hörte ich wieder auf mit dem Rennenfahren, aber ich fuhr fast noch mehr Rad, und im Juni 2014 war ich mit den Windjammers, meinen neuen Amsterdamer Fahrradfreunden, zurück in den Cevennen. Mit jetzt als Königsetappe einer von mir ausgetüftelten Tour von 246 Kilometern über sechzehn Pässe – darunter der Col de Man met Hond.

Als Fahrer hat man mit der Wirklichkeit zu tun, aber als Schriftsteller ist man der Meister seiner Geschichte. Viel vom Rennen in *Das Rennen* ist »wirklich geschehen« – aber das Buch ging vor, und wenn ich dachte, dass die Wirklichkeit Hilfe gebrauchen konnte, um die Wahrheit zu erzählen, dann leistete ich die. Die meisten Rennfahrer sind sie selbst mit einem anderen Namen, aber einige sind aufgebaut aus Geschichten, die ich hörte, oder zusammengestellt aus Bestandteilen von anderen – wie der Gewinner, der neunzehnjährige Reilhan; der ist eine Kombination aus zwei neunzehnjährigen Ausnahmetalenten, denen ich in diesen Rennen begegnete. Als ich vor ein paar Jahren meinen alten Clubvorsitzenden Stéphan wieder mal aufsuchte, hatte der eine traurige und bizarre Überraschung für mich: Beide Reilhans waren nicht so lang davor innerhalb von ein paar Wochen an Krankheiten gestorben, als sie achtundvierzig waren.

Von den noch Lebenden bin ich nun der Erste in diesem Rennen.

Stéphan selbst steht nah an der Wirklichkeit, aber weil er einer der wenigen ist, über die ich etwas Kontrollierbares schreibe, das bei Kontrolle nicht zu stimmen scheint, ist gerade er mal Anlass gewesen, das Buch als Fiktion anzusehen. Ich lasse ihn nämlich 1954, antretend für das französische Team Sud-Est, Sechsundsechzigster werden in der Tour, und wenn man das raussucht, findet man auf dem Platz einen anderen Namen. Aber das war eine versteckte Spielerei; der andere Fahrer, ein Pariser, der für das Team Nord-Est Centre fuhr, war der Vater einer der beiden halben Reilhans. Und ein Busenfreund von Stéphan; sie waren früher zusammen Rennen gefahren, und in den Ferien reisten Nr. 66 und seine Familie oft in die Cevennen, um ihn zu besuchen.

Stani Kléber, eine wichtige Figur im Buch, ist, was er war – ein einundzwanzigjähriger, siebenundfünfzig Kilo wiegender Schalterbeamter bei einer Bank – der sprichwörtliche Kletterer. Für die *tourniquets* und *vire-vires*; die Rennen um den Kirchturm, das Hin- und Hersausen über die Platanenboulevards, die wahnsinnigen Kriterien mit ihren Prämiensprints war er ungeeignet, aber in den langen schweren Straßenrennen war er echt gut.

Wir wurden Freunde und Trainingskumpel, und als sich die Tour du Mont Aigoual näherte, fuhren wir zusammen nach Meyrueis für eine Erkundung. Das erzähle ich im Buch, aber nicht, was dann passierte.

Wir fuhren mit meinem Auto, es war ein grauer, regnerischer Tag. Die Strecke bestand aus zwei verschiedenen Schleifen, mit Start und Ziel in Meyrueis – und während der zweiten Schleife »hörte es auf, leise zu regnen«. Es wurde kalt und dunkel; wir hatten spät angefangen. Irgendwo beim Örtchen Trèves, wo der endlose Anstieg zum Mont Aigoual hätte anfangen sollen, verirrten wir uns; wir landeten auf der falschen Seite eines Tals, mit keiner Sterbensseele in Sichtweite, um nach dem Weg zu fragen. Da bekam Kléber einen platten Reifen. An sich kein Problem, aber wir hatten beide schon vorher einen Platten und die Reservereifen waren alle. Den Punkt, wo man weiterfährt auf einer ratternden Felge, hatten wir noch lange nicht erreicht – es waren noch mindestens vierzig Kilometer nach Meyrueis, davon viele Kilometer bergauf. Trèves war näher, aber war dort wohl ein Fahrradladen? Wir beschlossen, dass ich weiterfahren würde, das Auto holen und dann Kléber entgegenfahren würde – um warm zu bleiben, würde er inzwischen laufen.

Ich fand den Aigoual – wo eine nasse, kalte Wolke den Wald eingepackt hatte. Ich konnte mit knapper Not mein Vorderrad sehen, ich war nass bis auf die Knochen, meine Hände erfroren, das Elend eines nächsten platten Reifens war nur einen scharfen Kieselstein weit entfernt – und auf einmal entdeckte ich, dass ich vollkommen glücklich war. Das war das Leiden, wonach ich verlangt hatte, die Glut der Erschöpfung, die nicht auf ein Ziel zu warten braucht, um sich in Genuss zu verwandeln – und hinter mir war die Straße voll mit Fahrern, die erschöpft von ihren Rädern fielen, verzweifelt aufgaben, sprachlos vor Bewunderung für diesen einsamen Rennfahrer vor ihnen, der unterwegs war zum Sieg.

Als ich Meyrueis erreicht hatte und mit dem Auto zurückfuhr, sah ich Kléber nirgendwo. War er unsichtbar im Nebel? War ich falsch gefahren? Hatte er sich wieder verirrt, hatte er sich untergestellt, war er vielleicht doch zurückgefahren nach Trèves? Ich fuhr dorthin, aber bei der *Gendarmerie* und der *Mairie* brannte kein Licht. Nun bin ich froh, dass es erst 1977 war, und dass wir noch viele Jahre warten mussten auf die Mobiltelefone, die unser Abenteuer verdorben hätten, aber damals hätten wir uns sehr darüber gefreut. Ich fuhr hin und her, ohne ihn zu finden, und schließlich gab ich auf und fuhr nach Hause.

L. und ich hatten kein Telefon in dem Häuschen, das wir bei Anduze mieteten, und ich wusste wohl, dass Kléber in Alès wohnte, aber nicht, wo oder wie ich seine Familie erreichen sollte. Ich war sehr erleichtert, als um Mitternacht an die Tür geklopft wurde. Er war es, mit einem Freund; er kam sein Auto holen. Er hatte laufend den Aigoual bestiegen und Cabrillac erreicht und dort, unzweifelhaft genau in dem Moment, als ich dort durchfuhr, ein Haus gefunden mit Telefon; er hatte diesen Freund angerufen, und der kam ihn holen. Ich weiß nicht, ob ich damals das Richtige getan habe, aber glücklicherweise hatte unser Abenteuer keinen nachteiligen Einfluss auf unsere Freundschaft, oder sogar nur auf seine Form; Kléber fuhr stark in dem Rennen, ein paar Tage später – und noch stärker im Buch.

Ich reiste weiterhin in die Cevennen und fuhr dort Rennen. 1980, im letzten Jahr meines ersten Radsportlebens, fuhr ich eins in St. André de Valborgne. Als ich nach Schluss damit beschäftigt war, meine Sachen wieder in mein Auto zu legen, kam ein unrasierter, derb aussehender Mann auf mich zu.

»Ich kenne Sie«, sagte er.

Es war der Mann mit dem Hund, der Vorbote eines wichtigen Tages in meinem Leben. Natürlich erkannte ich ihn nun auch, aber ich war verblüfft, dass er mich als Erstes erkannt hatte, drei Jahre später. Vielleicht war sein Tal wirklich eine Welt, wo die Menschen langsamer lebten, mit nur wenig Ablenkung, und war ein Tourist, der sich an der Grenze dieser Welt zeigt, etwas, das man nie mehr vergaß – so wie ich ihn nie vergessen habe.

Als ich, vierunddreißig Jahre später, den Pass in die Monstertour mit den Windjammers mit aufnahm und dafür eine GPS-Datei anlegte, entdeckte ich, dass er einen Namen hat: Col Salidès.

Aber für mich bleibt er: Col de Man met Hond.

DER GEIST DES SPORTS (2013)

»Es sieht danach aus, dass es eine allgemeine Entschlossenheit gibt unter den Fahrern, von der Geißel des Dopings erlöst zu werden«, schrieb der Direktor der Tour der France, Jacques Goddet, 1968. Es war das Jahr nach dem Tod von Tom Simpson auf dem Ventoux; Goddet rief die nächste Tour aus zur »Tour de Santé«.

Bald, am 1. Juni 2015, wird das Dopingverbot beim Radsport das fünfzigjährige Bestehen seiner Undurchführbarkeit feiern – schon ein halbes Jahrhundert verlaufen der Kampf gegen Doping und der Konsum von Doping parallel.

Was sich aber geändert hat, das ist die Haltung des Publikums. Vor dem Verbot hatte man Respekt vor der Kultur des Radsports, zu der Salben und Säfte, Wundersoigneurs und Geheimniskrämerei gehörten. Man wusste schon etwas, aber man zuckte mit den Schultern. Es war ihre Sache. Auch die Fahrer fanden nicht, dass es etwas war, wofür man sich schämen musste. Auf die Frage, ob er mal »La Bomba« nahm, sagte Coppi: »Nur wenn es absolut notwendig ist.« Und, war das oft? »Fast immer.«

Auch in den ersten Jahren des Dopingverbots änderte sich wenig. »Wir haben das Recht, uns selber zu versorgen, so wie wir das wollen«, sagte Anquetil im Fernsehen. »Lasst mich in Ruhe, alle nehmen Doping.« Nach der Weltmeisterschaft 1966 verweigerten die ersten sechs, Altig, Anquetil, Poulidor, Motta, Stablinski und Zilioli, die Dopingkontrolle. Sie wurden gesperrt, Stablinski am längsten: zwei Monate. Als sie der UCI mit Schadensersatzforderungen drohten, wurden die Sperren zurückgezogen. Früher in diesem Jahr, als er Lüttich–Bastogne–Lüttich gewann, hatte Anquetil sich auch geweigert zu urinieren – »Ich bin kein Wasserhahn«. Der Kontrolleur sollte doch etwas Duschwasser mitnehmen. Eine Disqualifikation wurde schnell rückgängig gemacht. General De Gaulle sagte über ihn: »Doping? Was für Doping? Hat er die Marseillaise spielen lassen im Ausland oder nicht?«

Danach sucht man heute vergeblich: ein Staatsoberhaupt, das Doping bagatellisiert. Aber De Gaulle sagte, was das Publikum dachte – man hatte schon Spaß an den lustigen Schwindlern mit ihren sogenannten Nasentropfen, oder denen, die den Kontrollposten nicht hatten finden können, oder schwanger waren.

Diese Gleichgültigkeit ist umgeschlagen in Volksgräuel. Jetzt ist Radsport »Spritzenradeln« (Kolumnist Youp van 't Hek); »bis in die Haarwurzeln verseucht« (Wintels, Vorsitzender des Niederländischen Radsportverbands); »verseucht ohne Aussicht auf Besserung« (Rabobank); »der Antisport der letzten 2 Jahrhunderte«; »durch und durch verrottet«; sind Fahrer »von Doping zusammengehaltene Epo's« (Kommentare im Internet).

Und alle sprechen von Dopingsündern. Ich kann das Wort nicht mehr hören. Es klingt mir zu rechtschaffen, es erinnert mich an Missionare, die Völker »Wilde« nannten, wenn sie ihre Sitten nicht gegen unsere, viel besseren, eintauschen wollten.

Das ist es, was los ist beim Dopingkampf: Eine mächtige Kultur, die des gesunden Volksempfindens, erlegt ihre Sitten einer Kultur auf, die eigene Sitten hatte. Und kein Rennfahrer, der sich noch zu rufen traut: »Nimm deine dreckigen Klauen von unserem dreckigen Mistradsport.«

Woher kommt diese Abscheu? Ist es der Schock von sieben Tour-Siegen, die auf einen Schlag für ungültig erklärt wurden? Die Enthüllung, dass Dopingkonsum nahezu allgemeingültig ist? Aber was ist daran dann so schlimm? Warum spricht es für sich, dass Dopingkonsum krank und schändlich und schlecht ist und verboten werden muss? Von mir aus würde ich nicht auf diese Idee kommen – spricht es nicht gerade für sich, dass Radprofis ihre eigene Art Versorgung brauchen und dass sie die Anforderungen ihres Fachs, bestmögliche Leistungen auf dem Rad zu liefern, ernst nehmen?

Was ist Doping eigentlich?

Das ist noch nicht so einfach zu sagen. Laut gesundem Verstand: Zaubertrank, mit dem man schneller Rad fährt. Darauf lief auch in etwa die Definition des ersten Verbots 1965 hinaus – Doping war »der bewusste Konsum von Stoffen, die das künstliche Steigern der physischen Leistung eines Sportlers zum Ziel haben, wenn vom Stoff bekannt ist, dass dieser schädlich ist«.

Abgesehen von der Unbestimmtheit des Wortes »künstlich« (vieles von dem, was wir zu uns nehmen, kommt nicht in dieser Form in der Natur vor) und dem Fakt, dass Amphetamin, das Doping von damals, eigentlich nicht unter diese Definition fällt (es steigert nicht die physische Leistung, sondern schärft die geistige) – das Ziel des Dopingverbots war klar: die Gesundheit der Rennfahrer zu schützen.

Das ist jetzt nicht mehr so. Die WADA (World Anti Doping Agency) hat eine Verbotsliste, auf der Stoffe und Methoden landen können, wenn sie zwei von drei Kriterien erfüllen: Sie sind 1) leistungssteigernd; 2) schädlich für die Gesundheit; 3) unvereinbar mit »dem Geist des Sports«.

Etwas kann jetzt also Doping sein, ohne gefährlich zu sein. Und weil Leistungssteigerung im Mittelpunkt steht bei allem, was der Sportprofi macht, und eins plus eins zwei ist, kann seine Karriere also gebrochen werden vom Geist des Sports. Das ist, so die WADA, »das Wesen des Olympismus; ein Lobgesang auf Geist, Körper und Verstand des Menschen« – es sind Werte wie Ethik, Gesundheit, Respekt, Charakterentwicklung, Ritterlichkeit, Gemeinschaftssinn. Sport »dient der harmonischen Entwicklung des Menschen«.

Es sind die Phrasen, die Sportfunktionäre bei Banketts verwenden – da ist Armstrong schon näher dran, wenn er in *It's not about the Bike* schreibt: »Sportler sind nicht besonders nett, zuvorkommend, mitleidsvoll, wohlwollend, tolerant oder versöhnlich gegenüber sich selbst oder wem auch immer.«

Natürlich geht es um die Liste; diese Definition ist ein Versuch zur Rechtfertigung, der vor allem zeigt, dass auch die WADA nicht damit zurechtkommt, was Doping nun genau ist. Was es *ungefähr* ist, hat sich in diesen fünfzig Jahren nicht verändert: Zaubertrank zum schneller Fahren. Nur sind es jetzt andere Getränke.

Bleibt die Frage: Warum müssen die verboten werden?

Dafür werden im Allgemeinen zwei Gründe genannt: Doping ist gefährlich und es ist Schummelei.

»Man darf auch keinen Motor ans Fahrrad anbringen«, wird oft gesagt, aber das ist schon mal ein verzerrter Vergleich – auch der gedopte Fahrer muss es mit seinem Körper machen. Es gibt Wissenschaftler, die glauben, dass Epo und anderes Doping überhaupt nicht helfen, aber viele Sportler denken, dass es unentbehrlich ist, um an die Spitze zu kommen – »If you don't take it, you won't make it«, so ein Sprichwort in der Leichtathletik. Woran natürlich hinzugefügt werden muss: »If you do take it, it's not at all sure you will make it.« Epo tritt, wie Tyler Hamilton in *The Secret Race* sagt, nicht an die Stelle von Talent und harter Arbeit, es fügt etwas hinzu. Es fördert die Regeneration und es steigert das Vermögen zum Leiden; der Dopingsünder muss gerade dann härter arbeiten. Floyd Landis: »Man hat weiterhin gute und schlechte Tage.«

Wenn alle Doping nehmen, was viele Fahrer entrüstet leugnen, aber vom USADA-Bericht und durch andere Skandale stark suggeriert wird, dann gibt es doch gleiche Chancen? Wenn alle betrügen, betrügt niemand.

»Nein«, sagt zum Beispiel Armstrongs Ex-Teamgefährte Jonathan Vaughters, jetzt Teamleiter bei Garmin, »dann gewinnt derjenige, dessen Körper Doping am meisten nutzt.« In der Tat, wenn 50 der maximal erlaubte Hämatokritwert ist, dann kann Hamilton mit seinem natürlichen Wert von 42 das mit Epo eher anheben als ein Gegner, der bei 48 beginnt.

Aber was ist daran ungerecht? Man kann auch sagen, dass Hamilton einen ungerechten Nachteil hatte, den er dank der Wissenschaft richtigstellen konnte. Es ist erneut Armstrong, der hier unbeabsichtigt den Nagel auf den Kopf trifft, in *Bike*: »Ich war gesegnet mit einem angeborenen überdurchschnittlichen Vermögen Sauerstoff aufzunehmen.« Herzlichen Glückwunsch, aber wenn das gerecht ist, was macht dann ein angeborenes überdurchschnittliches Vermögen, Nutzen aus Epo zu ziehen, ungerecht?

»Aber so kommt der beste Arzt aufs Podium«, schreibt Peter Winnen. Der steht dort schon lange, auf einem einzelnen Miniaturpodest, zusammen mit dem besten Mechaniker, dem besten Ernährungsberater, dem besten Teamleiter, dem besten Masseur, dem reichsten Sponsor. »Die reichsten Fahrer können bessere Dopingmittel kaufen!«, hört man auch – bestimmt, aber sie haben auch stärkere Helfer, mehr Gelegenheiten, Etappen zu erkunden, bequemere Teambusse. Armstrong ließ sich von einem Hubschrauber vom Ziel zum Hotel fliegen: ungerechte zusätzliche Ruhe, gekauft mit Geld. Meinetwegen: Reiche Fahrer sind reich geworden, weil sie besser waren. (Es gibt einen Vorteil für reiche Fahrer, den ich ungerecht finde: das Teamzeitfahren. Großartige Disziplin, aber in einem Etappenrennen kann sich der Gegner, der keine speziellen Zeitfahrhelfer hat kaufen können, nicht auf dem Rad verteidigen. Das ist gegen den Geist des Sports.)

Alles ist ungerecht im Sport; Sport ist das Messen von Ungerechtigkeiten, angeboren oder erworben. Ein Sportwettkampf wird gewonnen aufgrund der richtigen durch die Natur, die Umstände und den Charakter geschenkten ungerechten Vorteile. Man fragt sich, wofür man eigentlich klatschen soll. Die harte Arbeit, sollte man meinen, aber aufgepasst: Bis in die 70er Jahre verbot die Olympische Charta Sportlern, mehr als sechzig Tage, oder dreißig Tage hintereinander, pro Jahr zu trainieren. Wer das trotzdem tat, war ein Trainingssünder und ging das Risiko ein, von der Teilnahme an den Spielen ausgeschlossen zu werden.

Der oft (auch von mir) gemachte Vergleich mit Künstlern, die konsumieren dürfen, was sie wollen, ist falsch: Bei ihnen steckt der Wert in der Arbeit selbst, während es beim Sport um den Vergleich der Leistung des einen mit der von anderen geht. Und es gibt doch auch saubere Fahrer? Die werden doch betrogen? Oder dazu gezwungen, Mitsünder zu werden?

Viele Fahrer beginnen in der Tat sauber; einige bleiben es. Und die können sich beraubt fühlen. »Wie Doper die besten Jahre meiner Karriere stahlen« war der Titel eines Artikels von Brad McGee, und Tyler Hamilton schreibt: »Tausend Tage lang hatte ich mich meines Broterwerbs berauben lassen.« Aber ihre Reaktionen waren anders. McGee blieb »seinen ethischen und moralischen Auffassungen treu«, während Hamilton »tat, was viele vor mir getan hatten. Ich trat der Bruderschaft bei.«

McGee ist wütend und gekränkt und man kann es tragisch finden, dass seine Vortrefflichkeit ihn schönerer Ergebnisse beraubte – aber als er Profi wurde, wusste er doch, dass er in eine andere Welt eintrat? Was hat er eigentlich zu meckern, wenn er den ethischen und moralischen Auffassungen dieser Welt nicht treu werden wollte? – war es nicht gerade unangemessen von ihm, von dieser Welt zu verlangen, dass sie sich an seine Ethik und Moral halten müsse? Würde er, um sagen zu dürfen, dass er beraubt wurde, nicht wenigstens erklären müssen, warum Dopingkonsumenten »krank« sind? Darüber kein Wort: Von der Verwerflichkeit des Dopings wird scheinbar erwünscht, dass sie für sich spricht. Aber darf von einem Meckerer nicht wenigstens verlangt werden, dass er sagt, was er zu meckern hat?

Niemand muss Radprofi sein; wer das aber möchte, kann sich nicht berufen auf ein selbst auferlegtes moralisches Handicap. Da habe ich lieber Graeme Obree, der Mann des Stundenweltrekords auf dem komischen Fahrrad in der komischen Haltung. Er erhielt 1995 einen Profivertrag beim französischen Team Le Groupement. Der erste Teamgefährte, den er im Trainingslager sprach, fragte ihn, was er nun konsumiert hatte, bei diesem Rekord. Nichts, sagte Obree. Der Fahrer schaute ihn an, »als ob er ein Marsmännchen sah«, und wiederholte seine Frage, woraufhin Obree wiederholte, dass er nichts konsumiert hatte. »Amateur!«, sagte der Fahrer voller Verachtung. Obree verließ sofort das Trainingslager – dann eben kein Profi.

Die meisten Fahrer halten fest an ihrem Traum und passen sich an. Fignon: »Es war ein Schritt, der notwendig war, um zum Milieu zu gehören.« Simpson wollte eigentlich nicht: »Ich habe zu viel Respekt vor meinem Körper. Aber wenn ich nicht schnell ein großes Rennen gewinne, dann muss ich wohl.« Landis: »Es war betrügen oder betrogen werden.«

Bis zu Travis Tygart von der USADA haben Dopingjäger dafür Verständnis geäußert. Mike Ashenden, der australische Dopingexperte, sah Dopingkonsumenten anfänglich »als Schwächlinge, schlechte Menschen.

Nun sehe ich, dass sie in einer unmöglichen Situation sind. An ihrer Stelle würde ich machen, was sie machen.«

Nicht, dass sie das gerne machen. Auffällig im USADA-Bericht ist, dass viele Fahrer wünschten, dass es Doping überhaupt nicht gibt. Sie haben Angst um ihre Gesundheit, Angst, erwischt zu werden und ihre Arbeit und ihren Traum zu verlieren, sie hassen das notwendige Lügen, die Niederlage, wenn sie geschworen hatten, nie so etwas zu tun, und es jetzt doch tun, das Gepansche mit Blut, das Gespritze – übrigens würden viele dieser Bedenken wegfallen, wenn Doping nicht verboten wäre.

Christian VandeVelde hoffte, dass es einen Epo-Test geben würde, bevor er es auch einnehmen müsste; Vaughters »jugendliche Begeisterung wurde verdorben durch den Stress von allem rund um Doping«. Hincapie besprach mit Teamkollegen, wie sie es absetzen könnten, aber niemand hatte eine Lösung. Einige sabotierten die Dopingpolitik des Teams; nahmen abgezapftes Blut nicht wieder an, warfen Cortisonpillen und Testosteronpflaster weg. Hincapie und VandeVelde fingen an, wieder sauber zu fahren, Vaughters und Livingston brachen ihre Karrieren ab.

Vollstes Verständnis – aber Radsport ist nicht der einzige Beruf, für den man Gewissensbisse oder andere Bedenken fallen lassen muss oder den man deshalb nicht wählen soll: Ein Anwalt muss lügen, ein Kaufmann Plunder anpreisen, ein Arzt Sterbehilfe leisten. Und Doping ist nicht die einzige Konzession, die der junge Profi eingehen muss für die Träume von sauberem Sport, die er vielleicht hatte. Profitieren ist der Kern des ganzen Radsports; für eigene Chancen fahren ist eher selten; er muss Schweißdiebe tolerieren, die ihn im Sprint schlagen; selbst ein Schweißdieb sein; wenn er dann mal gewinnt, muss er seinem Mitausreißer ein Entgelt zahlen, und wenn er das Glück hat, ein Nach-Tour-Kriterium fahren zu dürfen, dann kann er besser alles aus seinem Kopf rauslassen, was nach Olympismus riecht.

Die Haltung der McGees und Obrees ist nach den Regeln der normalen Welt vielleicht lobenswert – die der Fignons, Hamiltons und Landisse macht sie mehr zu Radsportlern. Und am meisten Radsportler von allen war Lance Armstrong.

Ich bin nie ein Fan von Armstrong gewesen – der Zynismus, mit dem er Radsport auf die Tour de France reduzierte, ging mir gegen den Strich. Aber er tat, was alle taten, nur in größerem Rahmen, gewiefter, besser. Und ohne USADA-Untersuchungen zu seinen Gegnern sagt die Studie über ihn nichts über den Wert seiner Siege. Dass er sieben Mal die Tour mit Schummelei gewann, ändert nicht, dass er sie zu Recht gewann. Das Streichen dieser Toursiege war eine leere Geste – logischer wäre es gewesen, Landis und Contador ihre Toursiege zurückzugeben.

Ich fand Armstrongs Sieben-Gelbe-Trikots-Foto auf Twitter nicht Mitleid erregend oder schamlos – sondern eine trockene Mitteilung: Ich habe meine Toursiege unter gleichen Bedingungen geholt.

Auch ein Hochstapler kann ein Sündenbock sein.

Dann ist da die Gefahr von Doping.

Auf der einen Seite hat man Armstrong, der tausend USADA-Seiten lang nichts anderes macht als Schlucken, Spritzen und Bluterneuern, und der mit einundvierzig strotzt vor Gesundheit. Auf der anderen Seite hat man den fünfundzwanzigjährigen Armstrong, der Hodenkrebs bekam, nachdem er schon jahrelang Doping konsumiert hatte.

Um 1990 rum gehörte Armstrong, zusammen mit Jungs wie Greg Strock, Erich Kaiter und Ernie LeChuga, zu den amerikanischen Spitzenjunioren, die zu Weltmeisterschaften entsandt und für die Olympischen Spiele vorbereitet wurden. Strock wurde als größtes Talent angesehen. Als Siebzehnjähriger bekam er unter der Führung des Nationaltrainers Chris Carmichael (später der persönliche Trainer von Armstrong) Injektionen verabreicht, manchmal drei pro Tag. Wenn er fragte, was es war, bekam er zu hören: »Ist gut für dich, alles legal.« Und wenn er es dann noch einmal fragte, wurde ihm zu verstehen gegeben, dass ein echter Profi, und das wollte er doch werden, keine Energie verschwendete mit dieser Art Gefrage, der vertraute dem Trainer.

Strock musste, noch bevor er zwanzig war, wegen Problemen mit seinem Immunsystem seine Karriere abbrechen; Kaiter bekam »Morbus Crohn«, auch eine Erkrankung des Immunsystems. Er genas und fuhr wieder Radrennen, aber kam nicht mehr auf sein altes Niveau. LeChuga, der nie weiter kam bis zu regionalen Profiteams, bekam 1998 Hodenkrebs. Ein Hoden musste entfernt werden; auch er genas. Jahre später klagten Strock und Kaiter gegen den amerikanischen Radsportverband und Carmichael. Der Verband musste eine halbe Million Dollar Schadensersatz zahlen; Carmichael ging auf einen Vergleich von einer viertel Million ein.

Als Armstrong Ende 1996 entdeckte, Hodenkrebs zu haben, wusste er von den Krankheiten von Strock und Kaiter. Es muss ihm in den Sinn gekommen sein, dass sein Krebs mit dem Doping, das er konsumiert hatte, zu tun haben konnte, zum Beispiel im Jugendteam. Er leugnet, wie wir wissen, *jegliches* Doping, aber eine mögliche Verbindung sah er schon; die benutzte er in einem Interview 2005 gerade als Argument gegen die Verdächtigungen: »Ich bin zurückgekommen von einem Todesurteil. Würde ich dann Doping nehmen und mein Leben wieder aufs Spiel setzen? Das ist wahnsinnig.«

Und was tat er? Im Januar 1997, noch keinen Monat nach seiner letzten Chemo, erschien er zur Verwunderung aller in Frankreich bei der Teampräsentation seines Teams Cofidis. Anschließend fuhr er nach Italien, zum berühmten Dopingarzt Ferrari.

Wie sollen wir das sehen? Als leichtsinnigen Ehrgeiz? Oder als die Nüchternheit eines rationalen Menschen, der weiß, dass ein gruseliges Zusammentreffen verschiedener Umstände noch kein kausaler Zusammenhang ist? Über die Ursache von Krebs ist wenig bekannt, und Hodenkrebs ist bei jungen Männern die am meisten auftretende Form. Strock und Kaiter werden ihre Schadensersatzzahlungen erhalten haben wegen des Verbrechens des Verabreichens, von Unbefugten an Minderjährige, von Sachen, von denen sie nicht wissen durften, was es war – nicht wegen eines nachweislichen Zusammenhangs mit ihren Krankheiten.

In einem redaktionellen Kommentar im NRC über den Armstrong-Skandal las ich: »Zu oft hat sich Doping als Mittel erwiesen, das zum Tod von Sportlern geführt hat.« Wer, was, wo, würde man dann wissen wollen. Ich vermute, dass es die gleichen Toten sind wie die »vielen Epo-Toten durch Herzstillstand, Anfang der neunziger Jahre«, denen man in vielen

Quellen begegnet. Aber die Anzahl (meistens zehn bis zwanzig; in einem Buch achtzig), die Jahreszahlen und die Nationalitäten der Toten gehen so weit auseinander, dass von dieser Geschichte nichts anderes übrig bleibt als Vermutungen, Verdächtigungen, Gerüchte und Panikmache.

Wenn Namen genannt werden, dann oft die der niederländischen Fahrer Johannes Draaijer, Connie Meijer, Bert Oosterbosch und Michel Zanoli. Aber Zanoli beging Selbstmord, und beim Tod durch Herzstillstand der anderen drei gab es keinen Zusammenhang mit Epo. Auch ein Radrennfahrer hat Recht auf einen tragischen Tod, ohne als Dopingsünder hingestellt zu werden.

Laut dem Sportkardiologen (und einstigem medizinischen Manager beim Raboteam) Jan Hoogsteen sterben in den Niederlanden jedes Jahr hundert bis hundertfünfzig Sporttreibende an dem, was »plötzlicher Tod« genannt wird. Da werden Radrennfahrer dabei sein, Gott weiß sogar ein einzelner Epo-Konsument. Ein kausaler Zusammenhang ist etwas anderes, ein nachweisbarer Fall erst recht. Meistens ist ein angeborener Herzfehler die Ursache; Menschen, die sich oft stark anstrengen, gehen natürlich mehr Risiko ein, dass sich so etwas rächt, als andere. Hoogsteen: »Ein Herzstillstand hat nichts mit Dopingkonsum zu tun. Durch Epo ist nie jemand gestorben.« Lon Schattenberg, zu der Zeit Mitglied (und später einige Zeit Vorsitzender) der medizinischen Kommission der UCI, nannte Epo 1996: »an sich nicht gefährlich. [...] Es ist gefährlich bei unkontrolliertem Missbrauch.«

Das ist das Problem, mit jeglichem Doping – fehlende Offenheit. In seiner Frage- und Antwortrubrik in *L'Équipe* bestand Anquetil jahrelang darauf: Das Dopingverbot ist gefährlicher als das Doping selbst. Es treibt Rennfahrer zu Quacksalbern, zum Schwarzmarkt, zur Mafia.

Das aktuelle Beispiel ist Ricardo Riccò. Wenn Doping nicht verboten wäre, dann hätte er diese Bluttransfusion von einem diplomierten Krankenpfleger vornehmen lassen können, statt sich selbst halbtot kleckern zu müssen. Simpson, der auf dem Ventoux starb durch ein Zusammenwirken verschiedener Ursachen, von denen Amphetaminkonsum eine war, hatte als Devise: »Wenn man von zehn stirbt, dann nehme ich neun.« Hätte der

Tourarzt an dem Morgen sich vor das gesamte Peloton stellen und sagen können: »Männer, es werden heute fünfzig Grad auf dem Ventoux, heute stirbt man schon bei sechs.« Dann wäre Simpson an dem Abend wütend gewesen auf den doofen, viel zu vorsichtigen Arzt, denn jetzt war er auf dem Ventoux abgehängt worden und er konnte den Toursieg vergessen.

Natürlich kann Doping gefährlich sein – wie jedes Medikament bei unsachgemäßer Einnahme. Eine leichte Pharmazeutika-Prüfung zum Erlangen einer Profilizenz würde nicht schaden, genauso wenig wie eine PDF-Datei in allen Radsportsprachen auf den UCI- und WADA-Websites über Nutzen und Gefahren von Doping. Aber der Dopingkampf hat das Wohlergehen der Rennfahrer schon vor langer Zeit aus dem Auge verloren und ist entartet in die Sucht, sich überall einzumischen, und in Repressionen – und zu Repression gehört Strafe, keine Aufklärung.

Was nun? Vorläufig ist die Radsportwelt in Panik – Manager, Sponsoren, Medien, Fahrer, Publikum, alle fallen übereinander her mit Äußerungen des Abscheus, Versprechen, es besser zu machen, Vortrefflichkeitserklärungen, Reformbewegungen, Selbstbezichtigungen, Untersuchungskommissionen. Die UCI, die Whistleblower am liebsten inklusive Pfeife in die Luft gesprengt hätte, hat sich auf einmal »in der Vergangenheit alle Informationen zu Herzen genommen und wird das zukünftig immer tun«. Die USADA, mit etwas mehr Rechten, nennt die UCI »den Fuchs, der den Hühnerstall bewachen sollte«. Zoetemelk bekam 1979 bei seiner zweiten positiven Kontrolle zehn Minuten Zeitstrafe (die ihn nicht einmal seinen zweiten Platz im Gesamtklassement kostete); jetzt will man für einen ersten Verstoß lebenslang sperren (»vier Jahre«, lautet der Euphemismus); Teamgefährten werden mitgesperrt werden; Verdacht ist Grund genug für Sperren; das Gegen-Gutachten wird abgeschafft; Sünder dürfen in keiner einzigen Funktion zurückkehren in den Radsport; es gibt Hotlines, um Verdächtigungen durchzugeben; die Whereabouts-Regelung wird strenger; Nulltoleranz regiert. Der Schraubstock wird immer weiter angezogen, bis nichts mehr dazwischen steckt. Radsport ist ein Polizeistaat.

Das Dopingverbot hat nicht zu einem sauberen Radsport geführt, sondern zum Dreckigfinden des Radsports. Dass Radsport jemals werden kann, was er nie gewesen ist, sauber – viele vernünftige Menschen glauben nicht daran, von WADA-Boss John Fahey bis zu Tyler Hamilton, von Greg LeMond bis zur Rabobank. Ashenden erzählt von einem vertraulichen Gespräch, das er mit einigen australischen Fahrern hatte. Er fragte, was sie konsumierten, dann konnte er dafür einen Test entwickeln. Wenn so ein Test alle erwischen würde, sagten die Fahrer, und sie also mit diesem Mittel aufhören konnten; dann würden sie es ihm erzählen. Aber wenn der Test nur ein paar erwischen würde, dann kämen dafür einfach andere an ihre Stelle und würde sich nichts ändern – dann machten sie nicht mit; dann würde es nur Karrieren und Broterwerb kaputtmachen. Ashenden: »Wir können von Sportlern nicht verlangen, was ich selbst auch nicht machen würde.«

Der Kampf gegen Doping ist nicht zu gewinnen, solange es Menschen gibt, die früher ins Ziel kommen wollen als andere, und die Wissenschaft fortschreitet. Es wird immer neue Mittel geben. Nun gibt es schon wieder Aicar, Kaatsu, vielleicht schon Gendoping. Warum warten auf etwas Zufälliges wie ein angeborenes überdurchschnittliches Leistungsvermögen zur Sauerstoffaufnahme? Das muss, wenn es nicht schon heute ist, dann doch übermorgen zu regeln sein in der Eizelle. Dass es für erbliche Eigenschaften Eltern braucht, ist ein veralteter Gedanke.

Nimm so etwas Einfaches wie Kaatsu. Es wundert mich, dass ich dem Begriff noch nicht in den Radsportberichten begegnet bin; man fragt sich, ob das Peloton seine Fachliteratur verfolgt. Kaatsu ist eine von den östlichen Kampfsportarten stammende Technik, bei der man trainiert mit abgebundenen Armen oder Beinen. Die Idee ist, dass der Körper den Schaden wiederherstellt, indem er zusätzliches Blut zu den geplagten Muskeln schickt, wodurch diese wachsen. Beim Wikipedia-Artikel zu Kaatsu stehen Fotos von abscheulichen Muskelprotzen. Man sollte meinen, dass das nichts für Radsportler ist, aber ich las in der Zeitung im Juli 2012 einen Artikel über eine Studie des niederländischen Physiologen Dick Thijssen zu dem, was »Ischämische Präkonditionierung« genannt wurde: der Effekt des Abbindens von Gliedmaßen bei unter anderem Läufern und Schwimmern. Sie zogen Vorteil daraus. Komischerweise kamen die Wörter Kaatsu und Doping in diesem Stück nicht vor.

All diese neuen Mittel werden wieder kontrolliert werden müssen. Und besser als bisher; der USADA-Bericht zeigt, dass die Kontrollen eine Chance erwischt zu werden boten von, abgerundet, 0 Prozent. Das macht alle Toursieger seit der Einrichtung des Dopingverbots 1965 verdächtig. Aber davor hatten wir Anquetil, ein öffentlicher Konsument. Dann müssen die Fahrer, die ihn schlugen, Gaul 1958 und Bahamontes 1959, auch konsumiert haben. Und Nencini, der Sieger von 1960, als Anquetil nicht mitfuhr, wurde in dieser Tour in seinem Hotelzimmer mit Infusionen in beiden Armen gesehen. Der letzte einigermaßen glaubwürdige Toursieger war Walkowiak, 1956.

Im Prinzip braucht der ewige Rückstand der Kontrolleure kein Problem zu sein: Die Proben werden aufbewahrt und können neu untersucht werden, wenn die Testmethoden auf dem neuesten Stand sind. Dann stellt sich zum Beispiel im Dezember 2012 heraus, dass das Kugelstoßgold von Athen 2004 doch an einen anderen geht. Aber so macht es keinen Spaß mehr. So wie die Cartoonfiguren Fokke und Sukke in einer niederländischen Zeitung schon sagten: »Wir gucken uns die Tour nicht mehr an, denn der Gewinner wird doch erst 7 Jahren später bekannt.«

Vielleicht ist der biologische Pass eine Lösung, aber die Schwankungen der Werte, die damit gefunden werden können, werden vor allem auf Verdächtige hinweisen, die dann doch wieder kontrolliert werden müssen. Es gibt auch Ideen, um die Leistung selbst als Dopingtest zu betrachten: Aus dem maximalen Leistungsvermögen eines Fahrers und den Daten der Strecke kann seine maximale Leistung berechnet werden. Übertrifft er die, dann wird er erwischt. Was wir bewunderten, wird der Beweis dafür werden, dass wir »Buh« hätten rufen müssen.

Das Verkürzen der Rennen hat nicht geholfen, es wurde danach nur noch mehr gedopt. Vielleicht wäre es eine Möglichkeit, mit kleineren Teams zu fahren, von zum Beispiel fünf Mann. Es gäbe viele Vorteile: mehr Klassementfahrer und gleichzeitig weniger Fahrer insgesamt, also weniger

Stürze. Teams würden zu schwach sein, um das Rennen lahmzulegen; der Kampf würde spannender werden, sogar die flachen Etappen könnten das Zuschauen wieder wert sein. Das Tempo würde niedriger liegen – wer weiß, womöglich würde *das* Doping weniger notwendig machen. Aber ich gebe zu: Die Kapitäne würden mehr selbst machen müssen und deshalb vielleicht gerade mehr Doping nehmen.

Wenn die Gesundheit der Fahrer an erster Stelle stehen würde, dann käme nur eine Maßnahme in Frage: freigeben. Die Fahrer würden das Risiko ihrer medizinischen Unkenntnis und die ihrer Quacksalber nicht mehr eingehen müssen, sie würden Nasentropfen nehmen können, wenn sie erkältet sind. Wir würden nicht mehr auf ihre moralischen Gebrechen schauen brauchen, nur noch auf ihre Radsporttaten. Es würde Millionen einsparen, Karrieren würden nicht mehr gebrochen werden, die Freiheitsberaubung der Whereabouts wäre vorbei, genau wie die Demütigung des Urinierens vor fremden Augen, Ergebnisse würden nicht mehr durchgestrichen, niemand würde sich mehr betrogen fühlen brauchen.

Aber die Gesundheit der Fahrer steht nicht an erster Stelle bei den Dopingmissionaren – die vorausgesetzte Gesundheit der Gesellschaft steht an erster Stelle; die Moral. Es zeigt sich an diesem »Geist des Sports«, der nichts mit irgendeiner Wirklichkeit zu tun hat, es zeigt sich an dem Verbot von Marihuana für Sportler; es zeigt sich am Verbot von muskelstärkenden Mitteln für Schachspieler. »Es gibt Stoffe, die niemand, der sich Sportler nennt, einnehmen sollte«, sagt die WADA. Dass es kein einziges Mittel gibt, mit dem man besser Schach spielt (und wenn es das geben würde, müsste es verpflichtend eingeführt werden, hat ein englischer Großmeister gesagt), das interessiert die Anstandsjäger nicht.

Aber Freigeben wird nicht gehen, die Moral verbietet es. Man wird es ihnen beibringen, diesen Wilden, deren Kultur von Lug und Trug zusammengehalten wird. Und weil Verbannen auch nicht geht, bleibt nichts anderes übrig, als weitermachen wie jetzt, mit Repression, Omertà, Skandalen, Strafen. Die Prohibition in Amerika, die Kriminalität schuf und das Trinken nicht beendete, wurde 1933 nach dreizehn Jahren aufgegeben – die

Radsportprohibition hält nach fast einem halben Jahrhundert allgemeinen Scheiterns noch tapfer durch.

Der USADA-Bericht war nette Lektüre, aber er hat uns nur die Scheuklappen genommen, auf die wir ein Recht hatten. Nie mehr werde ich es frei heraus genießen können, wie ein Fahrer völlig eingebrochen ist und er, nach dem Trinken von ein paar Whiskys, am nächsten Tag meisterhaft über die Alpenpässe fliegt und die verlorene Tour doch noch gewinnt.

Es ist ihnen gelungen: Ich hege Misstrauen. Wenn jemand in meinem Peloton der über 60-Jährigen mit einem Mal auffällig gut fuhr, dann verdächtigte ich ihn. Wenn ich auf einmal ein paar Rennen sehr gut fuhr, dann hatte ich Angst, dass man mich verdächtigen würde. Wiggins sauber, Evans sauber? – wofür hältst du mich. Fränk erwischt und dann ganz bestimmt einen sauberen Bruder haben? Von Usain Bolt, diesem glanzvollen Mann, habe ich jetzt so oft gehört, dass er wohl ein Dopingsünder sein muss, dass er weniger glänzt. Wenn Gilbert alles gewinnt, dann habe ich Hintergedanken. Wenn Gilbert auf einmal nichts mehr gewinnt und Boonen alles, dann habe ich Hintergedanken. Und wenn Gilbert dann doch wieder Weltmeister wird, dann denke ich, statt in vollen Zügen zu genießen, was die Dopingmissionare wollen, das ich denke: Wer's glaubt, wird selig.

Leistungssteigerung spricht für sich, Gefahr braucht bei Offenheit keine Rolle zu spielen und der Geist des Sports muss den Profis überlassen werden, die ihn betreiben.

Der einzige hoffnungsvolle Gedanke ist, dass Spitzensport noch jung ist, vielleicht zu jung, um seine hohe Abstammung, die des noblen Olympismus, schon abwerfen zu können. Das hat mit den Amateurregeln auch lange gedauert; das Dopingverbot ist eine Amateurregel. Die Armstrong-Affäre könnte ein Bruch sein; der Moment, in dem man einsah, dass Profisport und olympische Reinheit nicht zusammengehen – dass der »Geist des Sports« unvereinbar ist mit Profisport.

Dieser Gedanke wurde schon vor einem halben Jahrhundert unverbesserlich in Worte gefasst von Rudi Altig, dem Weltmeister von 1966. Er war ein öffentlicher Dopingkonsument und als ihm gesagt wurde, dass Doping nicht anging für Sportler, antwortete er: »Wir sind keine Sportler, wir sind Profis.«

Nachschrift 2015: Ich brauche kaum hinzuzufügen, dass Armstrong später (im Januar 2013, kurz nach Erscheinen dieses Stücks in De Muur) doch seinen Dopingkonsum zugab. Dass er das bei der politisch korrekten Schnulze Oprah Winfrey statt bei einem Radsportmagazin tat, war schade.

Anfang 2015 revanchierte er sich einigermaßen, indem er sich auf seinem Twitter-Account doch wieder »7xTdF champ« nannte.

DIE EPO-TOTEN GIBT ES NICHT (2013)

Dem Radsportjournalismus ist vorgeworfen worden, dass dieser jahrelang kollaboriert haben soll mit der Dopingschweigepflicht im Peloton. Wenn das schon so war, dann ist das umgeschlagen. Nun enthüllen Zeitungen tagein, tagaus das Gleiche (auch Fahrer X war ein Sünder!), handelt nach einem großen Etappensieg eine halbe Seite von Zweifel an dieser Großartigkeit und plappert man einander nach über Epo-Tote.

Um 1990 herum, so diese Geschichte, starben in den Niederlanden und Belgien achtzehn junge Radrennfahrer durch Epo-Konsum. Zahlen, Nationalitäten und Zeiten unterscheiden sich, aber diese Epo-Toten tauchen überall auf, in den Büchern von Antidopingpredigern wie David Walsh und Paul Kimmage, in einem redaktionellen Kommentar im NRC, im *London Review of Books*, in der *New York Times* und auch im niederländischen Regierungsbericht über Doping; dem Sorgdrager-Bericht. Es ist Allgemeinwissen.

Aber die Epo-Toten gibt es nicht.

Als ich den USADA-Bericht über den Fall Armstrong las, erschrak ich wegen dieser Toten, die auch darin von vielen Informanten genannt werden. Von einigen, wie den Niederländern Draaijer und Oosterbosch, hatte ich schon mal etwas Vages in dieser Richtung gehört, aber so viele? Das war gruselig. Dann musste ich vielleicht meine Haltung gegenüber Doping, die immer schulterzuckend gewesen war, revidieren.

Aber als ich das für einen Artikel in *De Muur* im Internet nachschlug, fand ich ausschließlich Formulierungen wie »ich war davon überzeugt, dass ihr Tod vom Doping kam«, und »eine Serie plötzlicher und mysteriöser Todesfälle«. In diesem Artikel schob ich deshalb die Epo-Toten beiseite als Panikmache, und später entdeckte ich, dass ein spanischer Forscher, Bernat López, dem schon 2011 auf den Grund gegangen war. In einer Studie in der Zeitschrift *Sport in History*, mit dem Titel *The Invention of a ›Drug of Mass Destruction‹: Deconstructing the epo myth*, hatte er neunundvierzig Fälle von »plötzlichem Tod bei Radsportlern in Europa zwischen 1987 und 2010« gründlich überprüft – bei keinem von ihnen fand er etwas Konkretes über Doping. Die »Serie« von Todesfällen nannte er »eine statistische Erfindung« und für die Todesfälle an sich war das Phänomen »plötzlicher Tod durch Herzstillstand« oft eine triftige Erklärung. López verglich die Epo-Toten mit den genauso wenig existierenden Massenvernichtungswaffen im Irak; sie wurden erfunden als Rechtfertigung für den Angriff.

López ging einen interessanten Schritt weiter: Auch dass Epo-Blut eine Art Matsch werden würde, der nicht mehr durch das Herz gepumpt werden kann, ist sehr fraglich. Bekannt sind die Geschichten über Rennfahrer, die nachts Froschsprünge durch die Hotelflure machten, um ihren Epo-Matsch am Fließen zu halten. Die glaube ich, und die Froschsprünge auch – aber Radrennfahrer haben das Recht, leichtgläubig zu sein, und Journalisten nicht. López untersuchte fünfunddreißig wissenschaftliche Publikationen, stellte fest, dass diese selten Quellen nennen, und schlussfolgerte: »Epo hat höchstwahrscheinlich nicht die Effekte, die in den Spekulationen von Antidopingsportärzten, Akademikern und Journalisten unterstellt werden.«

In der Radsportgeschichte ist kein einziger eindeutiger Dopingtoter ausfindig zu machen. Der häufig als Uropfer genannte Knut Jensen (Olympische Spiele 1960) starb laut eines Berichts der dänischen Polizei durch einen Sonnenstich, und sogar von Simpson (Ventoux 1967) kann nicht behauptet werden, dass Amphetamin *die* Todesursache war – das war eine Verkettung von Umständen, zu denen außer Amphetamin auch Flüssigkeitsverlust, Alkohol und Hitze gehörten.

Einigermaßen herausfordernd weist López noch auf ein finsteres Drama aus der Portugal-Rundfahrt 1958 hin. Zwei spanische Fahrer, Polo und Motos, starben damals in einer Etappe, die (genau wie die Todesfahrten von Jensen und Simpson) bei extremer Hitze gefahren wurde – es wird angenommen durch Sonnenstich. »Man kann darüber spekulieren«, so López, »dass wenn die Antidopingkämpfer diese Fälle kannten, sie diese dem Konsum von Amphetaminen oder anderen stimulierenden Mitteln zuschreiben würden.«

Das kann man sehen als »zurückspekulieren« – aber sicher ist, dass der Radsportjournalismus versagt, indem er den Mythos der Epo-Toten fortbestehen lässt und sich damit benutzen lässt in einem Kampf, bei dem es nicht um das Heil der Fahrer geht, sondern um das Aufzwingen einer Moral.

»Es sind keine *champions*, es sind *cheats*«, ruft David Walsh – ein respektloser und kurzsichtiger Ausruf. Radprofis befanden und befinden sich in einer unmöglichen Situation: Bevormundet von der Moral des Amateursports streben sie nach körperlichen Leistungen, obwohl die Steigerung körperlicher Leistungen eine Indikation ist für Betrug. Walsh nannte Radsportjournalisten, die ihre Augen vor Dopingkonsum verschlossen, »Fans with typewriters«. Der Drang, den Ball zurückzuspielen, ist hier unbezwingbar. Schon jahrelang schreibt Walsh über die »Epo-Toten«, ohne das zu machen, was jeder ordentliche Journalist machen würde: untersuchen, ob es die gibt. Wenn ich bei einer eingeschränkten Nachforschung auf null aus vier komme (bei den Todesursachen von Michel Zanoli, Bert Oosterbosch, Johannes Draaijer und Connie Meyer ist nichts zu finden über Epo oder irgendein anderes Doping) und wenn López bei einer gründlichen Recherche auf null aus neunundvierzig kommt, dann kann Walsh nichts anderes als Sensationsjournalist genannt werden, ein Lästermaul mit einer Schreibmaschine.

Der Kampf gegen Doping ist aussichtslos und nicht ernst zu nehmen. Auch beim Eisfischen wird jetzt kontrolliert – ein Sport, bei dem Teilnehmer stundenlang bewegungslos auf Eisflächen sitzen. Da ist man nämlich auf den unseligen Gedanken gekommen, zu den Olympischen Spielen zu wollen – den Winterspielen, nehme ich an. Schmerzmittel sind nicht verboten, wie katastrophal die den Körper auch über die Grenzen hinaus befördern können. Cannabis ist und bleibt aber verboten – die Antidopingbewegung verlangt Gehorsamkeit gegenüber ihren Auffassungen darüber, was ein angemessenes Privatleben ist.

Wenn Doping definiert und bekämpft werden könnte – die Fahrer würden nichts lieber wollen. Aber es geht keins von beidem. Es ist »eine Illusion zu denken, dass der Radsport momentan sauber ist, auch in den Niederlanden, beziehungsweise sauber bleiben wird«, sagt auch Sorgdrager in ihrem Dopingbericht. Der Körper ist verbesserungswürdig – es wird immer neue Arten und Weisen geben, das zu tun. Der Wettlauf zwischen Konsumenten und Bekämpfern wird immer so sein wie der zwischen dem Vorder- und dem Hinterrad eines Fahrrads.

In der Tour 1999 gab es einen Streit zwischen Christophe Bassons, der ziemlich den Unschuldsengel spielte, was Doping anging, und Lance Armstrong. Das Peloton, Armstrong vorneweg, mobbte Bassons in dieser Tour und später aus seiner Karriere raus. Bassons, der noch als Amateur-Mountainbiker Rennen fährt, sagte vor kurzem in einem Interview: »Sport sollte sich nicht um das Besiegen anderer drehen, sondern um das Verbessern von sich selbst.«

Aber nein. Das ist nun erst mal eine Einsicht, die uns weiterhilft.

Die unangenehme Wahrheit ist, dass von diesen beiden Armstrong der wahre Sportler ist. Er verkörperte, was im Sport so bejubelt wird: den Willen zu gewinnen. Darin ging er so weit, dass er einfach nicht existiert haben darf. Ich fürchte, dass diese Verweigerung zur Einsicht, was Profisport ist, auf die Dauer eine böse Wahl für den Radsport übrig lassen wird: untergehen als Dschungel oder untergehen als Polizeistaat.

KRÄFTIGE ZÄHNE (2003, 2015)

Anfang der Neunziger fuhr einige Jahre ein polnischer Fahrer im Profipeloton, dem der schöne Name Zenon Jaskula nicht anzusehen war – es war ein abgrundtief hässlicher Kerl, der auch sehr hässlich fuhr. Stark war er aber – 1993 gewann er eine Etappe in der Tour de France und wurde Dritter in der Gesamtwertung. Aber es war etwas Eigenartiges mit diesem Jaskula, das eine besondere Bedeutung für mich hat und das noch immer ein Rätsel für mich ist.

Als Jaskula 1993 durch seine guten Leistungen begann, einige Bekanntheit zu erlangen, und ab und an etwas Persönliches über ihn auf den Sportseiten stand, erzählte sein Teamleiter Patrick Lefevere, dass er eine ziemlich verschlossene Person war, die, wenn es nicht unbedingt sein musste, auch nichts sagte, aber der das wettmachte, indem er ab und zu ein Weinglas aufaß. »Er kaut gut«, sagte Lefevere und fügte hinzu: »Anquetil und Merckx machten das auch.«

Anquetil und Merckx, die *Weingläser* aufaßen? Sie sind des Konsums der nötigen Produkte beschuldigt worden, aber niemals des Essens von Weingläsern. Das geht auch gar nicht, vom Scherbenessen stirbt man. Aber wie kommt so eine Geschichte dann in die Welt? Vielleicht hatte Jaskula seine Etappe gewonnen oder hatte sein Team einen anderen Erfolg eingeholt und feierten sie das abends mit Champagner und hat Jaskula dabei unabsichtlich, oder vielleicht doch mit Absicht, mit seinen Zähnen eine Scherbe seines Glases abgebissen – vielleicht hat er sogar kurz so getan, als ob er die Scherbe aufessen wollte, und hat sie kurz zwischen seine Lippen oder seine Zähne genommen. Dass Lefevere dann den Journalisten erzählt, dass

Jaskula »sein Weinglas aufgegessen hat«, zeigt, dass er ein guter Erzähler ist: jemand, der bedeutungslose Vorfälle umwandelt in etwas Fesselndes. Aber diese Geschichte ist wohl bestehen geblieben, denn wenn ich jetzt in der Suchmaschine »Zenon Jaskula« eingebe, dann ist fast das Erste, was ich finde: »mit dem Beinamen ›der Lampenfresser‹ wegen seiner Angewohnheit, Glühlampen zu verzehren«.

Eine abwechslungsreiche Ernährung, dieser Jaskula, aber ich habe nicht nur gesehen, wie Jaskula, Merckx und Anquetil Scherbenfresser genannt wurden, sondern später noch zwei oder drei Rennfahrer, von denen ich leider vergessen habe, die Nummern zu notieren. Es *kann* nicht wahr sein, aber als Autor von *Das Rennen* muss ich bei dieser Geschichte schon denken an das »Kleine Rennfahrer-ABC« in meinem Buch, in dem ich ein paar meiner Träume über den Radsport erzähle. In einer von ihnen sitze ich mit einem anderen Fahrer aus dem Buch, Lebusque, in einem Restaurant. Dieser Lebusque ist in meiner Geschichte ein Brocken Urkraft, ein hässlicher und dummer Fahrer, der aber mit seiner großartigen Kraft seine Unvollkommenheiten wettmacht – eine Art Zenon Jaskula. Und ich schreibe dann:

> *Wir hatten kaum Platz genommen, da wollte Lebusque auch schon, dass wir unsere Kräfte messen; Armdrücken. Ich rettete mich, indem ich sagte, auch so zu wissen, dass er stärker sei. Danach begann Lebusque sein Glas zu verzehren. Er schlang die Scherben hinunter. Ich hielt dies für eine banale Demonstration kräftiger Zähne, unter seiner Würde, und das sagte ich auch. Außerdem hatte ich Angst, dass er sich schneiden würde.*

Das träumte ich echt, und das schrieb ich auf, lange bevor Lefevere seine Geschichte über Jaskula erzählte. Und darum fragte ich mich, ob er mein Buch vielleicht gelesen hatte und ob das Aufessen eines Trinkglases als Inbegriff von Kraft ihm daraus in Erinnerung geblieben war. Aber das war zu viel Ehre für mich selbst, entdeckte ich vor nicht allzu langer Zeit, als ich ein Buch von Hans Fallada las, mit dem Titel *In meinem fremden Land*, seine Erinnerungen an die dreißiger und vierziger Jahre. Dieses Buch beginnt mit seiner Beschreibung eines Freundes, dem Verleger Rowohlt, der ab und an, wenn er in einem Restaurant betrunken wurde, die Gesellschaft belustigte, indem er den Kellner einen Sektkelch bringen ließ, »den er dann Stück für Stück bis auf den Stiel mit seinen Zähnen zermalmte und völlig verzehrte«.

Ein Mal aber, so Fallada, fand Rowohlt seinen Meister in einem Herren an einem anderen Tisch, der, gleichzeitig mit ihm, auch begann, ein Glas zu verzehren. Als Rowohlt sein Glas gegessen hatte, seine Hände auf dem Bauch faltete und genießend sagte: »So! Das hat mir gut getan!«, sprach der Herr ihn an und sagte, auf den nackten Stiel zeigend, der nun vor Rowohlt stand: »Und den Stengel essen Sie nicht, Herr Rowohlt? Das ist doch das Beste!« Wonach der Herr, unter unauslöschlichem Gelächter des gesamten Restaurants, auch den Stiel aufaß.

Das Aufessen von Trinkgläsern ist also eine alte Fabel. Aber das Eigenartige ist, dass ich es nie von anderen Sportarten gehört habe. Und das noch Eigenartigere, dass ich, ein Radsportler, davon träumte, bevor ich jemals von Trinkglasfressern oder Lampenfressern gehört hatte. Es kam gänzlich aus mir selbst; scheinbar ist das Essen eines Trinkglases ein Ursymbol von Kraft. Aber dann doch speziell beim Radsport, scheint es. Weil Radrennfahrer ihre Kraft zeigen können, indem sie einen Zahn zulegen?

VINO, URÁN UND OCCAM (2014)

Der Schlusssprint des olympischen Straßenrennens 2012 in London war sofort verdächtig.

Es sah in der Tat eigenartig aus. Vinokourov und Urán, achteinhalb Kilometer vor dem Ziel ausgerissen, hatten The Mall erreicht, die letzte Gerade von vierhundert Metern. Es war ein Wunder, dass sie es geschafft hatten, mit ihrem Vorsprung, der nie größer gewesen war als zehn Sekunden. Sie waren durchschnittlich zweiundfünfzig gefahren, schnell, aber nicht wahnsinnig schnell für das nahezu flache und windstille Stück. Dass sie doch vornegeblieben waren, kam denn auch, weil sie nicht verfolgt wurden von einem Peloton mit Sprinterzügen (das lag eine Minute zurück), sondern von einer Gruppe mit vierundzwanzig Spitzenfahrern; groß genug, um nicht gut zu harmonieren.

Das hatten Vino und Urán sehr wohl getan. Von ihrem Ausreißversuch sind sie (in der vollständigen BBC-Reportage*) sechs Minuten im Bild, von denen Vino 2:12 Minuten an der Spitze fährt und Urán 2:16; anderthalb Minuten gehen drauf fürs Übernehmen.

Dreihundertfünfzig Meter vor dem Ziel, bei 5:52:26 im Video, fahren sie ganz links. Urán vorneweg, Vinokourov rechts eine halbe Länge hinter ihm. Urán schaut rechts nach hinten und sieht natürlich Vino. Beide haben oft nach hinten geschaut, aber nun macht Vino das nicht mehr. Er ist fast neununddreißig, Urán fünfundzwanzig – vielleicht sagt ihm seine Erfahrung: Wir haben genug.

* https://www.youtube.com/watch?v=QNp3Ym98f28

Zusammen weichen sie etwas aus zur Mitte der Straße. Urán sieht noch einmal nach rechts, wieder nach vorn, dann links hinter sich – und in dem Moment, bei dreihundert Metern, kommt Vino aus dem Sattel und tritt an. Urán dreht seinen Kopf zurück, aber sieht dann nicht nach rechts, sondern nach vorne, inzwischen nach links lenkend. Drei Pedalumdrehungen, zwei Sekunden lang, guckt er weiter nach vorn, die Lücke seitwärts zu Vino wächst auf zehn Meter. Erst dann schaut er wieder nach rechts, sieht den jetzt sprintenden Vino und tritt auch an. Er liegt nur eine oder zwei Längen zurück, aber Vino ist schon auf Tempo, und als Urán in dessen Spur kommt, sind es fünf Längen geworden und es ist zu spät: Vinokourov ist Olympiasieger.

Ich hatte immer eine Schwäche für Vino, wie mürrisch seine Ausstrahlung auch war. Vielleicht kam es durch dieses allerletzte Mal mit S. im Juli 2000, als ich zwischendurch doch kurz die Tour sehen wollte und ich einen jungen Russen sah, der solo zum Etappensieg fuhr, voller ungläubiger Freude über diesen Anfang seines Vedettendaseins.

Was für ein Schönredner doch, dieses Gedächtnis, einfach so ein Ende verzaubern in einen Anfang. Alles war falsch: Vinokourov war kein Russe, sondern ein Kasache, er fuhr nicht solo, sondern zu zweit, und dieser Mitausreißer schlug ihn. Und eine Vedette war er schon, er hatte ein Jahr zuvor die Dauphiné gewonnen. Später kam vieles dazu: zwei Mal Paris–Nizza, zwei Mal LBL, Amstel Gold, Vuelta, Tour-Etappen, Tour-Podium, Tour de Suisse. Aber vor allem mochte ich ihn wegen seines Kampfgeistes und seiner Widerstandskraft, seines Immer-wieder-Zurückkommens. Die Tour 2007 begann er als der große Favorit, bis er schwer stürzte. Mit beiden Knien in Mumienwickeln fuhr er weiter, und eine Woche später gewann er das lange Zeitfahren. Das hatte er mit zu effizientem Blut getan, stellte sich schnell heraus, wonach er mit seinem gesamten Team rausgeworfen wurde, zwei Jahre gesperrt wurde, das Ende seiner Karriere ankündigte, sein Fahrrad doch wieder vom Nagel runterholte, erneut LBL gewann, seinen Oberschenkel brach in der Tour, noch einmal Abschied nahm – um sich dann auszudenken, dass Gold in London ein passenderer Abschied sein würde.

Urán ist der Typ Vinokourov, aber schon auf dem Weg, ein ewiger Zweiter zu werden. Profi mit sechzehn, Dritter in der Lombardei mit einundzwanzig, Silber in London, danach zwei Mal Zweiter im Giro. Er ist ein Angreifer und ein Allrounder, und genau wie Vino gehört er zu einer bewundernswerten, aussterbenden Rasse: die des Nicht-Spezialisten, der in Rundfahrten und Eintagesrennen brilliert.

Aber gut, dieser Sprint. Urán, der wie ein gefopptes Kind in die falsche Richtung blickt statt auf seinen gefährlichen Gegner, den anerkannten Schurken Vino, das musste wohl bedeuten, dass er das Rennen verkauft hatte.

Viele Zeitungen und Internetradsportkenner *wussten*, dass er das getan hatte: »ungeschickter Versuch, eine Absprache zu verbergen«; »auffällige Praktiken«; »verdächtiges Beisammensein«; »schlechtester Schauspieler aller Zeiten«; »zu auffällige Carte Blanche«; »schlechtes Straßentheater«; »ein Kolumbianer, der Geld der Chance auf olympisches Gold vorzieht«; »Urán bestochen«; »Vino kaufte Gold« – diese letzten zwei mit scheinheiligen Fragezeichen dahinter.

Und *wenn* es nun mal eine Absprache gegeben hat über Gold und Geld? Was würde eigentlich dagegen sprechen? Dass der Gewinner eines Ausreißversuchs zu zweit manchmal den Verlierer bezahlt, folgt nun gerade aus dem, was Radsport einzigartig macht: Gegner können Helfer sein. Unzählige Duos wurden wieder eingeholt, weil sie einander nicht helfen wollten – das Thema der gegenseitigen Selbstvernichtung. Aber wenn sie einander doch helfen – dann wartet trotzdem nur ein Sieg. Warum dann nicht »hilfst du mir, so helf ich dir«? Gewinner bezahlt Verlierer, das war schon so, seit das Rad erfunden wurde, meinte ich zu wissen.

Ich fiel denn auch von meinem Stuhl, als ich las, dass Vino für seinen LBL-Sieg 2010 wegen »Korruption« einer Gefängnisstrafe von drei Jahren in Belgien entgegensieht – er soll seinem Mitausreißer Kolobnev 150.000 Euro gezahlt haben. Dass dieses Finale nicht danach aussieht (Vino hängte Kolobnev achthundert Meter vor dem Ziel ab, K. schien mit aller Macht zurückkommen zu wollen – aber vielleicht war es gutes Straßentheater), tut nichts zur Sache. Korruption? Ist denn nichts mehr heilig? Gefängnisstrafe, weil man einem alten Radsportgesetz gehorcht?

Übrigens wird »Gewinner bezahlt Verlierer« selten eine Frage von Kauf und Verkauf sein; im Moment der Absprache (wenn die schon nicht stillschweigend war) ist noch nicht bekannt, wer kauft und wer verkauft. Der noch unbekannte Verkäufer behält das Recht zu sprinten, siehe Knetemann-Moser, 1978. Auch wenn Kneet immer vieles im Dunkeln ließ, was die Existenz so einer Absprache anging – zu Recht.

Eigenartig: Die Vergütung des Verlierers durch den Gewinner wird als die normalste Sache der Welt betrachtet, wenn es mit geschlossenen Börsen zugeht, so wie wenn der eine das Trikot erobert und der andere die Etappe bekommt. Der ganze Radsport besteht aus Dienst und Gegenleistung, zwischen Fahrern, Teams, über Rennen, über die Saisons hinweg. Als Standardscherz sagt der Radsportfreund, wenn man ihm für etwas dankt: Zieh mal irgendwann einen Sprint für mich an.

Aber wenn die Vergütung nicht aus etwas besteht, was Geld wert ist, sondern aus Geld selbst, dann ist es Korruption.

In London waren Vino und Urán zehn Minuten zusammen, und im Video, zum Beispiel bei 5:45:46, sieht man, dass sie beim Übernehmen ein paar Mal kurz ihre Köpfe einander zuwenden, lange genug für ein Gespräch wie: »Million?« – »Okay.«

Dass es möglich, vielleicht sogar logisch ist, dass etwas über eine Vergütung gesagt wurde, heißt noch nicht, dass das passiert ist. Und wer Verschwörung oder Bestechung unterstellt, muss auch nach entlastendem Material suchen – wer weiß, womöglich findet er etwas, was noch belastender ist.

Wie kamen die beiden eigentlich weg? In vielen Berichten wurde Vino als der Angreifer gesehen und Urán als der Mitspringer, aber bei 5:43:03 sehen wir etwas, was alle Misstrauischen verpasst zu haben scheinen. Nach einem schweren, spannenden Rennen (Teams von höchstens fünf, keine Knöpfe im Ohr, ein einfaches Rezept, sollte man meinen) nähert sich, mit noch neun Kilometern bis zum Ziel, die Spitzengruppe mit sechsundzwanzig Mann einer Kurve nach links. An der Spitze Fuglsang, dahinter Phinney, Vino, Urán, Boom. Und in dieser Kurve attackieren Vino und Urán, auf beiden Seiten der Straße, *genau gleichzeitig* – Vino innen links, Urán außenrum rechts, als Einziger auf dieser Seite an einer Verkehrsinsel vorbei. Sie bekommen jeder eine minimale Lücke, kommen zueinander – und hinter ihnen wird sich gegenseitig angeschaut. Rennen entschieden, stellt sich später heraus.

Die zwei Fahrer des verdächtigen Sprints haben also auch noch gleichzeitig attackiert. *Wie abgesprochen.*

Wir gehen weiter zurück. Ein paar hundert Meter vor dieser Kurve fährt Costa an der Spitze, mit Vino und Phinney an seinem Hinterrad. Urán ist nicht zu sehen. Dass Vino dort fährt, ist stark, denn ein paar Minuten früher war er am Hinterrad von Cancellara, als der, an der Spitze, zu schnell in eine Kurve fuhr und gegen die Absperrungen knallte. Vino blieb aufrecht, musste aber einen Fuß auf den Boden setzen und eine Lücke zufahren.

Costa weicht aus, um die Führung abzugeben, Vino übernimmt. In den zehn Sekunden, in denen er an der Spitze fährt, schaut er sich vier Mal um. Rechts erscheint dann Urán, der sich ungefähr vom zehnten Platz langsam nach vorne schiebt. Dann attackiert im gleichen Moment auf der linken Seite Fuglsang und sprintet Urán weiter nach vorn. Vino überlässt es Phinney, die Lücke auf Fuglsang zu schließen, schaut sich noch drei Mal um, sieht Urán an seinem Hinterrad – und ab dem Moment schaut er sich, zwanzig Sekunden lang, kein einziges Mal mehr um. Bis zur Kurve.

Wartete Vino auf Urán? Hatten sie die Attacke abgesprochen? Wann denn – während des Rennens? Möglich – aber warum wäre Vinokourov während der Fahrt auf einmal auf die Idee gekommen, gerade an Urán heranzutreten? Vino hatte ganz klar Pläne, er fuhr immer vorne und er wird gesehen haben, dass Urán stark fuhr. Aber das machten mehrere. Und sie fuhren für ganz andere Länder, ganz andere Teams. Es kann natürlich eine besondere, geheime Verbindung zwischen ihnen gegeben haben, etwas, was es für Vino logisch machte, an ihn heranzutreten. Aber hätte er das dann nicht vor dem Rennen getan?

Wir gehen noch mal einen Schritt zurück.

Nein, das kann Vino nicht vor dem Rennen getan haben, denn Urán hätte nicht fahren sollen. Erst kurz vor dem Start wurde er von seinem Verband als Teilnehmer ausgewählt.

Und nun wieder zurück, vom Start zum Ziel. Mit Hilfe des dritten Manns aus dem Titel: Occam. Das Prinzip von Occams Rasiermesser (nach dem englischen Philosophen William of Ockham aus dem vierzehnten Jahrhundert) geht davon aus, dass von allen möglichen Erklärungen für ein Phänomen die Erklärung am wahrscheinlichsten ist, für die die wenigsten Annahmen notwendig sind. »Sieh keine Gespenster«, könnte man auch sagen – meine eigene Formulierung war immer: »Trau dich, naiv zu bleiben, bis die Notwendigkeit des Gegenteils unumstößlich bewiesen ist.« Occams Rasiermesser führt zu einem nicht immer richtigen, aber schon immer gesunden Urteil über vermeintliche Verschwörungen. Das Rasiermesser rasiert das Gequatsche weg, es zeigt uns, was wir sehen, statt wie wir interpretieren, was wir sehen.

Occam sieht das olympische Straßenrennen von 2012 so. Vinokourov und Urán, vergleichbare Fahrer, beide beeinträchtigt, weil sie nur einen Landsmann im Rennen haben, fahren stark und landen beide in der entscheidenden Spitzengruppe. Zu Beginn der letzten zehn Kilometer haben sie ungefähr den gleichen Gedanken: Sie sind chancenlos im Sprint, wenn die Gruppe zusammenbleibt. Ein Angriff ist die einzige Chance und zehn Kilometer sind ideal. Später wird es zu schnell gehen, vorher war es zu weit.

Vino blickt um sich, wer mitgehen könnte. Urán erscheint vorne; Vino denkt: er vielleicht. Oder Phinney, oder Boom, die auch vorne fahren und auch nicht besser sprinten als er. Dort ist eine Kurve, immer gut für eine Überraschung, genau bei der richtigen Entfernung.

Urán denkt: jetzt oder nie, Vino ist vorne, echt was für ihn, mitzugehen.

Und im selben Moment tun sie dasselbe, beide überrascht und erfreut über den Mitstreiter. Sie verteidigen ihre winzige Lücke eindrucksvoll, hoffend auf eine andauernd schlechte Zusammenarbeit hinten. Ein oder zwei Mal sagen sie beim Übernehmen etwas zueinander, wahrscheinlich etwas wie: »Mach weiter, dann holen wir beide eine Medaille.« In diesem Sprint, den er unaufmerksam fährt, ist der junge Urán dem starken, gerissenen Vinokourov nicht gewachsen.

Man muss schon sehr leichtgläubig sein, einfältiger fast als Urán, um in diesem Sprint ein abgekartetes Spiel zu sehen. Als ob Urán das nicht hätte verbergen wollen! Als ob es schwierig wäre, einen verkauften Sprint glaubwürdig zu spielen! Das muss echt nicht Reifenbreite sein, das kann schiefgehen. Zu früh antreten und nicht wieder herankommen, wenn der andere vorbeizieht. Zu lange warten und nicht reagieren können, wenn der andere antritt. Und noch ein paar tausend Szenarien. Brauchte Vino eigentlich nicht mitzuspielen? Wenn das Rennen verkauft war, warum wartete er dann auf ein mögliches schlechtes Schauspiel von Urán, das alles nur noch verdächtig machen konnte? Warum machte er es nicht wie mit Kolobnev in Lüttich? Vino hätte jederzeit auf dem letzten Kilometer attackieren können und Urán hätte spielen können, dass er die Lücke nicht zufahren konnte.

Die Seltsamkeit des Sprints von London beweist seine Sauberkeit.

Warum sprintete Urán dann so dumm? Radsportlern wird aus Prinzip nicht geglaubt, aber ich glaube, was er hinter dem Ziel sagte: dass er völlig kaputt war nach diesem Ausreißversuch, keinen Sprint mehr in den Beinen hatte, dass Vino einfach zu stark war, sowieso schon der bessere Sprinter war. Und nun: Sein Silber war historisch, die erste kolumbianische Radsportmedaille aller Zeiten, etwas für ganz Kolumbien, um stolz drauf zu sein. Er fuhr zwar für Sky, ein britisches Team, aber er fuhr auch immer für Kolumbien, nicht nur wenn er das Nationaltrikot anhatte.

Vinokourov und Urán fuhren in diesen letzten paar hundert Metern ein anderes Rennen. Vino, mit seiner Ehrenliste, fuhr für Gold; Urán fuhr für eine Medaille – für ihn war der Unterschied zwischen Gold und Silber kleiner als zwischen einer Medaille und keiner Medaille. Er schaute sich um, um zu sehen, ob es klappte mit dieser Medaille – an Vino war er weniger interessiert.

Ich erinnere mich an noch so einen fröhlichen Silbermedaillengewinner. Im olympischen Straßenrennen von Barcelona 1992 (damals noch nur für Amateure) fuhr eine dreiköpfige Spitzengruppe mit dem Niederländer Erik Dekker zum Ziel. Ich kam um vor Spannung und war enttäuscht, als er chancenlos geschlagen wurde von Casartelli – und wütend und empört, als er, noch bevor Casartelli das tat, zu jubeln begann und verrückt vor Freude mit seinen Armen winkend ins Ziel fuhr.

Jahrelang habe ich das als bezeichnend für die Schlaffheit des niederländischen Radsports aufgeführt – sie jubeln bei Niederlagen, sie freuen sich über zweite Plätze. Aber als sich Dekker als ein Kämpfer und ein Gewinner entpuppte, ein wahrhaft großer Fahrer, begann ich, das anders zu sehen. Das olympische Rennen ist das Einzige, wo das Klischee nicht gilt, dass der zweite Platz der schlechteste ist. Bei den Olympischen Spielen ist die Nummer zwei kein Verlierer, sondern der Gewinner einer Medaille.

Auf dem zweiten Treppchen des Londoner Podests sehen Occam und ich einen glückseligen Jungen, der stolz eine Medaille hochhält: Silber für Kolumbien! Auf dem obersten Treppchen sehen wir die alte Vedette Vinokourov, der quer durch seine Mürrischkeit hindurch strahlt – wegen eines großartigen, verdienten Sieges.

RADSPORTBRETTSPIELTHEORIE (2015)

Wer lieb hat, will besitzen. Das muss nicht so weit gehen wie bei dem Amsterdamer Radrennfahrer, den ich aus der Entfernung gekannt habe und der Selbstmord beging, indem er in eine Gracht sprang mit an jedem Arm festgebunden zehn Jahrgängen der Zeitschrift *Wielersport*. Radsport besitzen geht auf so viele Arten: Steuerkopfschilder sammeln, Gesamtwertungen-aller-Zeiten berechnen, zu allen Weltmeisterschaften fahren, nach jeder Fahrt zwei Stunden putzen.

Vor kurzem fand ich hinten in einer Schublade, die ich nicht oft aufziehe, einen durchsichtigen Köcher, auf dem TOURSPIEL stand und den der Hersteller mir irgendwann geschickt haben musste. Ich fühlte mich schuldig, denn ich hatte das Spiel nie gespielt und sogar diesen Köcher nie geöffnet. Warum warf ich ihn nicht einfach weg? – aber konnte ich das tun mit etwas, das vielleicht schon hergestellt wurde, um damit Geld zu verdienen, aber worin doch auch eine Liebe stecken musste, die ich teilte? Es würde zumindest ein Würfel drin sein, und den kann man immer gebrauchen.

Ich fand, außer vier Würfeln: ein ausrollbares Gänsespiel mit vier Bahnen auf einer stilisierten Karte von Frankreich, bunte magnetische Zifferscheiben, die wohl Rennfahrer sein sollten, zwei Pakete rote und blaue Karten, von denen der Gummi noch nie ab gewesen war.

Die blauen waren Prämienkarten, die roten Pechkarten. Die Zeiten von *Stap Op* (*Steig auf*) mit seinen *Auf zur Heide-*, *Gegenwind-* und *Fahrradreparateur*-Karten waren ganz klar vorüber – jetzt stand auf den Pechkarten: *Demonstrierende Bauern bombardieren Ihre Fahrer mit verfaultem Obst; durch ein unerwartetes Manöver eines Motorrads des Fernsehteams landen Sie im Graben; Sie haben Durchfall.*

Die Prämienkarten waren weniger fantasiereich; die meisten dienten dazu, den Gegner eine Pechkarte ziehen zu lassen. Und leider: So wie ziemlich alle zeitgenössischen Schöpfer van Radsportfiktion hatte auch dieser der Verführung nicht widerstehen können, zu Doping zu greifen. Da war schon so eine Karte, mit der man einen Gegner zur Dopingkontrolle schicken konnte; wenn er eine 6 warf, dann hatte er konsumiert. (Warum nicht eine 1? Oder war der Gag, dass ein Dopingsünder höhere Augen wirft?)

Ich musste sofort an Anki Toner denken, einen Spanier aus Barcelona, mit dem ich vor ein paar Jahren in Kontakt kam. Er ist jemand, über den nur in Aufzählungen gesprochen werden kann: Rockband-Anführer, Sänger, Texter, Übersetzer, Schachspieler (schüttelte Karpov mal die Hand), Radsportliebhaber und vor allem: Radsportbrettspielspieler, -hersteller, -sammler und -theoretiker. Unter dem Motto: *Anki Toner findet Kunst schön und die meisten Künstler stumpfsinnige Idioten* verwaltet er *www.cyclingboardgames.net* – ein fast angsteinjagend schönes, ausführliches und liebevolles Cyber-Radsportbrettspielmuseum. Von mehr als dreihundertfünfzig Spielen aus der ganzen Welt und der gesamten Radsporthistorie sind dort Beschreibungen, Erklärungen, Beurteilungen zu finden; Abbildungen der Schachteln, der Spielbretter, der Figuren, der Regeln, der Chance-Karten. Am Ende des neunzehnten Jahrhunderts konnte man noch auf ein Feld kommen mit »Sie lernen Fahrrad fahren und fahren einen Apfelwagen um« oder »Festgenommen wegen zu schnellen Fahrens« oder man konnte wegen schlechter Straßen sein Fahrrad über die Bahngleise schicken müssen, wo wieder auf einem anderen Pechfeld ein Gepäckträger es zu Bruch gehen ließ. Jetzt gibt es Karten mit »Geh Wasser holen für deinen Kapitän« und »Du musst pinkeln« und man bekommt außer Durchfall auch Furunkeln, Mückenstiche und Magenschmerzen.

Es gibt Spiele von der Tour, vom Giro und der Vuelta, aber auch von der Friedensfahrt, Paris–Roubaix, der Tour de la Guadeloupe, der Tour Féminin; Spiele zu Ehren von Merckx, Hinault, Fignon, Virenque; vom Sechstagerennen, Mountainbiken und Keirin – letzteres von Anki Toner selbst. Sie haben Namen wie *Le Tour de France*, aber auch wie *54x12* oder *Chasse Patate*. Ein Spiel wiegt sieben Kilo, verteilt auf zwei Schachteln; für ein anderes kann man fünfzig verschiedene Etappen dazubestellen.

Alle denkbaren Elemente des Radsports sind zugänglich für Simulationen: Klettern, Abfahrt, Sprinten, Kopfsteinpflaster, Stürze, Form, Ermüdung, Zusammenarbeit, Verpflegung, Wind (Rücken, Gegen, stark, sanft, von links, von rechts), Regen, Hitze, Kälte, Schnee, es gibt Kapitäne und Helfer, Zeitfahren, Bergwertungen und manchmal gibt es einen Besenwagen, vor dem man bleiben muss oder von dem man sich schleppen lassen kann – wenn ein Gegner mit einer »Fotokarte« das sieht, kann der dich disqualifizieren lassen.

Toner spielt, studiert und sammelt alles. »Ich muss sie einfach haben. Egal, ob es teuer ist und höchstwahrscheinlich Trödel. Oh, und dann muss ich auch alle Ausgaben haben, die große Schachtel, die kleine Schachtel, die Schachtel, wo der Text auf der falschen Seite steht, die deutsche Ausgabe, die niederländische Ausgabe... Noch schlimmer, ich kann mich nicht mehr erinnern, wann ich zum letzten Mal jemanden so weit gekriegt habe, oh neeee, ein Radsportspiel mit mir zu spielen. Ich brauche neue Freunde. Und natürlich, ich weiß nicht mehr, wie das jemals angefangen hat.«

Eine Teilsammlung auf seiner Seite ist die der Sammler; Seelenverwandte wie die Belgier Ludo Nauws und Geert Lagrou, der Italiener Pascal Orsini, das französische Ehepaar Pierre & Bilou; er berichtet über Radsportbrettspielausstellungen in Spanien, Frankreich, Belgien, Deutschland, Amerika. Soweit möglich nennt und zeigt er auch privat herausgegebene (und manchmal gar nicht herausgegebene, sondern nur beschriebene) Spiele – Dutzende »Print and play«-Spiele können auf seiner Seite gratis runtergeladen werden. So stark ist sein Vollständigkeitsdrang, dass er bei *Unpublished Games* auch meine Beschreibung (aus *Das Rennen*) vom Tourspiel zitiert, das ich als Kind spielte (so kam ich mit ihm in Kontakt), und dass er auf das Stück »Rundfahrten« verweist, das ich ihm nannte und das in diesem Buch auf Seite 185 steht.

Ich hatte es übersehen, aber jetzt wo ich danach suchte, fand ich bei Toner natürlich auch das verschmähte *Tourspiel* wieder. So weiß ich, dass ich das 1987 bekommen haben muss, als es von Jimmy Tigges und Paul Groenendijk hergestellt wurde, in einer niederländischen und einer deutsch/englischen Version. Toner lobt es nicht besonders: hässliches Brett, keine Figuren, ärmliche Karten, aber »die Regeln scheinen interessant zu sein« – *scheinen*, denn ausgerechnet dieses Spiel hat sogar er nie gespielt.

Die Namen Tigges und Groenendijk führten mich zu *Ludo's Wielerspellen* von Ludo Nauws (*wielerbordspellen.be*), wo ich eine Geschichte von Groenendijk fand, die 2003 in *De Muur* stand, aber die ich damals verpasst hatte.

Mit dem Titel »Das beste Radrennspiel aller Zeiten« schrieb Groenendijk: »1987 dachten wir, mit einem selbst entwickelten Tour-de-France-Spiel die Welt zu erobern.« Tigges und er wandten sich an Brettspielgiganten wie Jumbo und Ravensburger, aber die waren nicht interessiert, vielleicht weil das Demomodell etwas »schlampig zusammengeklebt« war. Schließlich gaben sie *Tourspiel* dann auf eigene Faust heraus, mit als »wichtigem Aspekt dem Design« – dieser durchsichtige Köcher, in dem alle Spielutensilien aufgerollt enthalten waren. Sie stellten vierhundert Exemplare her, klebten Sticker drauf wie: »Wähnen Sie sich einen Abend lang als Hinault, Zoetemelk oder Lemond« und sind mit ihrem Köcher noch jede Menge Spielzeugmessen und Spielhersteller abgelatscht, bis sie auf das gnadenlose Argument stießen: *Spiele in Köchern fallen im Laden um.*

Das war das Ende ihrer Hoffnung auf kommerziellen Erfolg, aber vielleicht war das nicht mal ihre größte Enttäuschung. »Wir hatten doch schon als Erste die Finessen des Radsports, inklusive der Zusammenarbeit und dem einander in die Quere Kommen, auf adäquate Weise in Spielform festgehalten«, schrieb Groenendijk, um sofort darauf folgen zu lassen: »Dachten wir.« Sie trafen nämlich einen niederländischen Brettspielesammler, der auf seinem Dachboden schon einen Schrank hatte mit dreißig niederländischen Radsportspielen. Von denen eines, *Homas Tour* (*Het Grote Wielrenspel!*) von Rob Bontenbal, von Jumbo herausgegeben wurde, in verschiedene Sprachen übersetzt wurde und als *Um Reifenbreite* 1992 in

Deutschland »Spiel des Jahres« werden würde – es wurden dort dreihunderttausend davon verkauft.

In einem ausgereiften Essay »Cycling Games Theory« (er würde in diesem Buch sechzig Seiten in Beschlag nehmen) versucht Anki Toner zu einer Theorie des Radsportspiels zu kommen. Was ist eine gute Simulation? Die muss irgendwo in der Mitte liegen zwischen dem primitiven Gänsespiel, bei dem nur die Gänse Fahrernamen haben, und Spielen mit dicken Regelwerken und zu vielen verschiedenen Sorten Fahrern und Würfeln. Zufall muss eine Rolle spielen, aber ein Spieler muss auch gut sein können, indem er Entscheidungen trifft, und wenn es nur mit Spielkarten wäre, die er ausspielen oder festhalten kann.

Toner bespricht die Simulationsmöglichkeiten von allem, was bei einem Radrennen hilfreich sein kann, vor allem dessen Wesen: profitieren, indem man am Hinterrad fährt. Das geht auf viele Arten und Weisen: auf ein freies Feld hinter einem Fahrer weiterziehen; ein extra Wurf, wenn man auf so ein Feld kommt; ein Bonus abhängig von der Anzahl Fahrer vor einem in einer Gruppe – manchmal kann man nur auf flachen Straßen von der Sogkraft profitieren, oder es geht innerhalb eines Teams anders zu als in einem Peloton und noch einmal anders beim nach vorne Lotsen eines Kapitäns durch einen Helfer. Manchmal bekommt der Fahrer an der Spitze einen Antibonus.

Der Kern des Radrennbrettspielproblems ist, dass Realismus eine Voraussetzung ist, aber gleichzeitig eine Bedrohung. In einem echten Rennen passiert oft lange Zeit *nichts*; in der echten Tour fahren zweihundert Fahrer. Sogar mit zwanzig oder dreißig Fahrern und einfachen Regeln dauert ein Spielzug oft schon fünf Minuten; fünfzehn Spielzüge mehr als eine Stunde. Wie viele Spielzüge kann man ein Spiel dauern lassen? Wie viele Wertungen kann es geben, um die Rechenarbeit nach der Etappe nicht zu zeitraubend zu gestalten? Kurzum: Wie macht man ein Spiel unterhaltsam, ohne es unspielbar zu machen?

»Keines der existierenden Spiele«, schreibt Toner, »gibt realistisch ein echtes Rennen wieder, und zukünftige Spiele werden das auch nicht tun. Möchtest du ein realistisches Spiel? Kauf dir dann eigentlich ein Fahrrad.«

Sammler, Spieler, Internetmuseumsdirektor, Theoretiker... was Anki Toner möchte, das ist: Radsport besitzen.

Schreiben über Radsport ist eine Art und Weise, ihn zu besitzen.

DER MITLESER (2015)

Ich habe mal geschrieben, dass, wenn ich über Radsport schrieb, Coppi über meine Schultern mitlas. Er ist für mich die Verkörperung des Großen im Radsport, der Mythos selbst. Ich bin mir sicher, dass ich nicht darüber nachdenken brauchte, dass *er* es war, der hinter mir stand. Ich schrieb das übrigens 1980, dem Jahr, in dem Zoetemelk die Tour gewann, mitten in der Ära Hinault, nicht allzu lange nach der Ära Merckx, lange nach der Ära Coppi, von der ich nur das letzte Stückchen als Radsportliebhaber selbst habe verfolgen können. Als Jan Cottaar, mit der Hilfe von Wim van Est und Wout Wagtmans, die Radsportliebe in mir weckte, hatte Coppi seine Tour- und Giro-Siege schon geholt; nur von seiner Weltmeisterschaft 1953 sehe ich noch vor mir, an welcher Stelle auf der Titelseite von *Sport & Sportwereld* sein Foto stand und wo auf Seite 3 der Bericht. Trotz all dem war es Coppi, den ich auswählte, um darauf zu achten, dass ich in meiner Radsportselbstvergrößerung nicht zu weit ging. Und natürlich in der Hoffnung, dass ich ihn mit meinen Radsporttaten genauso fesseln würde wie er mich.

In *De Galerij der Wielerkampioenen 1860-1947* van George Matthys, einer flämischen Enzyklopädie in mehreren Teilen, lese ich über Fahrer Nr. 495: *Das neue Phänomen! Ein echtes Radsportwunder – Einer der größten Supercracks aller Zeiten – Stattliche Vedette beim Klettern und im Temporennen.*

Das sind Titel und Untertitel, und dann weiter:

Seit 1940 hat Coppi seine wunderbare Klasse gezeigt. Er ist ein ausgezeichneter Kletterer, vortrefflicher Zugläufer und unübertroffen im Tempo, aber lässt es an

Schlusssprint vermissen. Gerade deshalb fährt Coppi solche erstaunlichen Rennen, um den Sieg zu erringen. Er liefert Leistungen ab, die wahrlich wunderbar scheinen, Leistungen, die alle Cracks von weit her in den Schatten stellen. Er ist das fünfte italienische Radsportwunder geworden, nach Girardengo, Binda, Guerra und Bartali. […] Seine Energie ist sprichwörtlich geworden und fast immer sucht er sein Heil in solch wilden wie schonungslosen und langwierigen Attacken.

Das wurde also 1947 geschrieben, vor Coppis Toursiegen und vor seinem Weltmeistertitel.

Dass ich Coppi als Vaterfigur wählte, muss auch damit zu tun haben, dass er einer der ersten Radrennfahrer war, von denen ich hörte. Nicht nur sehe ich noch vor mir, wo das war, auf der schwarzen Schlacke des unvergesslichen Zuidelijke Wandelwegs in Amsterdam, einem schmalen Weg am Rande der Stadt, aber ich kann auch genau rekonstruieren, an welchem Tag das war. Ich fuhr neben meinem Klassenkameraden Donald zu den Schulgärten, als ich zu ihm sagte: »Gut, oder, dass Dekkers die Tour de France gewonnen hat.« Ich wusste kaum mehr über die Tour de France, als dass es etwas Gewaltiges und weit Entferntes war, und Donald erklärte mir, dass Dekkers eine *Etappe* gewonnen hatte, dass diese Etappen zusammengezählt werden und dass es *Coppi* war, ein Italiener, der die ganze Tour de France gewinnen würde. Es war also 1952 und die von Dekkers gewonnene Etappe Pau–Bordeaux (die erste der kurzen niederländischen Bordeaux-Tradition) war am Dienstag, dem 15. Juli. Weil wir immer samstags zu den Schulgärten fuhren, muss es am Samstag, dem 19. Juli 1952, gewesen sein, dass ich zum ersten Mal von Coppi hörte – und das, *während* er, sehe ich jetzt, im Gelben Trikot dabei war, die 354 Kilometer von Vichy zum Parc des Princes in Paris zu fahren. Wo die Tour also, als große Ausnahme, nicht am Sonntag, sondern am Samstag endete.

Donald wusste zweifelsohne auch, und vielleicht hat er das damals auch erzählt, dass Coppi zwei Tage zuvor die Etappe hinauf zum Puy de Dôme nur gerade so vor einem anderen Niederländer weggeschnappt hatte, Jan Nolten – ein noch viel legendärerer Moment in der niederländischen Radsportgeschichte als der von Dekkers. Dritter hinter Nolten wurde Bartali, der älteste Sportheld (er wäre jetzt hundert gewesen), dessen Ergebnisse ich noch selbst in der Zeitung habe stehen sehen. Wahrscheinlich ist Bartali auch der größte Sportler aller Zeiten und aller Sportarten, der doch in erster Linie weiterlebt als der Rivale eines anderen, von Coppi. Man würde wissen wollen, wie *er* zum ersten Mal von Coppi hörte.

Ich werde Coppi nicht *nur* als mein Superego eingestellt haben wegen seiner Radsport-Taten, auch wenn die ihn, zusammen mit Merckx, zum Einzigen machen, der der Größte aller Zeiten sein könnte. Ich nahm ihn auch wegen all der Sachen außerhalb des Radsports, in denen er bewundernswert war und die man zusammenfassen könnte als: seine moralische Freiheit. Auch seine Ausstrahlung wird eine Rolle gespielt haben. Alle Bilder von Coppi, ob sie nun stillstehen oder sich bewegen, berühren einen mit seiner prächtigen Hässlichkeit und seiner zurückhaltenden Unerreichbarkeit.

Und schließlich muss ich Coppi über meine Schulter mitlesen haben lassen, weil er hätte mitlesen *wollen*. Merckx, Zoetemelk, Hinault, Bartali, sie hätten ihre Stirn gerunzelt und sich in einer anderen Ecke des Zimmers hingesetzt und Karten gespielt. Eigentlich kann ich nur an einen anderen Sehr Großen denken, der nicht sofort weggelaufen wäre: Anquetil. Genau wie Coppi wäre er, prustend vor Lachen wegen meiner Selbstvergrößerung, zu einem Fenster gelaufen, aber von diesem Fenster wäre Anquetil zu den Kartenspielern gegangen, und übrigens hätte er vorgeschlagen, Poker zu spielen. Aber Coppi kommt zurück, weil er wissen will, wie es mit dem Massensprint in der Ronde van Sloten für Senioren 1980 ausgeht, und wenn ich dabei nur Dritter werde, ist er enttäuscht und sagt etwas Nettes zu mir.